Der digitale Wandel und der Erschöpfungsgrundsatz des Urheberrechts

Europäische Hochschulschriften Recht

European University Studies in Law

Publications Universitaires Européennes de Droit

Band/Volume 6789

Thomas Blickwedel

Der digitale Wandel und der Erschöpfungsgrundsatz des Urheberrechts

- Reformbedarf hinsichtlich des Vertriebs und der Weitergabe von Software und anderer digitaler Güter -

PETER LANG

Berlin - Bruxelles - Chennai - Lausanne - New York - Oxford

Bibliografische Information der Deutschen Nationalbibliothek
Die Deutsche Nationalbibliothek verzeichnet diese Publikation in der Deutschen Nationalbibliografie; detaillierte bibliografische Daten sind im Internet über http://dnb.d-nb.de abrufbar.

Zugl.: Münster (Westfalen), Univ., Diss., 2022

D 6
ISSN 0531-7312
ISBN 978-3-631-90359-9 (Print)
E-ISBN 978-3-631-91929-3 (E-PDF)
E-ISBN 978-3-631-91930-9 (EPUB)
DOI 10.3726/b21854

Verlegt durch:
Peter Lang GmbH, Berlin, Deutschland

info@peterlang.com http://www.peterlang.com/

Diese Publikation wurde begutachtet.

Meiner Familie

Vorwort

Die vorliegende Arbeit wurde im Wintersemester 2021/2022 von der Rechtswissenschaftlichen Fakultät der Westfälischen Wilhelms-Universität zu Münster als Dissertation angenommen. Im Dezember 2021 wurde sie abgeschlossen.

Mein besonderer Dank gilt meinem Doktorvater Herrn Prof. Dr. Thomas Hoeren gleichermaßen für die Betreuung der Arbeit wie für die fachliche und persönliche Förderung, die ich am Institut für Informations-, Telekommunikations- und Medienrecht (ITM) erfahren habe.

Herrn Prof. Dr. Thomas Klicka gebührt Dank für die Erstellung des Zweitgutachtens.

Dem gesamten Team des ITM danke ich für die angenehme Zeit am Institut.

Den Mitgliedern des Ausschusses „Softwareschutz“ der Deutschen Gesellschaft für Recht und Informatik sei gedankt für diverse kritische Denkanstöße.

Ferner danke ich Frau Dr. Nadja Magdalena Al-Wraikat für die gewissenhafte Durchsicht des Manuskripts und viele wertvolle Anregungen. Frau Diana Beheschta Haidari danke ich für das aufmerksame Korrekturlesen.

Schließlich bedanke ich mich vor allem bei meiner Familie, allen voran meinen Eltern und meiner Frau Sanela, ohne deren Liebe die Erstellung dieser Arbeit nicht möglich gewesen wäre. Ihnen ist diese Arbeit gewidmet.

München / New York, im März 2023 Thomas Blickwedel

Inhaltsverzeichnis

Abkürzungsverzeichnis

a.A.	anderer Ansicht
a.a.O.	am angegebenen Ort
ABl.	Amtsblatt
Abs.	Absatz
Abschn.	Abschnitt
a.E.	am Ende
AEUV	Vertrag über die Arbeitsweise der Europäischen Union
a.F.	alte Fassung
AfP	Zeitschrift für das gesamte Medienrecht: Archiv für Presserecht
Alt.	Alternative
Anm.	Anmerkung
APR	Allgemeines Persönlichkeitsrecht
Art.	Artikel
ASP	Application Service Providing
Aufl.	Auflage
Az.	Aktenzeichen
BB	Betriebs-Berater (Zeitschrift)
Bd.	Band
Begr.	Begründer
BGB	Bürgerliches Gesetzbuch
BGBl.	Bundesgesetzblatt
BGH	Bundesgerichtshof
BGHZ	Entscheidungen des Bundesgerichtshofes in Zivilsachen
BT-Drucks.	Bundestagsdrucksache
BVerfG	Bundesverfassungsgericht
BVerfGE	Entscheidungen des Bundesverfassungsgerichts
bzw.	beziehungsweise
CB	Compliance-Berater (Zeitschrift)
CoA	Certificate of Authenticity
CR	Computer und Recht (Zeitschrift)
ders.	derselbe
d.h.	das heißt
dies.	dieselbe

Diss.	Dissertationsschrift
DRM	Digital Rights Management
DuD	Datenschutz und Datensicherheit (Zeitschrift)
EG	Europäische Gemeinschaft
EGRC	Charta der Grundrechte der Europäischen Union
Einl.	Einleitung
endg.	endgültig
etc.	et cetera
EU	Europäische Union
EuGH	Europäischer Gerichtshof
EuR	Europarecht (Zeitschrift)
EUV	Vertrag über die Europäische Union in der Fassung des Vertrages von Lissabon
EuZW	Europäische Zeitschrift für Wirtschaftsrecht
EWG	Europäische Wirtschaftsgemeinschaft
f.	für
f.; ff.	folgend(e)
Fn.	Fußnote
FS	Festschrift
GEKR-E	Vorschlag für eine Verordnung des Europäischen Parlaments und des Rates über ein Gemeinsames Europäisches Kaufrecht
gem.	gemäß
GG	Grundgesetz
ggf.	gegebenenfalls
GRUR	Gewerblicher Rechtsschutz und Urheberrecht (Zeitschrift)
GRUR Int	Gewerblicher Rechtsschutz und Urheberrecht International (Zeitschrift)
GVBl.	Gesetzes- und Verordnungsblatt
Hrsg.	Herausgeber
hrsg.	herausgegeben
Hs.	Halbsatz
insb.	insbesondere
IPRB	IP-Rechtsberater (Zeitschrift)
i.S.d.	im Sinne der/im Sinne des
IT	Informationstechnologie
ITRB	IT-Rechtsberater (Zeitschrift)
jurisPR-ITR	juris PraxisReport IT-Recht

jurisPR-WettbR	juris PraxisReport Wettbewerbsrecht
Kap.	Kapitel
KG	Kammergericht
KOM	Kommission
K&R	Kommunikation & Recht (Zeitschrift)
KI	Künstliche Intelligenz
KSzW	Kölner Schrift zum Wirtschaftsrecht (Zeitschrift)
LG	Landgericht
lit.	litera
MarkenG	Gesetz über den Schutz von Marken und sonstigen Kennzeichen
MMR	Multimedia und Recht (Zeitschrift)
MR-Int	Medien und Recht International (Zeitschrift)
m.	mit
m.w.N.	mit weiteren Nachweisen
n.F.	neue Fassung
NFT	Non-Fungible Token
NJW	Neue Juristische Wochenschrift
Nr.	Nummer
OEM	Original Equipment Manufacturer
OLG	Oberlandesgericht
PatG	Patentgesetz
RAM	Random-Access Memory
RBÜ	Berner Übereinkunft zum Schutz von Werken der Literatur und Kunst
RDV	Recht der Datenverarbeitung (Zeitschrift)
RGZ	Sammlung der Entscheidungen des Reichsgerichts in Zivilsachen
RL	Richtlinie
Rn.	Randnummer
Rspr.	Rechtsprechung
S.	Seite(n)/Satz
SaaS	Software as a Service
Slg.	Sammlung der Rechtsprechung des Gerichtshofes der Europäischen Union
sog.	so genannt
Tz.	Textziffer
u.a.	und andere/unter anderem

UFITA	Archiv für Urheber- und Medienrecht (Zeitschrift)
UrhG	Gesetz über Urheberrecht und verwandte Schutzrechte
v.	vom/von
VG	Verwertungsgesellschaft
vgl.	vergleiche
VO	Verordnung
VuR	Verbraucher und Recht (Zeitschrift)
WCT	WIPO Copyright Treaty
WIPO	World Intellectual Property Organization
WRP	Wettbewerb in Recht und Praxis (Zeitschrift)
z.B.	zum Beispiel
ZGE	Zeitschrift für Geistiges Eigentum
Ziff.	Ziffer, Ziffern
zit.	zitiert
ZPO	Zivilprozessordnung
ZRP	Zeitschrift für Rechtspolitik
ZUM	Zeitschrift für Urheber- und Medienrecht

1. Einführung

A. Einleitung, Problemstellung und Überblick

„Erst die Begrenzung von Macht durch freien, fairen Wettbewerb ermöglicht den Vielen die Teilhabe. Darum ist es so wichtig, dafür zu sorgen, dass Wettbewerb nicht einigen wenigen Mächtigen nutzt, sondern möglichst vielen Menschen Chancen bietet."[1]

(Walter Eucken, 1891–1950)

I. Die Digitalisierung als allgegenwärtiges Phänomen

Das Urheberrecht gewährt dem Werkschaffenden nach Maßgabe des 1965 beziehungsweise 1966 in Kraft getretenen UrhG[2] ein zeitlich begrenztes Monopol. Mit der Verbreitung des Internet und der Herausbildung einer globalen Informationsgesellschaft erlebt das Urheberrecht einen neuen Höhepunkt, möglicherweise aber auch einen Wendepunkt.[3] Insbesondere durch die mit den digitalen Informations- und Kommunikationsmedien verbundene technologische Entwicklung und angesichts neuer Marketingstrategien, aber auch im Hinblick auf den Trend zur digitalisierungsgetriebenen wirtschaftlichen Konzentration und Globalisierung ist der Bedarf, immaterielle Güter Dritter wirtschaftlich zu verwerten, erheblich gewachsen.[4] In Anbetracht der herausragenden Rolle, die das Feld der Immaterialgüterrechte im engeren und das Medien- und Telekommunikationsrecht im weiteren Sinne spielen, ist ein Zusammenspiel von Politik, Gesellschaft, Recht und Wirtschaft notwendig, um die insbesondere aus der Digitalisierung resultierenden neuen Herausforderungen im Licht der gesellschaftlichen Realität zu bewältigen.[5] Die Anpassung des Urheberrechts an den

---

1 Zum Zitat vgl. *Joachim Gauck*, Rede auf der Festveranstaltung zum 60-jährigen Bestehen des Walter Eucken Instituts am 16.01.2014 in Freiburg, veröffentlicht unter https://www.bundespraesident.de/SharedDocs/Reden/DE/Joachim-Gauck/Reden/2014/01/140116-Walter-Eucken_Institut.html; zuletzt abgerufen am 28.12.2021.

2 Gesetz über Urheberrecht und verwandte Schutzrechte (Urheberrechtsgesetz) v. 09.09.1965, BGBl. 1965 I, S. 1273; zuletzt geändert durch Gesetz v. 23.06.2021, BGBl. 2021 I S. 1858.

3 Vgl. *Spindler*, in: FS Käfer, 2009, S. 341, 342.

4 *Straßer/Feyock*, in: Hasselblatt, Rechtsschutz, 2017, § 48, Rn. 1.

5 So auch *Seipenbusch*, MMR 2009, S. 293, 294.

digitalen Wandel kann diese Entwicklung nicht unberücksichtigt lassen, dies gilt insbesondere hinsichtlich des Vertriebs digitaler Güter.

II. Die Zielsetzung eines digitalen Binnenmarkts

Schon am 06.05.2015 hat die Europäische Kommission unter ihrem vormaligen Kommissionspräsidenten Jean-Claude Juncker ihre Strategie für einen digitalen Binnenmarkt für Europa verkündet.[6] Der Kommissionspräsident betont insoweit den Stellenwert der Modernisierung des Urheberrechts unter Berücksichtigung der digitalen Revolution und des damit geänderten Verbraucherverhaltens sowie die Modernisierung und Vereinfachung der Verbraucherschutzvorschriften beim Online-Kauf und beim Kauf digitaler Produkte.[7] Welche Bedeutung der Digitalisierung zukommt, hat im Rahmen seiner Rede vom 28.01.2016 im International Club La Redoute e.V. in Bonn auch der vormalige Präsident der Deutschen Bundesbank, Jens Weidmann, hervorgehoben:

> *„Weichen in Richtung mehr Wachstum können nicht nur die einzelnen Mitgliedstaaten stellen. Auch die Europäische Kommission und der Europäische Rat sind hier gefordert. Zum Beispiel könnten sie darauf hinwirken, dass aus den gegenwärtig noch 28 digitalen Einzelmärkten in Europa endlich ein europäischer digitaler Markt von Helsinki bis Heraklion wird. Allein in Deutschland könnte ein solcher digitaler Binnenmarkt Studien zufolge innerhalb weniger Jahre mehr als 400.000 neue Arbeitsplätze schaffen.“*[8]

III. Der Geltungsanspruch des Erschöpfungsgrundsatzes im digitalen Zeitalter

Wenn es also erklärtes Anliegen der Europäischen Kommission ist, im Rahmen der übergeordneten Zielsetzung zur Verwirklichung eines unionsweiten digitalen Binnenmarkts eine Modernisierung des europäischen Urheberrechts

---

6 Mitteilung der Kommission an das Europäische Parlament, den Rat, den Europäischen Wirtschafts- und Sozialausschuss und den Ausschuss der Regionen v. 06.05.2015, A Digital Single Market Strategy for Europe, COM(2015) 192 final.

7 *Jean-Claude Juncker*, Ein neuer Start für Europa: Meine Agenda für Jobs, Wachstum, Fairness und demokratischen Wandel, Rede zur Eröffnung der Plenartagung des Europäischen Parlaments v. 15.07.2014; veröffentlicht unter https://ec.europa.eu/info/sites/default/files/juncker-political-guidelines-speech_de_0.pdf; zuletzt abgerufen am 28.12.2021.

8 *Jens Weidmann*, Rede im International Club La Redoute e.V. am 28.01.2016 in Bonn, veröffentlicht unter https://www.bundesbank.de/de/presse/reden/710896; zuletzt abgerufen am 28.12.2021.

vorzunehmen,[9] so ist festzustellen, dass zu den Barrieren, die der Vollendung eines digitalen Binnenmarkts entgegenstehen, auch die uneindeutige Ausgestaltung des urheberrechtlichen Erschöpfungsgrundsatzes i.S.d. Art. 4 Abs. 2 RL 2009/24/EG[10], Art. 4 Abs. 2 RL 2001/29/EG[11] beziehungsweise daran anknüpfend §§ 69c Nr. 3 S. 2, 17 Abs. 2 UrhG gehört.

Der urheberrechtliche Erschöpfungsgrundsatz lässt sich bereits auf die Rechtsprechung des Reichsgerichts in seinem Koenigs Kursbuch-Urteil[12] zurückführen. Dieser Rechtsprechung zufolge habe der Rechtsinhaber das ihm eingeräumte Verbreitungsrecht unter bestimmten Voraussetzungen durch eigene Benutzungshandlungen ausgenutzt und damit verbraucht, sodass die nachfolgenden Verbreitungsakte nicht mehr vom Schutzrecht – also dem urheberrechtlichen Ausschließlichkeitsrecht – erfasst seien.[13] Ideengeschichtlich resultiert der Erschöpfungsgrundsatz damit aus einer Zeit, in der die Verbreitung urheberrechtlich geschützter Werke vorrangig etwa durch Printmedien, jedenfalls ausschließlich in Form körperlicher Vervielfältigungsstücke erfolgte, die heutigen Möglichkeiten einer unkörperlichen Übermittlung urheberrechtlich geschützter Werke aber nicht vorstellbar waren.

Angesichts der dargelegten Zielsetzung einer Modernisierung des Urheberrechts besteht nach wie vor Veranlassung, den Geltungsanspruch des Erschöpfungsgrundsatzes im digitalen Zeitalter zu verifizieren wie auch daran anknüpfend seine Umsetzung zu überprüfen. Es ist somit eingehend zu

9 Mitteilung der Kommission an das Europäische Parlament, den Rat, den Europäischen Wirtschafts- und Sozialausschuss und den Ausschuss der Regionen v. 09.12.2015, Towards a modern, more European copyright framework, COM(2015) 626 final; Anknüpfend an die Mitteilung der Kommission an das Europäische Parlament, den Rat, den Europäischen Wirtschafts- und Sozialausschuss und den Ausschuss der Regionen v. 06.05.2015, A Digital Single Market Strategy for Europe, COM(2015) 192 final.

10 Richtlinie 2009/24/EG des Europäischen Parlaments und des Rates v. 23.04.2009 über den Rechtsschutz von Computerprogrammen, ABl. EU Nr. L 111 v. 05.05.2009, S. 16 (Softwarerichtlinie).

11 Richtlinie 2001/29/EG des Europäischen Parlaments und des Rates v. 22.05.2001 zur Harmonisierung bestimmter Aspekte des Urheberrechts und der verwandten Schutzrechte in der Informationsgesellschaft, ABl. EG Nr. L 167 v. 22.06.2001, S. 10 (Urheberrechtsrichtlinie).

12 RG, Urteil v. 16.06.1906, Az. Rep. I 5/06 (Koenigs Kursbuch), RGZ 63, S. 394, 398.

13 Vgl. *Dustmann*, in: Fromm/Nordemann, Urheberrecht, 2018, § 17, Rn. 24.

analysieren, inwieweit der ideengeschichtlich in das 19. Jahrhundert zurückreichende urheberrechtliche Erschöpfungsgrundsatz an den digitalen Wandel anzupassen ist.

IV. Die Rechtsprechung des EuGH

Aktueller Anlass zur Diskussion resultiert insbesondere aus der Rechtsprechung des EuGH. So hatte sich angesichts des digitalen Wandels ein mittlerweile seit Jahren intensiv geführter Streit entwickelt, der sich insbesondere auf die Frage konzentriert, ob die Anwendung des Erschöpfungsgrundsatzes auf körperliche Vervielfältigungsstücke eines urheberrechtlich geschützten Werkes beschränkt ist. Mit seiner UsedSoft-Entscheidung[14] hat der EuGH auf diese Frage eine verneinende Antwort gegeben und eine Gleichstellung unterschiedlicher Vertriebswege im Bereich der Computerprogramme (Inverkehrbringen eines materiellen Datenträgers gegenüber Download aus dem Internet) im Hinblick auf den Eintritt einer Erschöpfung des Verbreitungsrechts vorgenommen. In seiner Tom Kabinet-Entscheidung[15] vom 19.12.2019, in der sich der EuGH mit einer speziellen Konstellation des Vertriebs von E-Books befasste, hat er hingegen die aufgeworfene Frage bejahend beantwortet, also den Eintritt einer Erschöpfungswirkung jedenfalls für dieses digitale Gut in dem der Entscheidung zugrunde liegenden Sachverhalt verneint.

B. Wissenschaftliche Fragestellung

Vor dem Hintergrund dieser scheinbar im Widerspruch zueinander stehenden Entscheidungen des EuGH stellt sich zum einen die Frage, wie sich die seitens des EuGH hierin jeweils vorgebrachten Argumentationen vereinbaren lassen und in welchem Rahmen dementsprechend nach den Ergebnissen der genannten Rechtsprechung eine Anwendung des Erschöpfungsgrundsatzes unter den Bedingungen der Digitalisierung stattfindet. Zum anderen ist die grundlegende Frage zu klären, welcher Geltungsanspruch dem Erschöpfungsgrundsatz in Anbetracht des digitalen Wandels tatsächlich zukommt. Dahinter verbirgt sich letztlich die Frage, auf welche Weise und in welchem Umfang ein sachgerechter Ausgleich zwischen dem Interesse des Urhebers, sein Werk wirtschaftlich zu verwerten, und dem Interesse der Allgemeinheit an Zugänglichkeit und Zirkulation

---

14 EuGH, Urteil v. 03.07.2012, Az. C-128/11 (UsedSoft), MMR 2012, S. 586 ff.

15 EuGH, Urteil v. 19.12.2019, Az. C-263/18 (Tom Kabinet), MMR 2020, S. 167 ff.

des urheberrechtlich geschützten Werkes unter den Bedingungen der Digitalisierung zu leisten ist.

So wird sich schließlich beurteilen lassen, ob die derzeitige Umsetzung unter Berücksichtigung der Rechtsprechung des EuGH diesem Geltungsanspruch hinreichend Rechnung trägt oder aber sich eine etwaige Inkongruenz ergibt und – in letzterem Fall – auch Art und Umfang des Korrekturbedarfs benennen lassen. Soweit sich ein Bedürfnis zu einer solchen Korrektur herausstellt, soll ein entsprechender konkreter Vorschlag unterbreitet werden.

C. Gang der Darstellung

Die vorliegende Darstellung geht zunächst auf ausgesuchte Grundlagen des Urheberrechts sowie Veränderungen und Interessenkonflikte angesichts des digitalen Wandels ein, um die an das Urheberrecht adressierte Herausforderung zu verdeutlichen. Sie wendet sich sodann dem urheberrechtlichen Erschöpfungsgrundsatz als Interessenausgleich zu, fokussiert dessen Rechtsgrundlagen, erläutert seine wesentlichen dogmatischen Begründungsansätze und skizziert seine Reichweite. Sodann erfolgt die Betrachtung der Anwendung des Erschöpfungsgrundsatzes im Rahmen des Vertriebs von Software als einem Bereich, dem in der juristischen Diskussion schon immer eine Vorreiterrolle unter den digitalen Gütern zukam. Ebenfalls mit dem im Rahmen der wissenschaftlichen Fragestellung dargelegten Anliegen ist im Anschluss die Anwendbarkeit des Erschöpfungsgrundsatzes auf sonstige digitale Güter wie etwa Hörbücher, Musik- und Filmwerke, Computer- und Videospiele und insbesondere auch E-Books sowie im Fall der Verwendung von Non-Fungible Token zu klären. Nachdem die im Rahmen der wissenschaftlichen Fragestellung aufgeworfenen Fragen insgesamt bewertet wurden, wird schließlich ein konkreter Vorschlag zur Anpassung des Erschöpfungsgrundsatzes an den digitalen Wandel unterbreitet, ausformuliert und umfassend kommentiert. Die vorliegende Darstellung schließt mit einer thesenförmigen Zusammenfassung deren wesentlicher Ergebnisse.

2. Urheberrecht, Digitalisierung und der Erschöpfungsgrundsatz

§ 1 Das Urheberrecht im Kontext der Digitalisierung

I. Das Urheberrecht als zeitlich begrenztes Monopol

1. Verfassungsrechtliche Vorgaben bezüglich der Ausgestaltung der Immaterialgüterrechtsordnung sowie derer Schranken

Wie sich sowohl aus dem Verfassungsgefüge des GG[16] mit seiner funktionalen Ausrichtung insbesondere der Wirtschaftsfreiheitsgrundrechte als auch dem Subsidiaritätsprinzip ableiten lässt, soll die eigenwirtschaftliche Betätigung des Einzelnen Vorrang gegenüber einer staatlichen Subsistenz haben. Hierfür lässt sich auch die auf den Ökonomen Adam Smith (1723–1790) zurückgehende Erkenntnis anführen, dass der staatlichen Gemeinschaft in ihrer Gesamtheit am besten gedient ist, wenn sich der Einzelne seinen individuellen Fähigkeiten und Möglichkeiten entsprechend in den Dienst der Gesellschaft stellt.[17]

Anliegen des Urheberechts ist es, dem Schöpfer einer qualifizierten geistigen Leistung eine – zeitlich begrenzte – exklusive Stellung hinsichtlich dieser von ihm vollbrachten Leistung zu sichern, mittels derer er das Ergebnis seines Schaffens sowohl verwerten (positives Nutzungsrecht), als auch Dritte von der Leistung ausschließen kann (negatives Verbotsrecht). Das Urheberecht gewährt dem Werkschaffenden also eine absolute, gegenüber jedermann wirkende Schutzposition im Sinne eines „gegenständlichen" Rechts.[18] Streng zu unterscheiden ist diese immaterialgüterrechtliche Rechtsposition vom Sacheigentum[19] – nicht nur angesichts der zeitlichen Begrenzung ersterer verbietet sich insoweit die Parallele zum grundsätzlich ewig geltenden Eigentum –[20] weshalb der in Anlehnung

---

16 Grundgesetz für die Bundesrepublik Deutschland in der im Bundesgesetzblatt Teil III, Gliederungsnummer 100-1, veröffentlichten bereinigten Fassung, zuletzt geändert durch Gesetz v. 29.09.2020, BGBl. 2020 I, S. 2048.

17 Vgl. *Smith*, Wealth of Nations, 1776, S. 62 ff. Siehe dazu auch *Kerber/Schwalbe*, in: MüKo/Wettbewerbsrecht I, 2020, 1. Teil, Rn. 67.

18 *Schiwy/Schmoll*, in: Büscher/Dittmer/Schiwy, Urheberrecht, 2015, Kap. 10, Einf., Rn. 1.

19 Vgl. ausführlich *Ahlberg*, in: Möhring/Nicolini, Urheberrecht, 2018, Einf., Rn. 15.

20 Vgl. *Schiwy/Schmoll*, in: Büscher/Dittmer/Schiwy, Urheberrecht, 2015, Kap. 10, Einf., Rn. 1.

an den angelsächsischen Sprachgebrauch („Intellectual Property", „IP") zur Beschreibung der Rechtsposition oft verwendete Begriff des „geistigen Eigentums" zu kritisieren und insoweit vielmehr der Terminus des „Immaterialgüterrechts" zu bevorzugen ist.[21]

Wie die Sachenrechte unterfallen die Urheberrechte als Immaterialgüterrechte dem grundrechtlichen Eigentumsschutz des Art. 14 Abs. 1 S. 1 GG, soweit sie vermögenswert sind.[22] Zwar kommt dieser Schutz erst solchen Rechtspositionen zu, die der Gesetzgeber ihrem Schöpfer überhaupt zuordnet.[23] Andersherum obliegt dem Gesetzgeber aber auch und gerade hinsichtlich der Immaterialgüter die Verpflichtung zur Schaffung einer Rechtsordnung, die dem Einzelnen das vermögenswerte Ergebnis seiner schöpferischen Leistung zuordnet und ihm die Freiheit einräumt, hierüber in eigener Verantwortung verfügen zu können.[24]

Die begründete Aussicht des Einzelnen darauf, dass das Ergebnis des kreativen Schaffensprozesses und damit auch das Ergebnis eigenwirtschaftlicher Anstrengungen grundrechtlichem Schutz unterliegt, lässt sich auf die Erwägung stützen, jedem Einzelnen materielle Leistungsanreize für Eigenanstrengungen zu vermitteln. Der grundrechtliche Schutz bewahrt den konkreten, durch Arbeit und Leistung erworbenen Bestand an vermögenswerten Gütern vor ungerechtfertigten Eingriffen durch die öffentliche Gewalt.[25] Der Einzelne soll bestimmte Eigenschaften und Fähigkeiten nicht nur haben dürfen. Es soll sie zum Nutzen aller aktiv in den Dienst der Gesellschaft stellen, also in den allgemeinen volkswirtschaftlichen Nutzen überführen. Ideengeschichtlich deckt sich diese Erwägung mit denjenigen des französischen Philosophen und Staatstheoretikers Jean-Jacques Rousseau, demzufolge individuelle Freiheit nicht vornehmlich als Freiheit von etwas (Freiheit im negativen Sinne), sondern als Freiheit für etwas (Freiheit im positiven Sinne) verstanden werden müsse.[26] Die Gewährung von

---

21 Vgl. auch *Schiwy/Schmoll*, in: Büscher/Dittmer/Schiwy, Urheberrecht, 2015, Kap. 10, Einf., Rn. 1; zur diesbezüglichen Auseinandersetzung etwa *Schack*, Urhebervertragsrecht, 2019, Rn. 23.

22 Vgl. BVerfG, Beschluss v. 07.07.1971, Az. 1 BvR 765/66, BVerfGE 31, S. 229, 238 f.; *Ahlberg*, in: Möhring/Nicolini, Urheberrecht, 2018, Einf., Rn. 16; *Dietlein*, in: Stern/Sachs/Dietlein, Staatsrecht IV/1, 2006, § 113 III 3 d), S. 2196.

23 Vgl. *Dietlein*, in: Stern/Sachs/Dietlein, Staatsrecht IV/1, 2006, § 113 III 3 d), S. 2195.

24 Vgl. BVerfG, Beschluss v. 07.07.1971, Az. 1 BvR 765/66, BVerfGE 31, S. 229, 240 f.; *Dietlein*, in: Stern/Sachs/Dietlein, Staatsrecht IV/1, 2006, § 113 III 3 d), S. 2195.

25 BVerfG, Beschluss v. 22.05.1979, Az. 1 BvL 9/75, BVerfGE 51, S. 193, 222; BVerfG, Beschluss v. 07.07.1971, Az. 1 BvR 765/66, BVerfGE 31, S. 229, 239.

26 Vgl. *Rousseau*, Contract social, 1762, Buch 1, Kapitel 8; Buch 2 Kapitel 4.

Freiheit, ihre Vorrangstellung gegenüber der Gleichheit und ihr Schutz durch die staatliche Ordnung lassen sich vor diesem Hintergrund als grundlegende Voraussetzungen für standortsichernde Innovationen im Kontext der wirtschaftlichen Globalisierung beschreiben.[27]

Bei der Ausgestaltung der Immaterialgüterrechtsordnung unterliegt der Gesetzgeber angesichts der dargelegten Erwägungen nach alledem besonderen Anforderungen insoweit, als einerseits die Gewährung von Schutzrechten zwingende Voraussetzung für die Bereitschaft zu schöpferischer Leistung und damit die Schaffung entsprechender Werke ist, andererseits in der Regel ein hohes gesellschaftliches Interesse an einem möglichst unbeschränkten Zugang zu den Ergebnissen schöpferischer Leistung besteht.[28] Die Eigentumsgarantie ist dementsprechend nicht schrankenlos, sondern es ist vielmehr gemäß Art. 14 Abs. 1 S. 2 GG Aufgabe des Gesetzgebers, Inhalt und Schranken zu bestimmen. Er hat nicht nur die Individualbelange zu sichern, sondern ihm ist auch aufgetragen, den individuellen Berechtigungen und Befugnissen die im Interesse des Allgemeinwohls erforderlichen Grenzen zu ziehen – ihm obliegt demnach, den Bereich des Einzelnen und die Belange der Allgemeinheit einem gerechten Ausgleich zuzuführen.[29] Wenn der Gesetzgeber unter diesen Umständen also auch zu Begrenzungen des Urheberrechts befugt und insoweit nur verpflichtet ist, eine angemessene Verwertung sicherzustellen, bestehen insbesondere keine grundsätzlichen verfassungsrechtlichen Bedenken gegen eine Erschöpfung des Verbreitungsrechts.[30] Diese Einschränkung ist wegen des Allgemeininteresses an klaren und übersichtlichen Verhältnissen im Rechtsverkehr gerechtfertigt und verstößt dann und deshalb nicht gegen das Grundgesetz, wenn und weil der Berechtigte seine vermögensrechtlichen Interessen bei der ersten Verbreitungshandlung wahren kann.[31] Angesichts dieser Erwägungen lässt sich zugleich ein entsprechender Maßstab als Grundlage der im weiteren vorzunehmenden Betrachtung der Frage festhalten, inwieweit die geltenden gesetzlichen Rahmenbedingungen ausreichen, um den grundlegenden Konflikt zwischen dem

---

27 Zu den Auswirkungen der Globalisierung vgl. *Aust/Richter/Ziemann*, Globalisierung, 2007, S. 3 ff.

28 Vgl. *Dietlein*, in: Stern/Sachs/Dietlein, Staatsrecht IV/1, 2006, § 113 III 3 d), S. 2196 f.

29 Vgl. BVerfG, Beschluss v. 07.07.1971, Az. 1 BvR 765/66, BVerfGE 31, S. 229, 241 f.; *Ahlberg*, in: Möhring/Nicolini, Urheberrecht, 2018, Einf., Rn. 17.

30 Vgl. BVerfG, Beschluss v. 03.10.1989, Az. 1 BvR 775/86, BVerfGE 81, S. 12, 17; *Ahlberg*, in: Möhring/Nicolini, Urheberrecht, 2018, Einf., Rn. 17.

31 Vgl. BVerfG, Beschluss v. 03.10.1989, Az. 1 BvR 775/86, BVerfGE 81, S. 12, 17; *Ahlberg*, in: Möhring/Nicolini, Urheberrecht, 2018, Einf., Rn. 17.

Interesse des Urhebers an der wirtschaftlichen Verwertung seines Werkes und dem allgemeinen volkswirtschaftlichen Interesse an Zirkulation intellektueller Ressourcen sowie an ihrer dementsprechenden Verkehrsfähigkeit mit der Zielsetzung einer größtmöglichen praktischen Konkordanz der Interessen[32] auch unter den Bedingungen der Digitalisierung zu steuern.

2. *Funktionen des Urheberrechts*

Das Urheberrecht schützt den Urheber nach § 11 UrhG einerseits hinsichtlich der persönlichkeitsrechtlichen Befugnisse, andererseits hinsichtlich der wirtschaftlichen Nutzung seines Werkes.[33] Neben seiner vermögensrechtlichen Schutzfunktion im Sinne eines Kommerzialisierungs- und Verwertungsschutzes ist demzufolge seine persönlichkeitsrechtliche Schutzfunktion hervorzuheben. Das Urheberrecht gewährt Urheberpersönlichkeitsrechte und Verwertungsrechte in Gestalt eines absoluten, ausschließlichen Rechts am Werk, die Urheber dürfen ihre Rechte nicht nur selbst nutzen, sondern andere von der Benutzung ausschließen.[34]

Der Begriff des Werkes umfasst hierbei nach § 2 UrhG persönliche geistige Schöpfungen, die dem Bereich der Literatur, Wissenschaft und Kunst zuzuordnen sind.[35] Damit ein Werk im Einzelfall tatsächlich dem urheberrechtlichen Schutz unterfällt, muss es sich also um das Ergebnis einer individuellen geistigen Leistung handeln.[36] Eine dem Urheberrecht unterfallende Schöpfung liegt nur dann vor, wenn das Ergebnis des Schöpfungsprozesses dem Gestaltungswillen des Schöpfers entspricht und den „Stempel der Persönlichkeit" seines Schöpfers „an der Stirn" trägt, also seine Handschrift und seinen Stil verrät.[37]

a) *Vermögensrechtlicher Schutz*

Dem Urheber steht grundsätzlich jede Art der wirtschaftlichen Verwertung seines Werkes zu.[38] Der vermögensrechtliche Schutz des Urheberrechts zielt

---

32 Zum Grundsatz der praktischen Konkordanz vgl. BVerfG, Urteil v. 31.05.2016, Az. 1 BvR 1585/13 (Metall auf Metall), GRUR 2016, S. 690 ff. (Rn. 70, 82).

33 Vgl. *Schulze*, in: Dreier/Schulze, UrhG, 2018, § 11, Rn. 1.

34 BVerfG, Urteil v. 31.05.2016, Az. 1 BvR 1585/13 (Metall auf Metall), GRUR 2016, S. 690 ff. (Rn. 72); *Nordemann/Czychowski*, in: Hasselblatt, Rechtsschutz, 2017, § 43, Rn. 1.

35 Vgl. *Schulze*, in: Dreier/Schulze, UrhG, 2018, § 2, Rn. 2.

36 Vgl. *Nordemann*, in: Schiwy/Schütz/Dörr, Medienrecht, 2010, S. 645, 648.

37 Vgl. *Nordemann*, in: Schiwy/Schütz/Dörr, Medienrecht, 2010, S. 645, 648.

38 Vgl. *Nordemann*, in: Schiwy/Schütz/Dörr, Medienrecht, 2010, S. 645, 649.

insoweit entsprechend obiger verfassungsrechtlicher Erwägungen darauf ab, dass der kreativ Schaffende das Ergebnis seines Schöpfungsprozesses in materieller Hinsicht bestmöglich verwerten kann. Zudem zielt sie darauf ab, dem Werkschöpfer über den Schutz der Werkverwertung materielle Handlungsimpulse zu vermitteln, sich auf seinem Gebiet zu engagieren und neue Erkenntnisse zu generieren. Nur bei der verlässlichen Aussicht, dass sich die zur Generierung neuen Wissens getätigten Investitionen zeitnah amortisieren können, werden auf Seiten des Urhebers private Investitionen getätigt und anderweitige Anstrengungen unternommen, um überhaupt neue Erkenntnisse hervorzubringen. Das Urheberrecht dient vor diesem Hintergrund nicht nur als Instrument zur Organisation der Wissensgesellschaft.[39] Gesetzgeber und Rechtsprechung müssen sich in einer globalisierten Welt auch seiner betriebswirtschaftlichen Investitionssicherungsfunktion und seiner volkswirtschaftlichen Standortsicherungsfunktion bewusst sein.

In diesem Rahmen sind dem Urheber entsprechende Verwertungsrechte durch die §§ 15 ff. UrhG zugeordnet. § 15 UrhG differenziert hierbei zwischen dem Recht des Urhebers, sein Werk in körperlicher (§ 15 Abs. 1 UrhG) und unkörperlicher (§ 15 Abs. 2 UrhG) Form zu verwerten. Dabei zeigt vor allem das Recht, das Werk in unkörperlicher Form öffentlich wiederzugeben (§ 15 Abs. 2 S. 1 UrhG), dass der digitale Wandel auch das Urheberrecht erfasst. Als bedeutsamste Arten der Werknutzung sind insgesamt das Vervielfältigungs- (§§ 15 Abs. 1 Nr. 1, 16 UrhG), Verbreitungs- (§§ 15 Abs. 1 Nr. 2, 17 UrhG), Vortrags-, Aufführungs-, Vorführungs- (§§ 15 Abs. 2 Nr. 1, 19 UrhG) und Senderecht (§§ 15 Abs. 2 Nr. 3, 20 UrhG) sowie das Recht der öffentlichen Zugänglichmachung (§§ 15 Abs. 2 Nr. 2, 19a UrhG), etwa über das Internet, zu nennen.[40] Die urheberrechtlichen Verwertungsrechte der §§ 15 ff. UrhG stehen nach dem Gesetz ausschließlich dem Urheber zu, soweit sich keine Einschränkungen nach den §§ 44a ff. UrhG ergeben. Der Urheber kann Dritten gemäß § 31 UrhG Nutzungsrechte einräumen, im dadurch abgesteckten Rahmen sind diese Dritten dann, gegebenenfalls ausschließlich, zur Verwertung seines Werkes befugt.

b) Persönlichkeitsrechtlicher Schutz

Gemäß § 11 UrhG schützt das Urheberrecht den Urheber auch in seinen geistigen und persönlichen Beziehungen zu seinem Werk sowie in der Nutzung seines Werkes. Der persönlichkeitsrechtliche Schutz des Urheberrechts betrifft nicht in

39 Vgl. zum Urheberrecht in der Wissensgesellschaft: *Flechsig*, ZRP 2004, S. 249 ff.

40 Vgl. *Nordemann*, in: Schiwy/Schütz/Dörr, Medienrecht, 2010, S. 645, 649.

erster Linie den Schutz des hervorgebrachten Werkes in materieller Hinsicht, sondern den Schutz des kreativ Schaffenden als Person. Gesichert wird das geistige Band zwischen dem Urheber und seinem Werk, letzteres wird ihm als sein Werk zuerkannt und zugeordnet, der Schöpfer eines Werkes wird als Persönlichkeit mit diesem identifiziert.[41] Oft kommen in dem urheberrechtlich geschützten Werk Ansichten und Gedanken zum Ausdruck, die zutiefst unmittelbarer Ausdruck der personalen Identität des kreativ Schaffenden sind. Dem geschützten Werk haftet insoweit etwas Unverwechselbares oder sogar Unwiederholbares an. Der persönlichkeitsrechtliche Schutz des Urheberrechts leitet sich wie das Allgemeine Persönlichkeitsrecht i.S.d. Art. 2 Abs. 1 GG i.V.m. Art. 1 Abs. 1 GG (APR) aus Art. 1 GG und Art. 2 GG her.[42] Das Urheberpersönlichkeitsrecht betrifft in seinem Schwerpunkt den sozialen Geltungsanspruch des Urhebers, der als solcher anerkannt werden und sein Werk nicht entstellt sehen möchte (§§ 13 S. 1, 14 UrhG).[43] Das Allgemeine Persönlichkeitsrecht schützt die personale Identität, ermöglicht über deren Schutz die Abgrenzung des kreativ Schaffenden gegenüber Wettbewerbern und Nachahmern und ist elementare Voraussetzung dafür, dass sich der kreativ Schaffende im Dienste der Wissensgesellschaft bestmöglich entfalten kann. Als besondere Erscheinungsform des APR geht das Urheberpersönlichkeitsrecht diesem vor, soweit es im UrhG spezialgesetzlich geregelt ist.[44] Die Privatsphäre des Urhebers ist betroffen mit dem Veröffentlichungsrecht i.S.d. § 12 UrhG, das dem Urheber erlaubt zu bestimmen, ob und wann er sein Werk als fertig der öffentlichen Kritik aussetzen will.[45] Auf Grundlage des Art. 5 Abs. 3 S. 1 GG ist ihm nicht nur die Freiheit gewährleistet, über das „ob" der Veröffentlichung zu entscheiden.[46] Der Urheber kann grundsätzlich auch über das „wo" und „wie" der Veröffentlichung entscheiden.[47] Es ist ihm vorbehalten, den konkreten Zeitpunkt und die konkreten Umstände der ersten Veröffentlichung seines Werkes festzulegen.[48]

---

41 Vgl. *Kroitzsch/Götting*, in: Möhring/Nicolini, Urheberrecht, 2018, § 13, Rn. 1.
42 Vgl. *Ahlberg*, in: Möhring/Nicolini, Urheberrecht, 2018, Einf., Rn. 14.
43 Vgl. *Schack*, Urhebervertragsrecht, 2019, Rn. 90.
44 Vgl. *Ahlberg*, in: Möhring/Nicolini, Urheberrecht, 2018, Einf., Rn. 14.
45 Vgl. *Hansen*, GRURInt 2005, S. 378, 379; *Schack*, Urhebervertragsrecht, 2019, Rn. 90.
46 Vgl. *Hansen*, GRURInt 2005, S. 378, 379.
47 Vgl. *Hansen*, GRURInt 2005, S. 378, 379.
48 Vgl. *Hansen*, GRURInt 2005, S. 378, 379.

3. *Entstehung des urheberrechtlichen Schutzes*

Das Urheberrecht entsteht mit der Vollendung des jeweiligen Werkes kraft seiner Schöpfung, d.h. kraft Realakts, ohne dass hierzu ein besonderer formeller Rechtsakt erforderlich ist.[49] Es handelt sich also um einen Fall des sich automatisch vollziehenden Rechtserwerbs, ohne dass es auf eine Werkveröffentlichung oder ein Erscheinen des Werkes ankommt, wie sich aus § 6 UrhG ableiten lässt.[50] Danach ist ein Werk veröffentlicht, wenn es mit Zustimmung des Berechtigten der Öffentlichkeit zugänglich gemacht worden ist (§ 6 Abs. 1 UrhG). Wie sich darüber hinaus aus § 64 UrhG entnehmen lässt, umfasst die Schutzdauer des Urheberrechts die Lebenszeit des Urhebers zuzüglich 70 Jahre, gerechnet vom Versterben des Berechtigten (post mortem auctoris).[51]

4. *Schutzrechte: Gestaltungsmöglichkeiten, Grenzen und Durchsetzung*

a) *Die Einräumung von Nutzungsrechten und die „Lizenz"*

Die Einräumung der Befugnis zur Nutzung urheberrechtlich geschützter Werke gegenüber Dritten kann gemäß § 31 UrhG durch Einräumung von Nutzungsrechten erfolgen. In diesem Zusammenhang wird in der Praxis oft der Begriff der „Lizenz" verwendet. Der Begriff der „Lizenz" soll hierbei jedenfalls die Befugnis umschreiben, das Immaterialgut[52] eines anderen zu benutzen.[53] Das bestimmende Merkmal aller „Lizenzen" liege hiernach darin, dass sich der „Lizenzgeber" auf Grundlage des „Lizenzvertrages" verpflichtet, dem „Lizenznehmer" den Gebrauch eines nicht körperlichen, geistigen Gutes im vereinbarten Umfang zu gewähren, und soweit dies erforderlich ist, dementsprechende Rechte einzuräumen, ohne aber das Immaterialgut selbst aufzugeben.[54] Da der „Lizenzvertrag" im geltenden Recht nur in Ansätzen[55] geregelt ist, unterfalle er im Wesentlichen einer direkten oder

---

49 Vgl. *Axel Nordemann*, in: Fromm/Nordemann, Urheberrecht, 2018, Einl., Rn. 17.

50 Vgl. *Axel Nordemann*, in: Fromm/Nordemann, Urheberrecht, 2018, Einl., Rn. 17.

51 Vgl. *Axel Nordemann*, in: Fromm/Nordemann, Urheberrecht, 2018, Einl., Rn. 17.

52 Immaterialgüter zeichnen sich gegenüber körperlichen Gegenständen insbesondere dadurch aus, dass sie gleichzeitig an mehreren Orten genutzt werden können (sogenannte ubiquitäre Nutzung), ohne dass sich die einzelnen Nutzungen gegenseitig ausschließen (sogenannte nichtrivalisierende Nutzung), vgl. *Dreier*, in: Dreier/Schulze, UrhG, 2018, Einl., Rn. 14.

53 *Straßer/Feyock*, in: Hasselblatt, Rechtsschutz, 2017, § 48, Rn. 1.

54 *Straßer/Feyock*, in: Hasselblatt, Rechtsschutz, 2017, § 48, Rn. 1.

55 Zu finden in § 30 MarkenG sowie in § 15 PatG.

jedenfalls analogen Anwendung der allgemeinen zivilrechtlichen Vorschriften des BGB[56].[57] Insbesondere könne ein „Lizenzvertrag“ den gesetzlichen Vorschriften über den (Rechts-) Pachtvertrag (§ 581 ff. BGB), den Mietvertrag (§ 535 ff. BGB), den Kaufvertrag (§ 433 ff. BGB) und den Dienstvertrag (§ 611 ff. BGB) unterliegen.[58] Eine genaue Betrachtung der Verwendung des Begriffs der „Lizenz“ wird an geeigneter Stelle im Verlauf dieser Untersuchung erfolgen.

b) Zwangslizenzen

Viele Rechtshandlungen werden unmittelbar durch die gesetzlichen Vorschriften des Urheberrechts gestattet.[59] In bestimmten, gesetzlich definierten Fällen können entweder jedermann oder ein bestimmter eingegrenzter Kreis von Personen urheberrechtlich geschützte Werke und diesen verwandte Leistungen verwenden, ohne dass der Urheber dies verhindern kann.[60] Neben der Erschöpfung des Verbreitungsrechts nach § 17 Abs. 2 UrhG, durch die der Urheber über sein Verbreitungsrecht nur das erstmalige Inverkehrbringen eines Vervielfältigungsstücks seines Werkes kontrollieren kann, sind hierbei auch Zwangslizenzen als solche inhaltliche Schranken zu nennen.[61] Bei Zwangslizenzen, deren Einführung meist wettbewerbsrechtliche oder kulturpolitische Erwägungen zugrunde liegen, bleiben die Verbotsrechte des Urhebers formal gewahrt, er büßt jedoch mit der Abschlussfreiheit einen wesentlichen Teil seiner Privatautonomie ein.[62]

Das geltende Urheberrecht sieht Zwangslizenzen beispielsweise auf Grundlage des § 42a UrhG für Werke der Musik vor.[63] Mit der international verbreiteten Zwangslizenz zugunsten von Tonträgerherstellern verfolgt der Gesetzgeber das Anliegen, zu verhindern, dass bestimmte Musikwerke oder Komponisten mittels des Urheberrechts von einem Hersteller monopolisiert werden können.[64] § 42a Abs. 1 UrhG verpflichtet daher den Urheber, der einem Tonträgerhersteller das Vervielfältigungs- und Verbreitungsrecht eingeräumt hat, nach Erscheinen

---

56 Bürgerliches Gesetzbuch i.d.F. v. 02.01.2002 (BGBl. 2002 I, S. 42 ber. S. 2909; BGBl. 2003 I, S. 738); zuletzt geändert durch Gesetz v. 10.08.2021, BGBl. 2021 I, S. 3515.

57 *Straßer/Feyock*, in: Hasselblatt, Rechtsschutz, 2017, § 48, Rn. 8.

58 *Straßer/Feyock*, in: Hasselblatt, Rechtsschutz, 2017, § 48, Rn. 8.

59 Allgemein *Nordemann/Czychowski*, in: Hasselblatt, Rechtsschutz, 2017, § 43, Rn. 453.

60 *Nordemann/Czychowski*, in: Hasselblatt, Rechtsschutz, 2017, § 43, Rn. 453.

61 *Nordemann/Czychowski*, in: Hasselblatt, Rechtsschutz, 2017, § 43, Rn. 453.

62 Vgl. *Schack*, Urhebervertragsrecht, 2019, Rn. 897.

63 *Nordemann/Czychowski*, in: Hasselblatt, Rechtsschutz, 2017, § 43, Rn. 453.

64 Vgl. *Schack*, Urhebervertragsrecht, 2019, Rn. 897.

des Werkes auf Verlangen auch jedem anderen Tonträgerhersteller ein gleiches Nutzungsrecht zu angemessenen Bedingungen einzuräumen.[65]

c) *„Creative Commons-Lizenzen"*

Eine weitere Variante zur digitalisierungskonformen Organisation der Wissensgesellschaft sind „Creative Commons-Lizenzen". Diese Lizenzform, die konzeptionell auf die Arbeiten des zu dieser Zeit an der Stanford Law School tätigen Juristen Lawrence Lessig zurückgeht, steht im engen sachlichen Zusammenhang mit „schöpferischen Gemeingütern".[66] „Creative Commons-Lizenzen" werden repräsentiert von der gemeinnützigen Gesellschaft „Creative Commons", die über das Internet verschiedene Standardlizenzverträge veröffentlicht hat und weiterhin veröffentlicht, welche es den Werkschaffenden ermöglichen sollen, der Allgemeinheit Nutzungsrechte an ihren Werken einzuräumen.[67] Den unter den Bedingungen der Analoggesellschaft üblichen, eher restriktiven Urheberrechten wird ein Modell gegenübergestellt, das sich an den Grundwerten von Offenheit und Teilhabe orientiert: Kreativen, Kultur- und Medienschaffenden sowie Wissenschaftlern soll ein Werkzeug an die Hand gegeben werden, mit dem sie eigenverantwortlich selbst bestimmen können, was sie mit ihren Werken machen und wie sie diese verwerten wollen.[68]

Um gegenüber der Allgemeinheit klarzustellen, was mit den von ihnen geschaffenen Inhalten geschehen darf, werden vorgefertigte Verträge über „Creative Commons-Lizenzen" von den Urhebern übernommen und in eigener Verantwortung verwendet.[69] Aufgrund der vorgegebenen Vertragsinhalte soll hierbei die Rechtssicherheit erhöht werden. Die Nutzungsrechteeinräumung unter Verwendung von „Creative Commons-Lizenzen" soll Interessierten hierbei zusätzliche, über die auf Grundlage des UrhG gesetzlich eingeräumte Nutzungsberechtigung hinausgehende Freiheiten vermitteln.[70] Durch Auswahl von einer aus sechs vorgefertigten Vertragsgestaltungen sollen Urheber bestimmen können, unter welchen rechtlichen Bedingungen sie ihre Werke veröffentlichen und

---

65 Vgl. *Schack*, Urhebervertragsrecht, 2019, Rn. 897.

66 Vgl. http://de.creativecommons.org/was-ist-cc/; zuletzt abgerufen am 28.12.2021.

67 Vgl. http://de.creativecommons.org/was-ist-cc/; zuletzt abgerufen am 28.12.2021; Zu Verträgen über digitale Inhalte unter besonderer Berücksichtigung des Vorschlages der EU-Kommission zu einer Richtlinie zur Bereitstellung digitaler Inhalte vgl. *Spindler*, MMR 2016, S. 147 ff.; *Spindler*, MMR 2016, S. 219 ff.

68 Vgl. http://de.creativecommons.org/was-ist-cc/; zuletzt abgerufen am 28.12.2021.

69 http://de.creativecommons.org/was-ist-cc/; zuletzt abgerufen am 28.12.2021.

70 http://de.creativecommons.org/was-ist-cc/; zuletzt abgerufen am 28.12.2021.

weiter verwendbar machen wollen.[71] Der Stand der Anpassung an das deutsche Recht ist unter „Creative Commons International: Germany“ dokumentiert.[72]

d) Verbotstatbestände

Aufgrund seiner Werkherrschaft, die dem Urheber auf Grundlage der §§ 15–23 UrhG gesetzlich eingeräumt wird und die insbesondere in verschiedenen Ausschließlichkeitsrechten zum Ausdruck kommt, stehen dem Urheber verschiedene Verbotsrechte zu. Auf Grundlage dieser Verbotsrechte kann der Urheber andere Personen von der Nutzung seines Werkes ausschließen oder die Nutzung mit bestimmten Bedingungen verknüpfen. Insbesondere kann er die Nutzungsberechtigung gegen Zahlung eines Entgelts vertraglich gestatten.

Urheberrechtsverletzungen sind unerlaubte Handlungen i.S.d. §§ 823 ff. BGB, werden dementsprechend verfolgt und gegebenenfalls geahndet.[73] Als Immaterialgüterrecht ist das Urheberrecht, ebenso wie andere gewerbliche Schutzrechte, ein deliktisch geschütztes Recht i.S.d. § 823 Abs. 1 BGB.[74] Zu beachten ist dabei der Vorrang spezialgesetzlicher Regelungen. So kann sich auf Grundlage des § 97 Abs. 2 UrhG ein gegenüber den §§ 823 ff. BGB spezialgesetzlich vorrangiger Schadensersatzanspruch ergeben, soweit nicht ausnahmsweise das Rahmenrecht am eingerichteten und ausgeübten Gewerbebetrieb betroffen ist – Schadensersatzansprüche auf Grundlage des § 97 Abs. 2 UrhG sind spezialgesetzlich vorrangig, soweit die gesetzliche Regelung abschließend ist.[75]

Bezüglich des Schadensersatzrechts greift vorliegend eine bereichsspezifische Besonderheit: Abgesehen von einer wirtschaftlichen Kompensation für seinen effektiv entstandenen und nachgewiesenen Schaden – dieser kann auch im entgangenem Gewinn (§ 252 BGB) bestehen – kann der in seinem Urheberrecht Verletzte auch die angemessene Gebühr verlangen, die er beansprucht haben

---

71 Vgl. http://de.creativecommons.org/was-ist-cc/; zuletzt abgerufen am 28.12.2021.

72 http://de.creativecommons.org/; zuletzt abgerufen am 28.12.2021.

73 Vgl. *Nordemann*, in: Schiwy/Schütz/Dörr, Medienrecht, 2010, S. 645, 653.

74 Vgl. *Sprau*, in: Palandt, BGB, 2021, § 823, Rn. 15.

75 Vgl. *Sprau*, in: Palandt, BGB, 2021, Einf v § 823, Rn. 14; Zur Inanspruchnahme auf Grundlage des § 97 UrhG vgl. auch *Grützmacher*, CR 2016, S. 785, 785; Nach der Rechtsprechung des BGH sind insbesondere die anspruchsbegründenden Voraussetzungen des § 97 Abs. 2 S. 1 UrhG deshalb restriktiv auszulegen und anzuwenden, weil es sich um eine spezialgesetzliche Konkretisierung der allgemeinen Deliktshaftung i.S.d. § 823 Abs. 1 BGB handelt, vgl. BGH, Urteil v. 12.05.2010, Az. I ZR 121/08 (Sommer unseres Lebens), NJW 2010, S. 2061 ff.; Vgl. auch *Jan Bernd Nordemann*, in: Fromm/Nordemann, Urheberrecht, 2018, § 97, Rn. 225.

würde, wenn das betroffene Recht ordnungsgemäß ausgeübt worden wäre.[76] Der Rechtsinhaber hat außerdem die Möglichkeit, stattdessen die Herausgabe des Gewinns zu verlangen, den der Rechtsverletzer durch die unberechtigte Nutzung erzielt hat.[77] Insbesondere aus anwaltlicher Sicht ist im Hinblick auf das Gebot der optimalen Zielverwirklichung zu prüfen, welche Berechnungsart für die in ihren Rechten verletzte Person wirtschaftlich am günstigsten ist.[78]

e) Vergütungspflichten

Gesetzliche Vergütungsansprüche wurden im Urheberrecht erstmals auf Grundlage etwa von §§ 26, 27 UrhG und § 53 Abs. 5 UrhG a.F. eingeführt, sie wurden seit dem Inkrafttreten des UrhG im Jahr 1965 beziehungsweise 1966 beständig verstärkt und ausgebaut.[79] Die seit 1966 geltende Regelung des früheren § 36 UrhG, die ausschließlich für außergewöhnliche Fälle vorgesehen war, ist durch das zum 01.07.2002 in Kraft getretene Urhebervertragsrecht zu Gunsten des Urhebers deutlich erweitert worden: Auf Grundlage des § 32 UrhG steht dem Urheber seither eine individualvertraglich nicht abdingbare angemessene Vergütung für jede Verwertung seines Werkes zu.[80] Ergibt sich dessen ungeachtet ein auffälliges Missverhältnis zwischen Erträgen und Vergütung, ist dieses gemäß § 32a UrhG auszugleichen.[81]

Die gesetzliche Einräumung von Vergütungsansprüchen folgt der Erkenntnis, dass der Urheber gewisse Nutzungshandlungen angesichts der Sozialpflichtigkeit des Urheberrechts (Art. 14 Abs. 2 GG) zwar nicht verbieten kann, sie aber auch nicht entschädigungslos hinnehmen muss.[82] Für die analogen Medien wurde ein Modell zur Wahrung der Interessen der Nutzer an zustimmungsfreien Nutzungshandlungen gegenüber dem wirtschaftlichen Interesse des Urhebers beispielsweise wie folgt ausgestaltet: Da etwa Vervielfältigungen urheberrechtlich geschützter Werke zum internen Gebrauch aufgrund der durch die technologische Entwicklung deutlich erweiterten und vereinfachten Möglichkeiten des

76 Vgl. *Nordemann*, in: Schiwy/Schütz/Dörr, Medienrecht, 2010, S. 645, 653.
77 Vgl. *Nordemann*, in: Schiwy/Schütz/Dörr, Medienrecht, 2010, S. 645, 653.
78 Vgl. *Nordemann*, in: Schiwy/Schütz/Dörr, Medienrecht, 2010, S. 645, 653.
79 Vgl. *Schack*, Urhebervertragsrecht, 2019, Rn. 475 unter Auflistung der zahlreichen Fälle, in denen heute gesetzliche Vergütungsansprüche vorgesehen sind.
80 Vgl. *Nordemann*, in: Schiwy/Schütz/Dörr, Medienrecht, 2010, S. 645, 651.
81 Vgl. *Nordemann*, in: Schiwy/Schütz/Dörr, Medienrecht, 2010, S. 645, 651; Zu den Entwicklungen bei weiteren Beteiligungen gemäß § 32a UrhG im Filmbereich vgl. *Castendyk*, ZUM 2016, S. 314 ff.
82 Vgl. *Schack*, Urhebervertragsrecht, 2019, Rn. 475.

Kopierens und Überspielens eine ausgeprägte wirtschaftliche Bedeutung zukam, wurden entsprechende Nutzungen im deutschen Urheberrecht zwar erlaubt, sind aber vergütungspflichtig.[83] Neben dem Gerätehersteller, der auf das in Verkehr gebrachte Gerät eine einmalige Pauschale zu entrichten hat, sind auch der Hersteller des Informationsträgers und – auf Grundlage von §§ 54 Abs. 1, Abs. 2 UrhG – der Betreiber von Kopiergeräten gesetzlich verpflichtet, für jede einzelne Kopie eine Abgabe zu entrichten.[84] Ob solche Vergütungspflichten das grundrechtlich geschützte Verwertungsinteresse des Urhebers noch angemessen berücksichtigen, erscheint angesichts der weit vorangeschrittenen Digitalisierung oft fraglich. Beispielsweise hat der US-Konzern Google Millionen urheberrechtlich geschützter Werke digitalisiert und veröffentlicht, dem Urheber wird jedoch in vielen Fällen allenfalls eine Art Entschädigung gewährt.[85]

f) Digital Rights Management

Ebenfalls an der Wissensorganisation beteiligt ist gegebenenfalls das Digital Rights Management (DRM), das im Folgenden kurz dargestellt werden soll.[86] DRM-Verfahren erlauben eine individuelle Kontrolle der Nutzung urheberrechtlich geschützter Inhalte und damit auch die Durchsetzung von Ausschließlichkeitsrechten.[87] Anders als bei der Offline-Nutzung von Werken ist bei der Online-Nutzung von Inhalten eine direkte Kontrolle der einzelnen Nutzungsvorgänge möglich.[88] Entgegen der von den Verwertungsgesellschaften betriebenen pauschalen Vergütungspraxis wird mit dem Einsatz von DRM die Erfassung individueller Nutzungen verfolgt, die eine Individualabrechnung zwischen dem Urheber- und Leistungsschutzberechtigten auf der einen und dem einzelnen Nutzer auf der anderen Seite ermöglicht.[89]

Zu den technischen Voraussetzungen, die zur Ermöglichung einer individuellen Kontrolle und Abrechnung von Nutzungsvorgängen urheberrechtlich

---

83 Vgl. *Nordemann*, in: Schiwy/Schütz/Dörr, Medienrecht, 2010, S. 645, 652.

84 Vgl. *Nordemann*, in: Schiwy/Schütz/Dörr, Medienrecht, 2010, S. 645, 652.

85 *Seipenbusch*, MMR 2009, S. 293, 294.

86 Zum Digital Rights Management vgl. *Auer-Reinsdorff/Brandenburg*, Multimedia, 2003, S. 155; *Fitzner*, Digital-Rights-Management, 2011, S. 1 ff.; *Metzner*, Urheberrechtsnovelle, 2010, S. 157; *Spindler*, in: FS Käfer, 2009, S. 341, 345; Zur juristischen Beurteilung von DRM-Maßnahmen und Sperren im Rahmen verschiedener Lizenzmodelle vgl. *Grützmacher*, ITRB 2015, S. 120 ff.; *Grützmacher*, ITRB 2015, S. 141 ff.

87 Vgl. *Spindler*, in: FS Käfer, 2009, S. 341, 345.

88 Vgl. *Auer-Reinsdorff/Brandenburg*, Multimedia, 2003, S. 155.

89 Vgl. *Auer-Reinsdorff/Brandenburg*, Multimedia, 2003, S. 155.

geschützter Werke im Internet erforderlich sind, zählt zunächst eine eindeutige Identifizierung von Werk und Urheber.[90] Diese Identifizierbarkeit wird durch Nummerierungssysteme sichergestellt, die – entweder direkt oder über eine zentrale Datenbank – Informationen über den Urheber, den Titel des Werkes und die Nutzungsbedingungen verfügbar machen.[91] Der außerdem erforderliche Integritätsschutz und die entsprechende Authentifizierung werden etwa durch die Verwendung einer elektronischen Signatur oder durch ein digitales Wasserzeichen erreicht.[92] Elektronische Signaturen werden i.d.R. unter Verwendung asymmetrischer Verschlüsselungsverfahren generiert, deren Sicherheit sich auch anhand der Länge der generierten Schlüssel bestimmt.[93] Unter den verschiedenen Formen von elektronischen Signaturen, die auf Grundlage des VDG[94] zulässig sind, wird hierbei die höchste Sicherheitsstufe bei der Verwendung einer qualifizierten elektronischen Signatur erreicht.[95] Damit Nichtberechtigte von der Nutzung geschützter Werke von vornherein ausgeschlossen werden, muss der Zugang zu den geschützten Werken kontrolliert werden, sodass nur die berechtigten Nutzer Zugang zu den entsprechenden Werken erhalten, was entweder im Wege einer Passwortkontrolle oder durch die digitale Verschlüsselung der Werke selbst erfolgen kann.[96] Schließlich erfolgt die Erfassung der einzelnen Nutzungsvorgänge, wobei die entsprechende Abrechnung sodann zwischen dem Nutzer und dem Urheber oder einem anderen Berechtigten vorgenommen werden kann.[97]

4. *Zwischenergebnis*

In Anbetracht der herausragenden Rolle, die das Feld der Immaterialgüterrechte im engeren und das Medien- und Telekommunikationsrecht im weiteren Sinne spielen, ist ein Zusammenspiel von Politik, Gesellschaft, Recht und Wirtschaft notwendig, um die insbesondere aus der Digitalisierung resultierenden neuen Herausforderungen im Licht der gesellschaftlichen Realität zu bewältigen.[98] Bei

---

90 Vgl. *Auer-Reinsdorff/Brandenburg*, Multimedia, 2003, S. 156.

91 Vgl. *Auer-Reinsdorff/Brandenburg*, Multimedia, 2003, S. 156.

92 Vgl. *Auer-Reinsdorff/Brandenburg*, Multimedia, 2003, S. 156.

93 Vgl. *Auer-Reinsdorff/Brandenburg*, Multimedia, 2003, S. 156.

94 Vertrauensdienstegesetz v. 18.07.2017, BGBl. 2017 I, S. 2745; zuletzt geändert durch Gesetz v. 18.07.2017, BGBl. 2017 I, S. 2745.

95 Vgl. *Auer-Reinsdorff/Brandenburg*, Multimedia, 2003, S. 156.

96 Vgl. *Auer-Reinsdorff/Brandenburg*, Multimedia, 2003, S. 157.

97 Vgl. *Auer-Reinsdorff/Brandenburg*, Multimedia, 2003, S. 157.

98 So auch *Seipenbusch*, MMR 2009, S. 293, 294.

der Verwirklichung des rechtlichen Rahmens für eine angemessene wirtschaftliche Teilhabe des Urhebers an der Verwertung seines Werkes wird letztlich auch zu berücksichtigen sein, dass sich das gesellschaftliche Bild des Schöpfers längst vom Spitzweg'schen Poeten[99] hin zu Urheberrechtsindustrien verlagert hat, denen es vorrangig um die Optimierung der Herstellung, Verbreitung und Nutzung schöpferischer Werke unter dem Gesichtspunkt der Innovation geht.[100]

Das Urheberrecht schützt den Urheber nicht nur im Hinblick auf seine persönlichkeitsrechtlichen Befugnisse, sondern insbesondere auch in seinem Interesse, die Ergebnisse seines kreativen Schaffensprozesses wirtschaftlich zu verwerten. Unter den Bedingungen der Wissensgesellschaft dient es als Motor technologischer Innovation. Kreativ Schaffende müssen sich durch die Gestaltung der gesetzlichen Rahmenbedingungen darauf verlassen können, dass das Ergebnis ihrer Anstrengungen unter dem Schutz der geltenden Rechtsordnung steht. Nur dann werden sie Anstrengungen zur Generierung neuer Inhalte vornehmen.

Bedingt durch den digitalen Wandel haben die Erzeugung, die Verbreitung und die Nutzung urheberrechtlich geschützter Inhalte eine grundlegende Veränderung erfahren, deren rechtliche Erfassung der Gesetzgeber voraussichtlich nur im supranationalen Kontext bewältigen kann und die einen gleichzeitigen supranationalen Diskurs von Politik, Wirtschaft und Gesellschaft erfordert. Die Digitalisierung erfolgt nicht lediglich innerhalb nationaler Grenzen. In Anbetracht der Schnelllebigkeit und Dynamik neuer technischer Möglichkeiten zur Verbreitung urheberrechtlich geschützter Inhalte erscheint es fraglich, ob die bestehenden rechtlichen Möglichkeiten, den Urheber in seinen vermögensrechtlichen Beziehungen zu seinem Werk zu schützen und angemessene Verwertungsmöglichkeiten sicherzustellen noch ausreichend sind, um dem Urheber auch künftig eine wertschöpfungsgerechte wirtschaftliche Verwertung seines Werkes zu ermöglichen. Schon dies spricht für die Notwendigkeit einer Anpassung des Urheberrechts an den digitalen Wandel.

---

99 Der Begriff geht zurück auf das Gemälde Carl Spitzwegs „Der arme Poet", 1839, das einen Schriftsteller in seiner spärlichen Dachstube zeigt.

100 Vgl. *Dreier*, in: Dreier/Schulze, UrhG, 2018, Einl., Rn. 10.

II. Darstellung des zugrundeliegenden Interessenkonflikts

1. Interesse des Werkschaffenden an bestmöglicher wirtschaftlicher Verwertbarkeit

Zur Durchsetzung der Rechte an immateriellen Schutzgütern kommt vor allem das Urheberrecht in Betracht.[101] Das Urheberrecht soll insoweit einen angemessenen Ausgleich bewirken zwischen dem Interesse des Urhebers an möglichst umfassender wirtschaftlicher Verwertung der von ihm geschaffenen Werke und dem Interesse der Allgemeinheit an Zugänglichkeit und Zirkulation der Ergebnisse kreativer Schöpfungsprozesse. Der Schutz des erstgenannten Interesses dient hierbei vorrangig dem Anliegen, die umfassende kommerzielle Verwertung der im Rahmen eines kreativen Schöpfungsprozesses hervorgebrachten Werke zu schützen und über hierdurch vermittelte materielle Handlungsimpulse dazu beizutragen, dass überhaupt neues Wissen generiert wird. Der Schutz des letzteren Interesses ermöglicht den Transfer hervorgebrachten Wissens sowie die kritische Reflexion und die Kontrolle durch die Allgemeinheit.

Das Maß an Immaterialgüterschutz begünstigt den Wohlstand in einem Land.[102] Ein hoher Internationalisierungsgrad ist in einem international operierenden Unternehmen – etwa im Bereich Forschung und Entwicklung – ebenso vorzufinden, wie unter Studierenden. Im Hinblick auf die verschiedenen Rechtskreise, die somit beteiligt sind, zeigt sich oftmals ein unterschiedliches Unrechtsbewusstsein in Bezug auf den Immaterialgüterschutz.[103] Wissenschaftler, die keine verlässliche Aussicht darauf haben, dass sich ihre Anstrengungen auch materiell auszahlen, werden den jeweiligen Standort meiden und stattdessen die besser positionierten Länder bevorzugen. Unter den Bedingungen der digitalisierten Informations- und Kommunikationsmedien geht es zunehmend darum, Kreativität bei der Monetarisierung von Ideen und Dienstleistungen aufzubringen.[104] Damit dem Urheber eine angemessene Verwertung der hervorgebrachten

---

101 Eine grafische Darstellung zum System des Urheberrechts findet sich bei: *Nordemann*, in: Schiwy/Schütz/Dörr, Medienrecht, 2010, S. 645, 647; Zum urheberrechtlichen Interessenausgleich in der Informationsgesellschaft vgl. *Geiger*, GRUR Int 2004, S. 815 ff.

102 Vgl. die gemeinsame Studie des Europäischen Patentamts (EPA) und des Amts der Europäischen Union für geistiges Eigentum (EUIPO), IPR-intensive industries and economic performance in the European Union, Industry-Level Analysis Report, Third edition, September 2019; veröffentlicht unter https://www.epo.org/service-support/publications.html?pubid=201; zuletzt abgerufen am 28.12.2021.

103 *Auer-Reinsdorff*, MMR 2009, S. 365, 366; *Seipenbusch*, MMR 2009, S. 293, 294.

104 *Auer-Reinsdorff*, MMR 2009, S. 365, 366.

Werke gewährleistet ist, muss er das Ergebnis seiner Kreativität im marktwirtschaftlichen Kontext wirtschaftlich verwerten können.[105] Ohne eine entsprechende Möglichkeit würde in einer marktwirtschaftlich ausgerichteten Ordnung kaum noch neues Wissen hervorgebracht werden.

2. *Allgemeines volkswirtschaftliches Interesse an größtmöglicher Zirkulation intellektueller Ressourcen*

Angesichts der dargelegten Erwägungen wird das Urheberrecht oft als Reaktion auf die Herausforderungen der technologischen Entwicklung gesehen.[106] Jedoch kann es nicht allein darum gehen, für neue Angebote, Produkte und Formate die rechtlichen Rahmenbedingungen mit Verzögerungen nachzuziehen und mit Verboten und Sanktionen darauf zu antworten.[107] Insbesondere sind die Anbieter unter den Bedingungen der Digitalisierung aufgefordert, Geschäftsmodelle und Serviceangebote zu entwickeln, die eine optimale Verwertung bei maximalem oder flexiblem Nutzungs- und Verwertungskomfort für die Nutzer ermöglichen.[108] Angesichts weltweit offener Märkte und der – spätestens seit dem Aufkommen des Freihandels unter dem gedanklichen Einfluss des Britischen Nationalökonomen David Ricardo (1772–1823) – ins Bewusstsein gelangten Tatsache, dass protektionistische Maßnahmen einem Standort nachhaltig schaden können, lässt sich der mit dem digitalen Wandel verbundene Strukturwandel in allen Unternehmenssegmenten nicht aufhalten.

Bei der Organisation der Wissensgesellschaft durch das Urheberrecht geht es nicht allein um die Frage nach dem Zugang zu urheberrechtlich geschützten Inhalten. Vielmehr geht es um eine intelligente – nicht notwendig staatliche – Steuerung des zirkulierenden Wissens zum größtmöglichen Nutzen aller. Es stellt sich die Frage, ob ein für alle Beteiligten größtmöglicher Nutzen des zirkulierenden Wissens wirklich dadurch erreicht wird, dass der Gesetzgeber einen freien Zugang zum zirkulierenden Wissen gewährleistet, beispielsweise auch indem er den kommerziellen Handel mit gebrauchter Software erleichtert. Die Teilhabe an Information und Wissen muss nicht notwendig gegenleistungsfrei gewährleistet werden. So lässt sich fragen, ob nicht von jedem Mitglied der Wissensgesellschaft ein angemessener Beitrag zum Gedeihen und zur Weiterentwicklung der

105 Zur Beziehung zwischen Wissenschaftsmarkt und Urheberrecht vgl. *Peifer*, GRUR 2009, S. 22 ff.

106 Vgl. *Dreier*, in: FS Schricker, 2005, S. 283, 284.

107 *Auer-Reinsdorff*, MMR 2009, S. 365, 366.

108 *Auer-Reinsdorff*, MMR 2009, S. 365, 366.

Wissensgesellschaft in ihrer Gesamtheit eingefordert werden kann. Andererseits ist vor dem Hintergrund des Allgemeininteresses an der größtmöglichen Zirkulation intellektueller Ressourcen zu fragen, wann und in welcher Höhe ein solcher Beitrag in Form einer als angemessen anzusehenden Gegenleistung als erbracht gelten kann.

III. Digitalisierungsbedingte Veränderung des Urheberrechts

1. Begriffsdefinition Digitalisierung

a) Digitalisierung von Informationen

Im Hinblick auf die Themenstellung dieser Darstellung kommt dem Begriff der Digitalisierung grundlegende Bedeutung zu.[109] Digitalisierung lässt sich definieren als die Erfassung analoger Elemente in digitaler Form durch Umsetzung der Informationen in Binärcodes, wobei der Vorgang des Digitalisierens urheberrechtsdogmatisch als Vervielfältigung i.S.d. § 16 Abs. 1 UrhG zu qualifizieren ist.[110] Im Rahmen des technischen Vorgangs der Digitalisierung findet eine zumindest vorübergehende Speicherung des entstehenden Produkts in einem Arbeitsspeicher statt.[111] Der Begriff der Vervielfältigung erfasst jede körperliche Festlegung, die geeignet ist, ein Werk auf irgendeine Weise den menschlichen Sinnen unmittelbar oder mittelbar zugänglich zu machen.[112] Daher unterfällt neben der dauerhaften Speicherung auch die lediglich vorübergehende Speicherung im Arbeitsspeicher eines Computers (RAM)[113] dem Vervielfältigungsbegriff.[114]

---

109 Zur Digitalisierung und ihren Auswirkungen auf den Schutz urheberrechtlich geschützter Werke vgl. *Bohne/Elmers*, WRP 2009, S. 586 ff.; *Kaulartz*, CR 2016, S. 474 ff.; *Kerber*, GRUR Int 2016, S. 639 ff.; *Rauer/Ettig*, K&R 2016, S. 79 ff.; *Sucker*, Der digitale Werkgenuss, 2014, S. 1 ff.

110 Vgl. *Ernst*, in: Hoeren/Sieber/Holznagel, Multimedia-Recht, 2020, Teil 7.1, Rn. 50. Zu letzterem auch BGH, Urteil v. 16.04.2015, Az. I ZR 69/11 (Elektronische Leseplätze II), GRUR 2015, S. 1101, Rn. 31.

111 Vgl. *Ernst*, in: Hoeren/Sieber/Holznagel, Multimedia-Recht, 2020, Teil 7.1, Rn. 50; *Loewenheim*, in: Schricker/Loewenheim, Urheberrecht, 2020, § 16, Rn. 20.

112 Siehe z.B. *Heerma*, in: Wandtke/Bullinger, Urheberrecht, 2019, § 16, Rn. 4.

113 Für „Random-Access Memory", der Begriff bezeichnet hier den aus technischer Sicht „flüchtigen" Arbeitsspeicher eines Computers, dessen Inhalt nach Abschaltung der Stromzufuhr verloren geht.

114 Vgl. BGH, Urteil v. 06.10.2016, Az. I ZR 25/15 (World of Warcraft I), GRUR 2017, S. 266, Rn. 38; BGH, Beschluss v. 03.02.2011, Az. I ZR 129/08 (UsedSoft I), GRUR 2011, S. 418, Rn. 13; *Schulze*, in: Dreier/Schulze, UrhG, 2018, § 16, Rn. 13; *Dustmann*, in: Fromm/Nordemann, Urheberrecht, 2018, § 16, Rn. 13; *Heerma*, in: Wandtke/

Die reine Digitalisierung von Werken ist hingegen keine Bearbeitung i.S.d. § 23 UrhG, da hierbei keinerlei Veränderung des zugrunde liegenden Werkes stattfindet.[115] Das wesentliche Merkmal des digitalen Verfahrens liegt darin, dass es mit einer entsprechenden Technik gelingen kann, das Werk unter Vermeidung jeglichen Qualitätsverlustes so zu reproduzieren, dass es der Vorlage absolut gleicht.[116] Diese Darstellung bezieht sich darüber hinaus auf die durch die Digitalisierung und den technologischen Fortschritt eingetretenen Veränderungen, den digitalen Wandel, der daher im Folgenden kurz dargelegt werden soll.

b) Digitalisierungsbedingte Veränderungen der Kommunikation

Mit der Verbreitung des Internet und der Herausbildung einer globalen Informationsgesellschaft erlebt das Urheberrecht einen neuen Höhepunkt, möglicherweise aber auch einen Wendepunkt.[117] Die Organisation von Wissen hat sich unter dem Einfluss neuer Informations- und Kommunikationsmedien grundlegend verändert.[118] Infolge der weltweiten Durchsetzung des Internet als Hauptschlagader[119] einer pluralistischen Kommunikation gilt dies auch für die Rahmenbedingungen der Verbreitung urheberrechtlich geschützter Werke. Die Mediennutzung unterliegt demnach deutlichen Veränderungen und fordert schon deshalb eine Diskussion über ein den Bedingungen der Digitalisierung angepasstes und konformes Urheberrecht.

Soweit der Zugang zu Inhalten nicht an bestimmte Zugangsvoraussetzungen gebunden ist und keine Zugangsschranken bestehen, ermöglicht das Internet einer breiten Öffentlichkeit, Informationen und Wissen von nahezu jedem Ort jederzeit abzurufen.[120] Zu den grundlegenden Veränderungen, die sich im Zuge der Digitalisierung ergeben haben, zählen das Vorhandensein

---

Bullinger, Urheberrecht, 2019, § 16, Rn. 18; *Loewenheim*, in: Schricker/Loewenheim, Urheberrecht, 2020, § 16, Rn. 17.

115 Vgl. *Ernst*, in: Hoeren/Sieber/Holznagel, Multimedia-Recht, 2020, Teil 7.1, Rn. 51; Zum inhaltlichen Umfang und zu den Grenzen des urheberrechtlichen Bearbeitungsrechts an einem Computerprogramm vgl. OLG Hamburg, Urteil v. 28.02.2019, Az. 5 U 146/16, ZUM-RD 2019, S. 575.

116 Vgl. *Metzner*, Urheberrechtsnovelle, 2010, S. 13.

117 Vgl. *Spindler*, in: FS Käfer, 2009, S. 341, 342.

118 Zu den diesbezüglichen Veränderungen vgl. *Spindler*, in: FS Käfer, 2009, S. 341 ff.

119 Zum Internet als „Hauptschlagader“ des pluralistischen Meinungsaustausches vgl. *Härting*, K&R 2012, S. 264, 267.

120 Vgl. *Degen/Deister*, Computer- und Internetrecht, 2009, Rn. 2 ff.; *Härting*, Internetrecht, 2017, Rn. 1362 ff.

einer unbegrenzten Speicherkapazität sowie die räumlich und zeitlich uneingeschränkte Verfügbarkeit.[121]

c) *Einflüsse der Plattformökonomie*

Plattformmodelle[122] sind für ihre Betreiber mit minimalen operativen Kosten verbunden und bieten diesen den Vorteil, die Nutzer in einer Anzahl erreichen zu können, die in der analogen Welt nur schwer denkbar wäre. Wohl auch deshalb haben sie sich seit der UsedSoft-Entscheidung des EuGH etabliert. Beispielhaft für die Entwicklung zum plattformgestützten Geschäftsmodell lässt sich auf den Onlineversandhändler Amazon verweisen. Auch in der Tom Kabinet-Entscheidung des EuGH[123], auf die im weiteren Verlauf der Darstellung noch detaillierter eingegangen wird, lag dem entscheidungserheblichen Sachverhalt ein plattformgestütztes Geschäftsmodell zugrunde. Abgesehen hiervon lässt sich nicht nur im Segment der Softwareindustrie, sondern auch im Segment der Unterhaltungskultur eine durch die COVID-19-Pandemie nochmals verstärkte Entwicklung feststellen, dass Nutzer auf digitale, über das Internet vertriebene Werkexemplare zurückgreifen.

Insoweit stellt sich allgemein im Hinblick auf digitale Werkexemplare die Frage, ob sich angesichts der Tatsache, dass diese anders als klassische analoge Güter – so etwa E-Books im Vergleich zu Büchern – selbst bei wiederholter Nutzung keiner vergleichbaren Abnutzung infolge ihres Gebrauchs unterliegen, ein Sekundärmarkt für „gebrauchte“ digitale Güter entwickeln kann, der das rechtlich geschützte Verwertungsinteresse des Urhebers möglicherweise zu unterlaufen droht. Diese Frage ist im Bereich der Computerprogramme ebenso zu stellen, wie bei anderen digitalen Gütern.

2. *Digitalisierungsbedingte Auswirkungen auf das Urheberrecht*

a) *Das Moore'sche Gesetz als Transformationstreiber des digitalen Wandels*

Der unkörperliche Vertrieb des urheberrechtlich geschützten Werkes, oft im Rahmen digitaler Plattformmodelle, setzt sich im Laufe der Zeit immer stärker

---

121 Vgl. *Walker*, in: FS Käfer, 2009, S. 435, 436.

122 Der Begriff der Plattform beziehungsweise Plattformökonomie bezeichnet hier die Entstehung virtueller Marktplätze, über den Nutzer eine Vielzahl von digitalen Gütern, Dienstleistungen und sonstige Inhalte beziehen können, vertiefend *Hayungs*, VuR 2020, S. 403 ff.

123 Vgl. EuGH, Urteil v. 19.12.2019, Az. C-263/18 (Tom Kabinet), MMR 2020, S. 167 ff.

gegenüber der traditionellen körperlichen Verwertung durch. Dies mag auch darin begründet sein, dass sich im Wege des unkörperlichen Vertriebs des Werkes ein zahlenmäßig und räumlich deutlich weiter gefasster Nutzerkreis erreichen lässt und infolge des geringeren Ressourceneinsatzes zudem betriebswirtschaftlich bedeutsame Skaleneffekte[124] erzielt werden können. Seit dem UsedSoft-Urteil des EuGH im Juli 2012 ist die technologische Entwicklung nicht zum Stillstand gekommen. Dem Moore'schen Gesetz folgend, wonach sich die Komplexität integrierter Schaltkreise in regelmäßigen zeitlichen Abständen von etwa 12 bis 24 Monaten verdoppelt, ohne dass sich die Komponentenkosten maßgeblich erhöhen, hat sie stattdessen zahlreiche technologische Veränderungen hervorgebracht, die die Anforderungen an den gesetzlichen Rahmen urheberrechtlich geschützter Werke nicht unberührt lassen. Insgesamt hat die digitale Entwicklung so zu vielen Offline- und Online-Nutzungsarten geführt, zu denen – ohne Anspruch auf Vollständigkeit – beispielsweise E-Books, Blogs, Tweets, elektronische Pressespiegel, mobile Nutzung in Apps, Video- und Music-on-Demand, Hyperlinks, Framing und Streaming zählen.[125]

Nicht erst seit dem UsedSoft-Urteil des EuGH, sondern insbesondere auch schon seit dem Inkrafttreten der RL 2001/29/EG wirft das Voranschreiten der informationstechnologischen Entwicklung im Zusammenspiel mit den wachsenden Möglichkeiten des Internet so kontinuierlich neue Fragen auf, denen der Gesetzgeber sowohl auf nationaler als auch supranationaler Ebene oft allenfalls reaktiv begegnen kann.[126] Daher spricht vieles dafür, dass die vor zwanzig Jahren ergangene RL 2001/29/EG, auf die der EuGH insbesondere seine Tom Kabinet-Entscheidung[127] stützt, viele urheberrechtliche Rechtsfragen des Informationszeitalters nicht mehr angemessen erfasst.[128] Zwar lässt sich vor dem Hintergrund des digitalen Wandels insbesondere eine Entwicklung feststellen, die scheinbar den punktuellen Werkgenuss vor den dauerhaften Erwerb eines Exemplars des urheberrechtlich geschützten Werkes stellt. Der Erschöpfungsgrundsatz i.S.d. Art. 4 Abs. 2 RL 2009/24/EG, Art. 4 Abs. 2 RL 2001/29/EG beziehungsweise §§ 69c Nr. 3 S. 2, 17 Abs. 2 UrhG ist allerdings ein allgemeiner Rechtsgrundsatz

---

124 Economies of scale, vgl. dazu *Mischau*, GRUR Int 2020, S. 233, 235.

125 Vgl. *Witte/Auer-Reinsdorff*, in: Auer-Reinsdorff/Conrad, IT- und Datenschutzrecht, 2019, § 5, Rn. 22.

126 Vgl. *Hoeren/Jakopp*, MMR 2014, S. 646, 649.

127 Vgl. EuGH, Urteil v. 19.12.2019, Az. C-263/18 (Tom Kabinet), MMR 2020, S. 167 ff.; Vgl. hierzu *Ewert*, EuZW 2020, S. 385 ff.; *Jani*, K&R 2020, S. 101 ff.; *Ohly*, GRUR 2020, S. 184 ff.; *Walter*, MR-Int. 2020, S. 19 ff.

128 Vgl. *Hoeren/Jakopp*, MMR 2014, S. 646, 649.

des Urheberrechts, der grundsätzlich auch vor neuen digitalen Geschäfts- und Vertriebsmodellen Bestand haben muss.

b) *Zunehmende Entkopplung des Werkes vom Trägermedium*

Schon die UsedSoft-Entscheidung hatte sich angesichts der dargestellten technologischen Entwicklung mit dem Umstand zu befassen, dass sich die urheberrechtlich geschützten Inhalte zunehmend von ihrem Trägermedium entkoppeln.[129] Der unter den Bedingungen der Digitalisierung erfolgende Zugang zum urheberrechtlich geschützten Werk kennzeichnet sich typischerweise durch die Nichtrivalität seiner Nutzung – entsprechende Übertragungsraten und Speicherkapazitäten vorausgesetzt, beeinträchtigt die Nutzung eines Datensatzes durch eine Person die gleichzeitige Nutzung durch eine andere nicht –[130], seine rasche und kostengünstige Überlassung ohne Eintritt eines Qualitätsverlusts sowie das Ausbleiben einer Abnutzung infolge seines bestimmungsgemäßen Gebrauchs.[131] Diese Kriterien sind es auch, die den angemessenen Ausgleich zwischen den Interessen der Allgemeinheit an Werkzugang und Zirkulation und denen des Urhebers an möglichst umfassender wirtschaftlicher Verwertung des geschaffenen Werkes zunehmend auszuhöhlen drohen, soweit der Gesetzgeber den digitalen Wandel nicht urheberrechtlich angemessen nachvollzieht.

3. *Neue Darstellungs- und Verwertungsformen*

a) *Ausgangspunkt*

Überall dort, wo angesichts der durch digitalen Wandel hervorgebrachten neuen Vertriebsformen die klassische Übergabe eines Werkexemplars gegen Entgelt im weitesten Sinne ersetzt wird, stellt sich die Frage nach einer Anwendung des Erschöpfungsgrundsatzes auch im so geschaffenen Umfeld. Angesichts des nicht intendierten dauerhaften Erwerbs eines urheberrechtlich geschützten Werkes vom Urheber oder Rechtsinhaber gegen ein Entgelt ist die Entstehung des dem Erschöpfungsgrundsatz zugrunde liegenden Interessenkonflikts in Bezug auf einige der vom digitalen Wandel hervorgebrachten Formen der Vermittlung des urheberrechtlichen Werkgenusses zwar von vornherein ausgeschlossen. Schon die Annahme einer Veräußerung i.S.d. §§ 69c Nr. 3 S. 2, 17 Abs. 2 UrhG als maßgeblichem, die Erschöpfungswirkung begründenden Tatbestandsmerkmal,

---

129 Vgl. *Specht*, in: E-Commerce, 2017, 6. Teil, G., Rn. 1.
130 Vgl. *Sattler*, CR 2020, S. 145, 148.
131 Vgl. *Specht*, in: E-Commerce, 2017, 6. Teil, G., Rn. 1.

kommt insoweit denklogisch nicht in Betracht, denn das Merkmal der Veräußerung verlangt insoweit die dauerhafte Übertragung der Verfügungsmöglichkeit an dem entsprechenden Vervielfältigungsstück.[132] Beispielhaft als ausgeschlossen zu nennen sind hier etwa die Verlinkung als bloßer Verweis, das Framing als bloße Einbettung oder Thumbnails als bloße Vorschau auf ein fremdes Werk. Von einer näheren Darstellung im Rahmen dieser Abhandlung wird daher abgesehen. Hinsichtlich anderer, den Zugang zum urheberrechtlich geschützten Werk vermittelnden Darstellungs- und Vertriebsformen kann hingegen die aufgeworfene Frage einer Anwendung des Erschöpfungsgrundsatzes gestellt werden. Da von ihrer Bedeutung als Grundlage der späteren Betrachtung des Vertriebs von Software und anderer digitaler Güter sowie zur Behandlung von Abgrenzungsfragen auszugehen ist, soll im Folgenden zunächst kurz auf die Technologien des Streaming sowie der auch im Hinblick auf ihre Auswirkungen auf den Eintritt einer Erschöpfungswirkung zu hinterfragenden Non-Fungible Token eingegangen werden.

b) Ausgewählte Darstellungs- und Verwertungsformen

aa) Streaming

In der gestiegenen Akzeptanz des Streaming zeigt sich beispielhaft die genannte Entwicklung der Verlagerung hin zu einem punktuellen Werkgenuss an Stelle des dauerhaften Erwerbs eines Werkexemplars. Mit dem Begriff des Streaming ist die gleichzeitige Übertragung und Wiedergabe von Audio- und/oder Videodaten über ein Netzwerk gemeint.[133] Sofern hierbei der Zeitpunkt der öffentlichen Wiedergabe des Werkes und die Reihenfolge seiner Programmkomponenten einseitig vom Anbieter festgelegt werden (Live-Streaming), lässt sich dieses urheberrechtlich als Sendung i.S.d. § 20 UrhG qualifizieren.[134] Ist das Werk dagegen Mitgliedern der Öffentlichkeit von Orten und zu Zeiten ihrer Wahl auf Abruf zugänglich, ist das Streaming als öffentliche Zugänglichmachung i.S.d. Art. 3 Abs. 1 RL 2001/29/EG beziehungsweise § 19a UrhG einzuordnen.[135] Das betreffende Werk wird für potenzielle Nutzer zum Abruf über das Internet bereitgehalten.[136] Letzterer Fall ist gegeben beim on-Demand-Streaming. Sowohl bei

---

132 Zu den Voraussetzungen des Merkmals der „Veräußerung" vgl. *Spindler*, in: Schricker/Loewenheim, Urheberrecht, 2020, § 69c, Rn. 35.

133 Vgl. *Schmidt/Pruß*, in: Auer-Reinsdorff/Conrad, IT- und Datenschutzrecht, 2019, § 3, Rn. 203; Vgl. auch *Wagner*, GRUR 2016, S. 874 ff.

134 Vgl. *Redeker*, IT-Recht, 2020, Rn. 1359.

135 Vgl. *Redeker*, IT-Recht, 2020, Rn. 1359.

136 Vgl. *Werner*, in: Ensthaler/Weidert, Urheberrecht und Internet, 2017, Kap. 3, Rn. 38.

Music-on-Demand als auch bei Video-on-Demand wird dementsprechend digitalisiertes Material auf Abruf mittels einer geeigneten Software aus dem Internet geladen.[137] Eine Speicherung der Daten auf dem empfangenden Computer findet bei beiden Varianten nicht statt.[138] Vielmehr erfolgt eine bloße Wiedergabe im Rahmen des Übertragungsvorganges.[139]

bb) Non-Fungible Token

(1) Aktueller Anlass

Zu einem Preis von fast 70 Millionen US-Dollar wurde das Kunstwerk mit dem Titel „Everydays: The first 5000 days" von Mike Winkelmann beim Auktionshaus Christie's am 11.03.2021 veräußert, ohne dass der schöpfende Künstler eine Leinwand bearbeitet oder sonst einen körperlich greifbaren Gegenstand zur Erschaffung des Werkes verarbeitet hat.[140] Ein materielles Gemälde hat der Käufer niemals erhalten.[141] Stattdessen erwarb er eine digitale Signatur in der Blockchain, ein Non-Fungible Token (NFT).[142]

(2) Funktionsweise

Da die Blockchain-Technologie für NFT existenznotwendig ist und davon auszugehen ist, dass ihre Bedeutung für das Urheberrecht angesichts des Standes der digitalen Entwicklung zukünftig noch wachsen dürfte, soll im Folgenden kurz auf diese Technologie eingegangen werden. Hierbei handelt es sich um eine dezentral organisierte, kryptografische Verknüpfung von Hashwerten[143], die ohne eine zentrale Autorität auskommt und über einen private key[144] den an der

137 Vgl. *Werner*, in: Ensthaler/Weidert, Urheberrecht und Internet, 2017, Kap. 3, Rn. 46.

138 Vgl. *Büscher/Müller*, GRUR 2009, S. 558.

139 Vgl. *Redeker*, IT-Recht, 2020, Rn. 1359.

140 Vgl. https://onlineonly.christies.com/s/beeple-first-5000-days/beeple-b-1981-1/112924; zuletzt abgerufen am 28.12.2021; vgl. auch *Giannopoulou/Quintais/Mezei/Bodó*, Non-Fungible Tokens I, 2021; *Giannopoulou/Quintais/Mezei/Bodó*, Non-Fungible Tokens II, 2021.

141 Vgl. *Kaulartz/Schmid*, Non-Fungible Token, 2021.

142 Vgl. *Kaulartz/Schmid*, Non-Fungible Token, 2021.

143 Der Hashwert ist ein kryptographischer Wert, der aus einer beliebigen Zeichenfolge mittels eines Algorithmus erzeugt wird und der wie ein eindeutiger „Fingerabdruck" dieser Zeichenfolge wirkt; vgl. *Knaier/Wolff*, BB 2018, S. 2253, 2254.

144 Der Begriff des private key bezieht sich auf einen Schlüssel im Sinne eines Zugangscodes, der im Gegensatz zum public key sicher verwahrt wird und nur einem bestimmten Nutzer vorbehalten ist; vgl. *Drescher*, Blockchain, 2017, S. 116.

Kette – i.d.R. im Rahmen eines Peer-to-Peer-Netzwerks – Beteiligten vollständig transparent ist. Es handelt sich demnach um eine dezentralisierte Datenbank, bei der Veränderungen des Datenbestands mittels eines kryptografischen, meist asymmetrisch verschlüsselten Verfahrens chronologisch aneinandergereiht und in mehreren Netzwerkknoten mithilfe von Blocks parallel gespeichert werden.[145] Da jede über die Blockchain abgewickelte Transaktion unumkehrbar[146] zur Folge hat, dass sich der Hashwert verändert, funktioniert die Blockchain wie ein digitaler Notar und ist deshalb besonders geeignet, über das Internet abgewickelte Rechtsgeschäfte zu verifizieren. Mittels der Blockchain lässt sich nachprüfen, ob die grundlegenden Voraussetzungen für die Zuerkennung einer Vermögensposition zu Gunsten einer bestimmten Person erfüllt sind. Das vorrangige Merkmal der Blockchain liegt in der kryptografischen Verknüpfung ihrer Blöcke, die die Unveränderlichkeit und Integrität der eingefügten Daten sicherstellt: Wird eine Zeichenfolge verändert, so divergiert auch der ihr zugeordnete Hashwert sowie derjenige aller nachfolgenden Blöcke.[147]

Bei den hier zu betrachtenden NFT handelt es sich um ein eindeutiges und – im Gegensatz etwa zum Bitcoin – nicht substituierbares kryptografisches Token, d.h. um ein Unikat. NFT lassen sich nicht replizieren.[148] Typischerweise gelangen sie zum Einsatz, wo dementsprechende digitale Güter wie beispielsweise digitale Kunst, Musik oder einmalige virtuelle Objekte in Computerspielen gesammelt und gehandelt werden.[149] Im Fall des genannten Kunstwerks „Everydays: The first 5000 days" hat der Erwerber dieses nicht in einer klassischen Währung bezahlt, sondern mittels der Kryptowährung Ether – einer virtuellen, auf der Ethereum-Blockchain basierenden Zahlungseinheit.[150]

(3) Konsequenzen für das Urheberrecht

Aus der im Rahmen dieser Darstellung maßgeblichen urheberrechtlichen Sicht stellt sich insbesondere die Frage, welche Rechte im Hinblick auf das zugeordnete Objekt mit der Veräußerung eines NFT auf den Erwerber übergehen und

145 Vgl. *Knaier/Wolff*, BB 2018, S. 2253, 2254.

146 Zu den diesbezüglichen Eigenschaften der Blockchain vgl. *Drescher*, Blockchain, 2017, S. 235 f.

147 Vgl. *Knaier/Wolff*, BB 2018, S. 2253, 2254.

148 Vgl. *Von Trotha*, Digitale Unikate, 2021.

149 Vgl. *Kaulartz/Schmid*, Non-Fungible Token, 2021.

150 Vgl. *Giannopoulou/Quintais/Mezei/Bodó*, Non-Fungible Tokens I, 2021; *Kaulartz/Schmid*, CB 2021, S. 298, 298.

ob dieser von einer Erschöpfungswirkung profitiert.[151] In diesem Zusammenhang stellt sich zunächst die Frage nach der urheberrechtlichen Qualität des NFT selbst als eigenem Werk. Ebenfalls ist zu klären, ob die Erstellung des NFT eine urheberrechtlich relevante Handlung im Hinblick auf das zugrunde liegende tokenisierte digitale Werk ist. Diesbezüglich ist einerseits zu erwägen, dass die Prägung eines NFT auf Grundlage eines urheberrechtlich geschützten Werkes als Nutzungsart einzuordnen ist, die ein de lege lata noch nicht kodifiziertes Recht zur öffentlichen Wiedergabe i.S.d. § 15 Abs. 2 UrhG erfordert.[152] Andererseits ist denkbar, dass die Erschaffung eines NFT an sich ohne urheberrechtliche Relevanz ist.[153] Dieser Einordnung folgend, würde sich unter anderem die Folgefrage ergeben, auf welche Art und Weise sich ein Urheber schützen kann, wenn eine hierzu unberechtigte Person unter Verwendung des urheberrechtlich geschützten Werkes ein NFT erstellt und in Umlauf bringt.[154]

Weder das NFT noch eventuell das tokenisierte Werk haben einen körperlichen Charakter und könnten damit etwa bei einer Übertragung der Argumentation des EuGH aus seiner Tom Kabinet-Entscheidung möglicherweise jedenfalls nicht dem Verbreitungsrecht i.S.d. § 17 UrhG, sondern allenfalls dem Recht der öffentlichen Zugänglichmachung i.S.d. § 19a UrhG unterliegen. Beim Vertrieb eines tokenisierten Werkes würde es dann gegebenenfalls unter keinem Gesichtspunkt zur Erschöpfung kommen. Dieses Ergebnis könnte unbefriedigend erscheinen, sofern die der Veräußerung von NFT typischerweise zugrunde liegende Interessenlage bei allgemeiner Betrachtung derjenigen bei der Veräußerung eines materiellen Kunstwerks nicht unähnlich ist. Aus Gründen der Rechtssicherheit und mit Blick auf die ratio legis des Erschöpfungsgrundsatzes, die Verkehrsfähigkeit urheberrechtlich geschützter Güter zu stärken, könnte deshalb auch insoweit zu erwägen sein, die urheberrechtlichen Regelungen hinsichtlich der Erschöpfungswirkung weiterzuentwickeln.

Ohne die dargestellten Streitfragen schon an dieser Stelle abschließend zu entscheiden – höchstrichterliche Urteile zur rechtlichen Qualifizierung von NFT stehen aktuell noch aus – zeigt auch die genannte Auktion bei Christie's, dass es angesichts des Standes der digitalen Entwicklung möglicherweise einer Weiterentwicklung der urheberrechtlichen Regelung bedarf.

---

151 Vgl. auch *Giannopoulou/Quintais/Mezei/Bodó*, Non-Fungible Tokens I, 2021; *Giannopoulou/Quintais/Mezei/Bodó*, Non-Fungible Tokens II, 2021.

152 Vgl. dazu *Kaulartz/Schmid*, CB 2021, S. 298, 301.

153 Vgl. dazu *Kaulartz/Schmid*, CB 2021, S. 298, 301.

154 Vgl. *Kaulartz/Schmid*, Non-Fungible Token, 2021.

4. *Schlussfolgerungen für die Regulierung digitaler Werkexemplare*

a) Erschwerte Kontrolle der Zirkulation des Werkes

Unter den vielseitigen Veränderungen der Kommunikationskultur, die das Internet hervorgebracht hat, ist beispielhaft die Möglichkeit hervorzuheben, größere Textmengen und Archivbestände urheberrechtlich geschützter Werke insbesondere über den Einsatz von Suchmaschinen und Datenbanken systematisch zu durchsuchen. Zwar ist dies aus Sicht des Nutzers mit großen Vorteilen in Hinblick auf Transparenz, Effizienz und Komfort verbunden. Es bedeutet aus Sicht des Rechtsinhabers aber eine mit zunehmender Digitalisierung erschwerte Kontrolle der Zirkulation des urheberrechtlich geschützten Werkes. Im Gegensatz zu den klassischen Printmedien, die eine inhaltliche Erschließung größerer Textmengen sowie eine zielgerichtete Recherche nach bestimmten Textpassagen nur eingegrenzt ermöglichten, verfügen die neuen digitalen Informationsmedien über nahezu beliebig ausbaubare Speicherkapazitäten sowie die technischen und organisatorischen Verfahren zu ihrer Nutzung.[155] Sie werden weder durch eine räumliche noch durch eine zeitliche Distanz begrenzt und der „Streuungsgrad" im Sinne der Personen, die gleichzeitig erreichbar sind, ist unbeschränkt.[156]

b) Eingeschränkte Tauglichkeit nationaler Steuerungsinstrumente

Die digitalen Informations- und Kommunikationsmedien ermöglichen insbesondere eine grenzüberschreitende Zirkulation vorhandenen Wissens. Vor diesem Hintergrund ist zu fragen, ob die Steuerung des zirkulierenden Wissens auf nationaler Ebene, wie sie in Deutschland etwa auf Grundlage des Urheberrechtsgesetzes und anderer Regelungen erfolgt, überhaupt noch zu sachgerechten Ergebnissen führen kann oder ob stattdessen eine Regelung auf supranationaler Ebene vorzugswürdig ist. Entsprechende Anstrengungen sind auf europäischer Ebene beispielsweise mit der bereits mehrfach genannten RL 2001/29/EG unternommen worden, die angesichts ihrer Erwägungsgründe Nr. 9 und Nr. 11 zu den wichtigsten Rechtsquellen zur europaweiten Harmonisierung des Urheberrechts gehört.

---

155 Vgl. *Walker*, in: FS Käfer, 2009, S. 435, 442.
156 Vgl. *Walker*, in: FS Käfer, 2009, S. 435, 442.

§ 2 Der urheberrechtliche Erschöpfungsgrundsatz als praktische Konkordanz der Interessen

I. Grundsätzliches Verbreitungsrecht des Urhebers (§§ 69c Nr. 3, 17 Abs. 1 UrhG)

1. Begriffsdefinition Verbreitung

Der Urheber hat regelmäßig erhebliche finanzielle, zeitliche und sonstige Ressourcen aufgewendet, um das urheberrechtlich geschützte Werk zu erschaffen. Daher muss es ihm zugestanden sein, diese Investitionen durch seine entsprechende wirtschaftliche Verwertung zu amortisieren. Angesichts der voranschreitenden Digitalisierung stellt die Amortisation der mit der Werkschöpfung getätigten Aufwendungen oft eine Herausforderung dar, da die Digitalisierung es wie dargelegt erleichtert, das urheberrechtlich geschützte Werk auf vielfältigste Art und Weise zu nutzen, zu archivieren und weiterzuverarbeiten. Auch wird es dem Berechtigten durch die Digitalisierung erschwert, die Nutzung seines urheberrechtlich geschützten Werkes zu kontrollieren, weil die Nutzungshandlungen weit weniger sichtbar sind als bei einer analogen Nutzung.

In Form des Verbreitungsrechts (§§ 69c Nr. 3 S. 1, 17 Abs. 1 UrhG) wird dem Urheber das Recht zugestanden, das Original oder Vervielfältigungsstücke des Werkes der Öffentlichkeit anzubieten oder in Verkehr zu bringen. Der Begriff des Inverkehrbringens i.S.d. § 17 Abs. 1 UrhG, der ebenso im Rahmen der Verbreitung i.S.d. § 69c Nr. 3 S. 1 gilt,[157] beschreibt hierbei, dass das urheberrechtlich geschützte Werk an die Öffentlichkeit veräußert, verkauft oder verschenkt wird, wobei die Überlassung eines einzelnen Vervielfältigungsstücks genügt.[158] Der extensiv auszulegende Verbreitungsbegriff erstreckt sich sowohl auf das erstmalige Inverkehrbringen als auch auf jedes diese Übertragung anbahnende Angebot an die Öffentlichkeit.[159] Eine solche Auslegung des Verbreitungsbegriffs ist letztlich auch deshalb geboten, um den unterschiedlichen Erscheinungsformen der Produktpiraterie wirksam zu

157 Vgl. *Grützmacher*, in: Wandtke/Bullinger, Urheberrecht, 2019, § 69c, Rn. 27.

158 Vgl. *Dustmann*, in: Fromm/Nordemann, Urheberrecht, 2018, § 17 Rn. 18 unter Bezugnahme auf die Rechtsprechung des BGH.

159 Vgl. *Loewenheim*, in: Schricker/Loewenheim, Urheberrecht, 2020, § 17, Rn. 8; *Spindler*, in: Schricker/Loewenheim, Urheberrecht, 2020, § 69c, Rn. 22.

begegnen und das legitime Vergütungsinteresse des Rechtsinhabers effektiv zu schützen.[160]

Unter Verweis auf den Wortlaut des Art. 4 Abs. 1 RL 2001/29/EG, die Erwägungsgründe Nr. 28 und 29 zur RL 2001/29/EG sowie Art. 3 RL 2001/29/EG und Art. 8 WCT[161], wurde jedenfalls bis zur UsedSoft-Entscheidung des EuGH die Ansicht vertreten, das Verbreitungsrecht erstrecke sich lediglich auf körperliche Gegenstände, eine Erschöpfung trete daher nicht bei der Online-Übertragung von Computerprogrammen ein.[162] Es stellt sich die im weiteren Verlauf dieser Darstellung zu klärende Frage, inwieweit sich diese Ansicht angesichts des vorangeschrittenen digitalen Wandels insgesamt noch vertreten lässt. Der EuGH hat diesbezüglich im Rahmen der UsedSoft-Entscheidung jedenfalls im Hinblick auf Computerprogramme die Gleichstellung unterschiedlicher Vertriebswege (Inverkehrbringen eines materiellen Datenträgers gegenüber Download aus dem Internet) vorgenommen, bevor er sich im Rahmen der Tom Kabinet-Entscheidung wiederum jedenfalls hinsichtlich E-Books in eine andere Richtung weisend geäußert hat.

2. *Zielsetzungen des Verbreitungsrechts*

Die Zuerkennung des Verbreitungsrechts verfolgt das Anliegen, das urheberrechtlich geschützte Werk finanziell verwerten zu können, um einerseits wirtschaftliche Anreize zu vermitteln, kreative Ressourcen zu aktivieren und in den allgemeinen volkswirtschaftlichen Nutzen zu stellen. Andererseits soll der Berechtigte die im Zusammenhang mit der Werkschöpfung getätigten Investitionen zeitnah amortisieren, um den Ertrag in die Weiterentwicklung des Werkes und weitere Innovationen fließen lassen zu können. Das gesetzliche Verbreitungsrecht ist damit Innovations- und Wachstumstreiber zugleich.

---

160 Vgl. *Grützmacher*, in: Wandtke/Bullinger, Urheberrecht, 2019, § 69c, Rn. 26, 28.

161 WIPO Copyright Treaty v. 20.12.1996, abgedruckt in BGBl. 2003 II, S. 755.

162 Vgl. zunächst nur etwa *Spindler*, in: Schricker/Loewenheim, Urheberrecht, 2010, § 69c, Rn. 34.

II. Urheberrechtliche Erschöpfung als Schranke des Verbreitungsrechts

1. Rechtsgrundlagen

a) Europäisches Recht

aa) Art. 4 Abs. 2 RL 2009/24/EG

(1) Ausgangspunkt

Jedenfalls die in Umsetzung der RL 91/250/EWG[163] ergangenen §§ 69c bis 69g UrhG lassen sich auch als Reaktion des Gesetzgebers auf die mit der voranschreitenden Digitalisierung gestiegene Produktpiraterie begreifen.[164] Produktpiraterie resultierte aus ebenso einfachen wie kostengünstigen Vervielfältigungsmöglichkeiten und stellte die angemessene Vergütung aufwendig geschaffener Werke zunehmend in Frage. Unter anderem bereits 1991 wurden umfangreiche Anstrengungen unternommen, um das Urheberrecht europaweit zu harmonisieren und auf diese Weise sowohl vorhandene Schutzlücken zu schließen als auch die europaweite Zirkulation urheberrechtlich geschützter Werke zu stärken.[165] Aus den diesbezüglichen Anstrengungen sind insbesondere die Datenbank-Richtlinie (RL 96/9/EG)[166], die bereits genannte Richtlinie 91/250/EWG des Rates v. 14.05.1991 über den Rechtsschutz von Computerprogrammen als die originäre Softwarerichtlinie sowie die Urheberrechtsrichtlinie[167] hervorgegangen. Die Festlegungsformen ebenso wie die Kommunikationskultur haben sich vor allem durch den Start des Internet am 01.01.1995 in der Folgezeit noch einmal weitgehend verändert. Als Reaktion hierauf wurde das europäische Urheberrecht mit der Softwarerichtlinie (RL 2009/24/EG) novelliert, um insbesondere den Auswirkungen der weit fortgeschrittenen Digitalisierung Rechnung zu tragen.

163 Richtlinie des Rates v. 14.05.1991 über den Rechtsschutz von Computerprogrammen (91/250/EWG), ABl. EG Nr. L 122 v. 17.05.1991, S. 42.

164 Vgl. *Graef*, E-Books, 2016, S. 90.

165 Vgl. etwa die Erwägungsgründe der RL 91/250/EWG, ABl. EG Nr. L 122 v. 17.05.1991, S. 42 ff.

166 Richtlinie 96/9/EG des Europäischen Parlaments und des Rates v. 11.03.1996 über den rechtlichen Schutz von Datenbanken, ABl. EG Nr. L 77 v. 27.03.1996, S. 20.

167 Vgl. bereits Darstellungspunkt 1. A. I.

(2) Zentrale Erwägungsgründe

Erwägungsgrund Nr. 2 zur RL 2009/24/EG greift den Anreizgedanken des Erschöpfungsgrundsatzes auf und betont, dass die Entwicklung von Computerprogrammen die Investition erheblicher menschlicher, technischer und finanzieller Mittel erfordert, Computerprogramme aber zu einem Bruchteil der zu ihrer unabhängigen Entwicklung erforderlichen Kosten kopiert werden können. Nach dem das Anliegen einer unionsweit möglichst ungehinderten Zirkulation urheberrechtlich geschützter Werke aufgreifenden Erwägungsgrund Nr. 4 zur RL 2009/24/EG haben bestimmte Unterschiede des in den Mitgliedstaaten gewährten Rechtsschutzes von Computerprogrammen direkte und schädliche Auswirkungen auf das Funktionieren des Binnenmarkts in Bezug auf Computerprogramme. Gemäß dem das zentrale Richtlinienziel formulierenden Erwägungsgrund Nr. 5 S. 1 zur RL 2009/24/EG müssen bestehende Unterschiede, die solche Auswirkungen haben, beseitigt und die Entstehung neuer Unterschiede verhindert werden.

(3) Definitionen und Schutzgegenstand

Nach Art. 1 Abs. 1 S. 1 RL 2009/24/EG erstreckt sich deren Schutz auf Computerprogramme als literarische Werke im Sinne der Berner Übereinkunft zum Schutz von Werken der Literatur und Kunst (RBÜ)[168]. Allgemein lässt sich der Begriff des Computerprogramms, der häufig synonym mit dem Begriff Software verwendet wird, als eine Folge von maschinenlesbaren Befehlen definieren, mithilfe derer die Hardwareeinheiten des Computers automatisierte Aufgaben erfüllen können.[169] Nach einer bereits aus dem Jahr 1977 stammenden Mustervorschrift der World Intellectual Property Organization (WIPO)[170], der jedenfalls die Rechtsprechung in Deutschland weithin gefolgt ist, handelt es sich bei einem Computerprogramm um eine Folge von Befehlen, die nach ihrer Aufnahme in einen maschinenlesbaren Träger fähig sind zu bewirken, dass eine Maschine mit informationsverarbeitenden Fähigkeiten eine bestimmte Funktion oder Aufgabe oder ein bestimmtes Ergebnis anzeigt, ausführt oder dieser/diesem folgt.[171]

---

168 Berner Übereinkunft zum Schutz von Werken der Literatur und Kunst, revidiert in Paris am 24. Juli 1971, abgedruckt in BGBl. 1973 II, S. 1069; 1985 II, S. 81.

169 Vgl. *Frank/Schulz*, in: Berger/Wündisch, Urhebervertragsrecht, 2015, § 22, Rn. 2.

170 Zur WIPO vgl. *Götting/Lauber-Rönsberg*, in: Tietje, Internationales Wirtschaftsrecht, 2015, § 12, Rn. 79 f.

171 § 1 Abs. 1 der WIPO-Mustervorschriften, veröffentlicht in GRUR Int 1978, S. 286 ff.

In Abgrenzung zu den anderen in § 2 Abs. 1 Nr. 1 UrhG genannten Werkkategorien liegt ein entscheidendes Differenzierungsmerkmal von Computerprogrammen darin, dass sie nicht unmittelbar selbst zur Wahrnehmung durch den Menschen bestimmt sind, sondern ihre Befehlsfolge an einen Computer adressiert ist.[172] Dem Nutzer geht es nicht vorrangig um die Rezeption des Programms, also seiner Befehlsfolge, sondern um die Nutzung der mit dem Programm und einem Computer hervorgebrachten Resultate oder Funktionalitäten.[173]

Weiteren Aufschluss hinsichtlich des sachlichen Schutzumfangs bietet ein Rückgriff auf den Erwägungsgrund Nr. 10 zur RL 2009/24/EG. Hiernach besteht die Funktion von Computerprogrammen darin, mit den anderen Komponenten eines Computersystems und den Benutzern in Verbindung zu treten und zu operieren (Erwägungsgrund Nr. 10 S. 1 zur RL 2009/24/EG). Zu diesem Zweck ist eine ebenso logische wie zweckmäßige, physische Verbindung und Interaktion notwendig, um zu gewährleisten, dass Software und Hardware mit anderer Software und Hardware und Benutzern wie beabsichtigt funktionieren können (Erwägungsgrund Nr. 10 S. 2 zur RL 2009/24/EG). Die Teile des Programms, die eine entsprechende Verbindung und Interaktion zwischen den Elementen von Software und Hardware ermöglichen sollen, sind allgemein als „Schnittstellen" bekannt (Erwägungsgrund Nr. 10 S. 3 zur RL 2009/24/EG). Die diesbezügliche funktionale Verbindung und Interaktion ist allgemein als „Interoperabilität" bekannt, womit die Fähigkeit zum Austausch von Informationen und zur wechselseitigen Verwendung der ausgetauschten Informationen bezeichnet ist (Erwägungsgrund Nr. 10 S. 4 zur RL 2009/24/EG). In Übereinstimmung mit § 69a Abs. 1 UrhG erfasst der Begriff des Computerprogramms auch das Entwurfsmaterial zu ihrer Vorbereitung (Art. 1 Abs. 1 S. 2 RL 2009/24/EG), nicht hingegen die Ideen und Grundsätze, die der Logik, den Algorithmen[174] und den Programmsprachen zugrunde liegen (Erwägungsgrund Nr. 11 S. 2 zur RL 2009/24/EG).

172 Vgl. *Frank/Schulz*, in: Berger/Wündisch, Urhebervertragsrecht, 2015, § 22, Rn. 5.

173 Vgl. *Frank/Schulz*, in: Berger/Wündisch, Urhebervertragsrecht, 2015, § 22, Rn. 5.

174 Unter Algorithmus ist, soweit dieser Begriff überhaupt einer juristisch verwendbaren Definition zugänglich ist, eine Verarbeitungsvorschrift zu verstehen, die so präzise gefasst ist, dass sie von einer Maschine ausgeführt werden kann; vgl. *Dreier*, in: Dreier/Schulze, UrhG, 2018, § 69a, Rn. 22; zur terminologischen Diskussion vgl. *Marly*, Softwarerecht, 2018, Rn. 28; Zum urheberrechtlichen Schutz von Algorithmen vgl. *Söbbing*, CR 2020, S. 223 ff.

(4) Regelung des Erschöpfungsgrundsatzes

Neben der Vermittlung von Anreizen, kreative Ressourcen in den volkswirtschaftlichen Nutzen zu stellen, ist es angesichts des Ziels einer immer tieferen Integration, wie es mit dem Vertrag von Lissabon[175] verfolgt wird, ein europäisches Anliegen, eine grenzüberschreitende Zirkulation urheberrechtlich geschützter Werke zu ermöglichen. So ist der Erschöpfungsgrundsatz für Computerprogramme in Art. 4 Abs. 2 RL 2009/24/EG kodifiziert.[176] Nach dieser mit „Zustimmungsbedürftige Handlungen" überschriebenen Norm erschöpft sich mit dem Erstverkauf einer Programmkopie in der Gemeinschaft durch den Rechtsinhaber oder mit seiner Zustimmung in der Gemeinschaft das Recht auf die Verbreitung dieser Kopie (Art. 4 Abs. 2 HS. 1 RL 2009/24/EG).

(5) Keine zustimmungspflichtige Vervielfältigung durch Laden und Ablaufen des Computerprogramms

Erwägungsgrund Nr. 13 S. 2 zur RL 2009/24/EG konkretisiert den Begriff der bestimmungsgemäßen Verwendung des Art. 5 Abs. 1 RL 2009/24/EG, der wie der in Umsetzung der Richtlinie kodifizierte § 69d Abs. 1 UrhG auch in Folge der Erschöpfung des Verbreitungsrechts notwendige Ausnahmen hinsichtlich des Vervielfältigungsrechts vornimmt. Erwägungsgrund Nr. 13 zur RL 2009/24/EG besagt insoweit, dass wenn spezifische vertragliche Vorschriften nicht vereinbart worden sind, und zwar auch im Fall des Verkaufs einer Programmkopie, hiernach jede andere Handlung eines rechtmäßigen Erwerbers einer Programmkopie zulässig ist, wenn sie für eine bestimmungsgemäße Benutzung der Kopie notwendig ist (Erwägungsgrund Nr. 13 S. 3 zur RL 2009/24/EG). Erwägungsgrund Nr. 13 S. 2 betont, dass das Laden und Ablaufen eines Computerprogramms, sofern es für die Benutzung einer Kopie eines rechtmäßig erworbenen Computerprogramms erforderlich ist, sowie die Fehlerberichtigung nicht vertraglich untersagt werden dürfen. Entscheidend für den Umfang der bestimmungsgemäßen Nutzung ist dementsprechend letztlich, ob der Zweck der Handlung beziehungsweise Benutzung dem konkreten Zweck der Softwareüberlassung entspricht.[177]

---

175 Zuletzt bekanntgemacht durch die konsolidierten Fassungen des Vertrags über die Europäische Union und des Vertrags über die Arbeitsweise der Europäischen Union, ABl. EU Nr. C 326 v. 26.10.2012, S. 1.

176 Zur Kodifikation des europäischen Erschöpfungsgrundsatzes vgl. *Grützmacher*, ZGE 2013, S. 46 ff.

177 Vgl. *Grützmacher*, in: Wandtke/Bullinger, Urheberrecht, 2019, § 69d, Rn. 6.

bb) Urheberrechtsrichtlinie

Der urheberrechtliche Erschöpfungsgrundsatz wurde auf europäischer Ebene außerdem in Art. 4 Abs. 2 RL 2001/29/EG kodifiziert. Gemäß Art. 4 Abs. 1 RL 2001/29/EG haben die Mitgliedstaaten vorzusehen, dass den Urhebern in Bezug auf das Original ihrer Werke oder auf Vervielfältigungsstücke davon das ausschließliche Recht zusteht, die Verbreitung an die Öffentlichkeit in beliebiger Form durch Verkauf oder auf sonstige Weise zu erlauben oder zu verbieten. Dieses Verbreitungsrecht erschöpft sich gemäß Art. 4 Abs. 2 RL 2001/29/EG in der Gemeinschaft in Bezug auf das Original oder auf Vervielfältigungsstücke eines Werkes nur, wenn der Erstverkauf dieses Gegenstands oder eine andere erstmalige Eigentumsübertragung in der Gemeinschaft durch den Rechtsinhaber oder mit dessen Zustimmung erfolgt. Gegenstand der RL 2001/29/EG ist der rechtliche Schutz des Urheberrechts und der verwandten Schutzrechte im Rahmen des Binnenmarkts, insbesondere in Bezug auf die Informationsgesellschaft (Art. 1 Abs. 1 RL 2001/29/EG).

Was unter dem Begriff der Erschöpfung i.S.d. Art. 4 Abs. 2 RL 2001/29/EG zu verstehen ist, konkretisiert der Erwägungsgrund Nr. 28 zur RL 2001/29/EG. Danach erschöpft sich mit dem Erstverkauf des Originals oder dem Erstverkauf von Vervielfältigungsstücken des Originals in der Gemeinschaft durch den Rechtsinhaber oder mit dessen Zustimmung das Recht, den Wiederverkauf dieses Gegenstands innerhalb der Gemeinschaft zu kontrollieren (Erwägungsgrund Nr. 28 S. 2 zur RL 2001/29/EG).

Hinsichtlich des sachlichen Anwendungsbereichs unterliegt insbesondere das Recht der öffentlichen Wiedergabe von Werken und das Recht der öffentlichen Zugänglichmachung sonstiger Schutzgegenstände (Art. 3 Abs. 1, Abs. 2 RL 2001/29/EG) nicht der Erschöpfung (Art. 3 Abs. 3 RL 2001/29/EG). Insoweit besagt Erwägungsgrund Nr. 29 S. 1 zur RL 2001/29/EG, dass sich die Frage der Erschöpfung weder bei Dienstleistungen allgemein noch bei Online-Diensten im Besonderen stelle. Dies gelte auch für materielle Vervielfältigungsstücke eines Werkes oder eines sonstigen Schutzgegenstands, die durch den Nutzer eines solchen Dienstes mit Zustimmung des Rechtsinhabers hergestellt worden sind (Erwägungsgrund Nr. 29 S. 2 zur RL 2001/29/EG).

Erwägungsgrund Nr. 28 S. 3 zur RL 2001/29/EG stellt außerdem klar, dass keine Erschöpfung eintritt, wenn das Original oder Vervielfältigungsstücke des Originals durch den Rechtsinhaber oder mit dessen Zustimmung außerhalb der Gemeinschaft verkauft werden.

cc) Datenbank-Richtlinie

Abgesehen von seiner Kodifikation in den beiden genannten Richtlinien ist der urheberrechtliche Erschöpfungsgrundsatz außerdem in Art. 5 lit. c) S. 2 und Art. 7 Abs. 2 lit. b) S. 2 der Richtlinie 96/9/EG des Europäischen Parlaments und des Rates v. 11.03.1996 über den rechtlichen Schutz von Datenbanken geregelt.

Nach Art. 5 lit. c) S. 2 RL 96/9/EG, der das ausschließliche Recht des Urhebers einer Datenbank[178] betrifft, die Datenbank oder eines ihrer Vervielfältigungsstücke öffentlich zu verbreiten, erschöpft sich mit dem Erstverkauf eines Vervielfältigungsstücks einer Datenbank in der Gemeinschaft durch den Rechtsinhaber oder mit seiner Zustimmung in der Gemeinschaft das Recht, den Weiterverkauf dieses Vervielfältigungsstücks zu kontrollieren. Darüber hinaus bestimmt Art. 7 Abs. 2 lit. b) S. 2 RL 96/9/EG im Rahmen des Schutzrechts nach Art. 7 Abs. 1 RL 96/9/EG, dass sich mit dem Erstverkauf eines Vervielfältigungsstücks einer Datenbank in der Gemeinschaft durch den Rechtsinhaber oder mit seiner Zustimmung in der Gemeinschaft das Recht erschöpft, den Weiterverkauf dieses Vervielfältigungsstücks zu kontrollieren.

dd) Zwischenergebnis

Bei Betrachtung der den urheberrechtlichen Erschöpfungsgrundsatz betreffenden Richtlinien lässt sich bereits an dieser Stelle festhalten, dass sich schon ihr einschlägiger Gesetzeswortlaut unterscheidet. Schon dies deutet auf die insoweit bestehenden Konflikte bei der Anwendung des Erschöpfungsgrundsatzes im Zusammenhang mit den jeweiligen Geltungsbereichen der Richtlinien hin. Insoweit gilt die Erkenntnis, dass bereits aufgrund eines unterschiedlichen Wortlauts in der Rechtsanwendungspraxis erhebliche Rechtsunsicherheiten resultieren können, weil nicht auszuschließen ist, dass der unterschiedlichen sprachlichen Ausgestaltung jedenfalls in Nuancen auch unterschiedliche Bedeutungsinterpretationen resultieren.[179] Im Sinne einer verbesserten Kohärenz der bislang ergangenen europäischen Rechtsakte spricht bereits dieser Umstand für die Notwendigkeit eines klarstellenden Einschreitens des europäischen Gesetzgebers.

b) Nationales Recht

Der Urheber hat auf Grundlage des geltenden Urheberrechts einen gesetzlichen Anspruch auf eine angemessene Vergütung (§§ 32 Abs. 1, 11 S. 2 UrhG). Schon

178 Zum Begriff der Datenbank vgl. *Marly*, Softwarerecht, 2018, Rn. 102.
179 Vgl. *Fischer*, Europäisches Urheberrecht, 2014, S. 308.

dieser Umstand impliziert die Notwendigkeit, bei der Frage nach den Grenzen seines Rechts auf wirtschaftliche Verwertung seines Werkes sowohl die jeweilige Werkkategorie als auch die Art der Nutzung des in Verkehr zu bringenden Werkes zu berücksichtigen. Angesichts der Themenstellung dieser Darstellung sowie im Hinblick auf die UsedSoft-Rechtsprechung des EuGH als unter anderem maßgeblichen denkbaren Ausgangspunkt des zu behandelnden Konflikts der Erschöpfungsanwendung im Rahmen des Vertriebs digitaler Güter ist insoweit vor allem die Werkkategorie der Computerprogramme von Bedeutung. Diese ist in § 2 Abs. 1 Nr. 1 Var. 3 UrhG genannt und wurde mit den besonderen urheberrechtlichen Bestimmungen für Computerprogramme (§ 69a bis § 69g UrhG) selbstständig geregelt. Der auf europäischer Ebene insoweit bereichsspezifisch in Art. 4 Abs. 2 RL 2009/24/EG niedergelegte Erschöpfungsgrundsatz wird durch § 69c Nr. 3 S. 2 UrhG im nationalen deutschen Urheberrecht umgesetzt.

Der entsprechend der dogmatischen Herleitung des Erschöpfungsgrundsatzes aus dem allgemeinen Interesse am Erhalt der Verkehrsfähigkeit des urheberrechtlich geschützten Werkes ausschließlich das Verbreitungsrecht betreffende § 69c Nr. 3 UrhG enthält angesichts des Tatbestandsmerkmals des Computerprogramms eine gegenüber dem allgemeinen Verbreitungsrecht i.S.d. § 17 UrhG nach dem Spezialitätsgrundsatz (lex specialis derogat legi generali) vorrangige Regelung[180] sowohl des Verwertungsrechts (§ 69c Nr. 3 S. 1 UrhG) – hiernach hat der Rechtsinhaber das ausschließliche Recht hinsichtlich jeder Form der Verbreitung des Originals eines Computerprogramms oder von Vervielfältigungsstücken, einschließlich der Vermietung – als auch seiner Erschöpfung (§ 69c Nr. 3 S. 2 UrhG).

Anders als § 17 Abs. 2 UrhG, der auf Rechtsfolgenseite bestimmt, dass die Weiterverbreitung des Originals oder der Vervielfältigungsstücke mit Ausnahme der Vermietung zulässig ist, sieht § 69c Nr. 3 S. 2 UrhG nach seinem Wortlaut vor, dass sich das Verbreitungsrecht in Bezug auf dieses Vervielfältigungsstück mit Ausnahme des Vermietrechts erschöpft. § 69c Nr. 3 S. 2 UrhG verwendet also den Begriff der Erschöpfung, ohne jedoch das Wesen der Erschöpfung zu definieren. Insoweit kann allerdings auf § 17 Abs. 2 UrhG zurückgegriffen werden. Demnach ergibt sich, dass auf Rechtsfolgenseite des § 69c Nr. 3 S. 2 UrhG die Weiterverbreitung des Computerprogramms in Bezug auf dieses Vervielfältigungsstück mit Ausnahme der Vermietung zulässig ist.

180 Vgl. *Frank/Schulz*, in: Berger/Wündisch, Urhebervertragsrecht, 2015, § 22, Rn. 5.

c) Rechtsvergleichende Schlussfolgerungen

aa) Dienstleistungsbezogene gegenüber festlegungsbezogener Anknüpfung

Rechtsvergleichend fällt insbesondere bei einer Gegenüberstellung des deutschen und europäischen Verbreitungsrechts auf, dass die §§ 69c Nr. 3, 17 UrhG durch den Gegensatz zwischen körperlichen und nichtkörperlichen Werkverwertungen bestimmt sind, während das europäische Recht entsprechend der Erwägungsgründe der dargestellten Richtlinien gedanklich eher durch den Gegensatz zwischen Ware und Dienstleistung geleitet ist. Es stellt sich die Frage, nach welchen Kriterien sich der dargelegte Widerspruch auflösen lässt und welche der genannten Kategorisierungen zu interessengerechteren Ergebnissen führt. Vor diesem Hintergrund wird auch die ergangene EuGH-Rechtsprechung im Rahmen des UsedSoft- und Tom Kabinet-Urteils zu bewerten sein.

Der Erschöpfungsgrundsatz dient, wie bereits dargelegt, als urheberrechtliche Schrankenregelung sowohl dem individuellen Interesse des Werkkonsumenten an einer möglichst unbeschränkten Nutzung des konkreten Werkexemplars als auch dem allgemeinen Interesse an freier Zirkulation des urheberrechtlich geschützten Werkes. Eine freie Werkzirkulation kommt der Wertschöpfung zugute und liegt damit im volkswirtschaftlichen Interesse. Als Ausgangspunkt einer interessengerechten Auflösung des genannten Konflikts bietet sich zunächst der Gedanke an, dass eine zu nationalstaatlich ausgerichtete Kodifizierung des Erschöpfungsgrundsatzes tendenziell eher der Anbieterseite, also dem Rechtsinhaber zugutekommt, als dass sie den Konsumenten nutzt. So würde die Nichtexistenz einer supranationalen Erschöpfungsregel jedenfalls international aufgestellten Anbietern ermöglichen, den Eintritt der Erschöpfungswirkung etwa durch das Inverkehrbringen des urheberrechtlich geschützten Werkes in Drittstaaten in ihrem Sinne zu steuern und Märkte dementsprechend abzuschotten, also die Anbieterseite begünstigen.

bb) Gebot zur unionskonformen Auslegung des europäischen Sekundärrechts sowie des nationalen Rechts

Sowohl bei der Auslegung des Art. 4 Abs. 2 RL 2009/24/EG und des § 69c Nr. 3 S. 2 UrhG, der diesen im deutschen Urheberrecht umsetzt und somit richtlinienkonform auszulegen ist,[181] als auch bei der entsprechenden Auslegung der

181 Vgl. dazu auch BGH, Urteil v. 11.12.2014, Az. I ZR 8/13 (UsedSoft III), MMR 2015, S. 530 ff. (Rn. 60).

RL 2001/29/EG[182] ist der WCT zu berücksichtigen. Dieser gewährt dem Urheber von Werken der Literatur und Kunst das ausschließliche Recht, zu erlauben, dass das Original und Vervielfältigungsstücke ihrer Werke durch Verkauf oder sonstige Eigentumsübertragung der Öffentlichkeit zugänglich gemacht werden. Nach Art. 6 Abs. 2 WCT steht es den WIPO-Vertragsparteien frei, darüber zu bestimmen, unter welchen Voraussetzungen sich dieses Verbreitungsrecht nach dem ersten mit Erlaubnis des Urhebers erfolgten Verkaufs des Originals oder eines Vervielfältigungsstücks oder der ersten sonstigen Eigentumsübertragung erschöpft.[183] Insoweit lässt sich bereits an dieser Stelle feststellen, dass obwohl das in Art. 6 Abs. 1 WCT kodifizierte Verbreitungsrecht nach seinem Wortlaut („Vervielfältigungsstücke") lediglich Vervielfältigungsstücke erfasst, die als körperliche Gegenstände in den Verkehr gebracht werden, es sich hierbei gemäß Art. 6 Abs. 2 WCT lediglich um ein Mindestrecht handelt, sodass es jedenfalls dem europäischen Gesetzgeber nicht verwehrt ist, ein über Art. 6 Abs. 1 WCT hinausreichendes Verbreitungsrecht zu kodifizieren, das auch nichtkörperliche Programmkopien erfasst, und darüber hinaus gesetzlich zu definieren, unter welchen Voraussetzungen sich das Verbreitungsrecht erschöpft.[184]

Die unionsweite Erschöpfung greift darüber hinaus jedenfalls unabhängig von den einzelgesetzlichen sekundärrechtlichen Harmonisierungsregelungen, sodass ihre Ausgestaltung nicht nur an den europäischen Vorschriften über die Warenverkehrsfreiheit i.S.d. Art. 34, 36 des Vertrages über die Arbeitsweise der Europäischen Union (AEUV)[185], sondern auch an den EGRC[186]-Grundrechten zu messen ist, die mit dem Inkrafttreten des Vertrages von Lissabon zum 01.12.2009 zu echten Grundrechten erstarkt sind.[187] Dem europäischen

---

182 Vgl. dazu auch BGH, Urteil v. 17.07.2013, Az. I ZR 129/08 (UsedSoft II), MMR 2014, S. 232 ff. (Rn. 37).

183 Vgl. dazu auch BGH, Urteil v. 17.07.2013, Az. I ZR 129/08 (UsedSoft II), MMR 2014, S. 232 ff. (Rn. 40).

184 So zutreffend BGH, Urteil v. 17.07.2013, Az. I ZR 129/08 (UsedSoft II), MMR 2014, S. 232 ff. (Rn. 40).

185 Vertrag über die Arbeitsweise der Europäischen Union (Konsolidierte Fassung), ABl. EU Nr. C 326 v. 26.10.2012, S. 47.

186 Charta der Grundrechte der Europäischen Union (EGRC), ABl. EG Nr. C 364 v. 18.12.2000, S. 1.

187 Nach der Rechtsprechung des EuGH sind die europäischen Regeln über die Warenverkehrsfreiheit, Art. 34, 36 AEUV, eine maßgebliche Rechtsgrundlage der Erschöpfungslehre auf europäischer Ebene; vgl. allg. EuGH, Urteil v. 11.07.1996, Az. C-427/93 und C-436/93 (Bristol-Myers Squibb), Slg. 1996 I, S. 3457 ff. = NJW 1997, S. 1627.

Primärrecht kommt für die Rechtsangleichung des Urheberrechts unmittelbare Bedeutung zu.[188]

Das Urheberrecht sollte sich wie andere gesetzliche Regeln einer ökonomischen Rechtsfolgenbetrachtung unterziehen. Daher sollten ökonomische Erwägungen auch bei der Gewichtung der dem urheberrechtlichen Erschöpfungsgrundsatz zugrunde liegenden Interessen, also dem Interesse des Urhebers an einer umfassenden wirtschaftlichen Verwertung seines Werkes sowie an der Steuerung seines Vertriebs auf nachgelagerten Märkten und dem allgemeinen Interesse an seiner freien Zirkulation, Berücksichtigung finden. Da die Art. 34, 36 AEUV als Anknüpfungspunkt der urheberrechtlichen Erschöpfung in ihrem Kern ökonomischen Erwägungen folgen und dem europäischen Recht Anwendungsvorrang gegenüber dem EU-mitgliedstaatlichen Recht zukommt, sind Begriffe des nationalen Urheberrechts zur Verwirklichung einer größtmöglichen praktischen Wirksamkeit (effet utile)[189] gemäß Art. 4 Abs. 3 EUV im Zweifelsfall unionskonform, d.h. – im vorliegenden Fall – im Sinne der Warenverkehrsfreiheit i.S.d. Art. 34, Art. 36 AEUV auszulegen.[190]

Für eine enge Verzahnung insbesondere der unbestimmten Rechtsbegriffe des nationalen Urheberrechts wie etwa dem Begriff der bestimmungsgemäßen Benutzung i.S.d. § 69d Abs. 1 UrhG mit den primären Unionsrecht spricht letztlich auch das Kohärenzgebot. Das europarechtliche Kohärenzgebot besagt insoweit, dass die auf dem Gebiet des Urheberrechts ergangenen Sekundärrechtsakte wie insbesondere die RL 2009/24/EG sowie die RL 2001/29/EG und die darin verwendeten Rechtsbegriffe in sämtlichen EU-Mitgliedstaaten möglichst einheitlich ausgelegt werden sollen.[191] So ist insbesondere auch der Begriff des Verkaufs i.S.d. Art. 4 Abs. 2 RL 2009/24/EG als autonomer Begriff des Unionsrechts im gesamten Unionsgebiet einheitlich auszulegen.[192]

---

188 Vgl. *Haedicke*, in: Schulze/Janssen/Kadelbach, Europarecht, 2020, § 22, Rn. 34; *Roder*, EuGH im Urheberrecht, 2016, S. 503 (These Nr. 22).

189 Dieser in Art. 4 Abs. 3 EUV kodifizierte, mit praktische Wirksamkeit übersetzbare Grundsatz zielt darauf ab, auszuschließen, dass die Durchsetzung des Vorrangs des Gemeinschaftsrechts ganz oder teilweise leerläuft, hierzu sind insbesondere die Grundfreiheiten des AEUV teleologisch mit dem Ziel ihrer „nützlichen Wirksamkeit“ auszulegen, vgl. *Nagel*, Wirtschaftsrecht, 2003, S. 59 f.

190 EuGH, Urteil v. 15.07.1964, Az. 6/64 (Costa/ENEL), Slg. 1964, S. 1251 ff.; *Roder*, EuGH im Urheberrecht, 2016, S. 504 (These Nr. 23).

191 Vgl. *Haedicke*, in: Schulze/Janssen/Kadelbach, Europarecht, 2020, § 22, Rn. 37.

192 Vgl. dazu auch BGH, Urteil v. 17.07.2013, Az. I ZR 129/08 (UsedSoft II), MMR 2014, S. 232 ff. (Rn. 36) unter Bezugnahme auf die UsedSoft-Rechtsprechung des EuGH

2. *Gesetzgeberisches Anliegen des Erschöpfungsgrundsatzes*

a) *Dogmatischer Ausgangspunkt des Erschöpfungsgrundsatzes*

Im Folgenden sollen die Rechtsgrundlagen, tatbestandlichen Voraussetzungen, Rechtsfolgen sowie die – im Hinblick auf die vorzunehmende Beurteilung des digitalisierungsbedingten Anpassungsbedarfs grundlegend bedeutsame – dogmatische Herleitung des urheberrechtlichen Erschöpfungsgrundsatzes erläutert werden. Als Ausgangspunkt soll insoweit vorab noch einmal auf den Gedanken hingewiesen werden, dass das Urheberrecht ein zeitlich begrenztes wirtschaftliches Monopol – und damit insbesondere auch einen monopolistischen Preissetzungsspielraum –[193] verschafft, und Monopolstellungen nach dem geltenden europäischen Wirtschaftsverfassungsrecht Ausnahmecharakter zukommen soll.[194] Das allgemeine Monopolverbot kommt im Kartellverbot i.S.d. Art. 101 Abs. 1 AEUV zum Ausdruck.[195] Jedenfalls dann, wenn eine wettbewerbsbeschränkende Vereinbarung den europäischen zwischenstaatlichen Handel und Warenverkehr beeinträchtigen kann, was bei Computersoftware infolge der zunehmenden Internationalität zunehmend der Fall ist, muss sie sich an den Art. 101, 102 AEUV messen lassen.[196]

Die in § 15 bis § 24 UrhG kodifizierten Verwertungsrechte des Urhebers können also nicht schrankenlos gewährleistet werden. Vielmehr sind die Rechte angesichts der dargestellten Erwägungen im Zweifelsfall restriktiv auszulegen, um im Einzelfall eine größtmögliche praktische Konkordanz zwischen dem Interesse des Urhebers, sein Werk wirtschaftlich zu verwerten, und dem Interesse der Allgemeinheit an Zugänglichkeit und Zirkulation des Werkes zu erreichen.

(EuGH, Urteil v. 03.07.2012, Az. C-128/11 (UsedSoft), MMR 2012, S. 586 ff. (Rn. 47–49)); *Roder*, EuGH im Urheberrecht, 2016, S. 506 (These Nr. 30).

193 Vgl. *Ganea*, GRUR Int 2005, S. 102, 103.

194 Zum Verständnis des Urheberrechts als zeitlich begrenztem Monopol einschließlich seiner ökonomischen Analyse vgl. *Ganea*, GRUR Int 2005, S. 102 ff.; *Höffner*, Wesen des Urheberrechts, 2010, S. 68 ff. Nach der insoweit von *Höffner* vertretenen Ansicht lasse sich der Begriff des Monopols nicht mit demjenigen des Ausschließlichkeitsrechts gleichsetzen, weil letzteres eine rechtliche Bestimmung sei, die die jeweiligen tatsächlichen Umstände erst noch herbeiführen müsse.

195 Zu den unterschiedlichen kartellrechtlichen Aspekten unter besonderer Berücksichtigung des Geo-Blocking vgl. *Just/Spahr/Peter*, KSzW 2015, S. 307 ff.

196 Vgl. *Marly*, Softwarerecht, 2018, Rn. 1072.

b) Monistische Ausgestaltung des geltenden deutschen Urheberrechts

Das geltende deutsche Urheberrecht folgt der monistischen Theorie, wonach Persönlichkeitsrechte und Verwertungsrechte eine unlösbare Einheit bilden.[197] Eine Ausprägung dieses Ansatzes kommt in dem mit „Rechtsgeschäfte über das Urheberrecht“ überschriebenen § 29 UrhG zum Ausdruck. Das Urheberrecht ist danach nicht übertragbar, es sei denn, es wird in Erfüllung einer Verfügung von Todes wegen oder an Miterben im Wege der Erbauseinandersetzung übertragen (§ 29 Abs. 1 UrhG). Zulässig sind lediglich die Einräumung von Nutzungsrechten (§ 31 UrhG), schuldrechtliche Einwilligungen und Vereinbarungen zu Verwertungsrechten sowie die in § 39 UrhG geregelten Rechtsgeschäfte über Urheberpersönlichkeitsrechte (§ 29 Abs. 2 UrhG). Das Urheberrecht verbleibt also beim Urheber – diesem ist es in Deutschland untersagt, auf sein Urheberrecht zu verzichten –[198] während dem Inhaber des Nutzungsrechts infolge der Rechteeinräumung lediglich eine abgeleitete, d.h. derivative Nutzungsberechtigung zukommt.[199] Letztlich profitiert hiervon der Urheber, indem er die Herrschaft über sein Werk in den Händen behält und eine weitgehende Verwertung seines Werkes ermöglicht wird.

c) Ausgewählte Ansätze der dogmatischen Begründung des Erschöpfungsgrundsatzes

aa) Eigentumstheorie

Dogmatisch wurde der Erschöpfungsgrundsatz einerseits mit der Eigentumstheorie begründet, deren Wurzeln bis auf die dargelegte Koenigs Kursbuch-Entscheidung des RG zurückreichen.[200] Hiernach stehe das Eigentum der Erwerber an den in Verkehr gebrachten Werkstücken der Möglichkeit seitens des Urhebers entgegen, die urheberrechtliche Wirkung des Verbreitungsrechts auf weitere, der ersten Verbreitung nachfolgenden Verbreitungshandlungen zu erstrecken.[201] Die Eigentumstheorie überzeugt allerdings schon angesichts dieser Anknüpfung nicht. Ihr lässt sich entgegenhalten, dass sich ein totalitärer Eigentumsanspruch kaum mit dem geltenden Zivilrecht vereinbaren lässt, wie

---

197 Vgl. *Berger*, in: Berger/Wündisch, Urhebervertragsrecht, 2015, § 1, Rn. 20.

198 Vgl. *Schack*, Urheberrecht, 2019, Rn. 347.

199 Vgl. *Berger*, in: Berger/Wündisch, Urhebervertragsrecht, 2015, § 1, Rn. 20.

200 Zur diesbezüglichen Reichsgerichtentscheidung vgl. bereits Darstellungspunkt 1. A. III.

201 Vgl. BGH, Urteil v. 12.02.1952, Az. I ZR 115/51 (Parkstraße 13), GRUR 1952, S. 530, 531; *Koehler*, Erschöpfungsgrundsatz, 2000, S. 49.

es in § 903 BGB als der zentralen Norm des zivilrechtlichen Eigentums zum Ausdruck kommt: Hiernach findet die Sachherrschaft des Eigentümers dort ihre Grenze, wo Rechte Dritter entgegenstehen.[202]

bb) Verkehrssicherungstheorie

Ein bedeutsamer Ansatz, um den Erschöpfungsgrundsatz dogmatisch zu fundieren, ist andererseits die Verkehrssicherungstheorie, deren zentraler Ansatz zur Rechtfertigung der Erschöpfungswirkung auf dem Interesse der Allgemeinheit gründet, die Verkehrsfähigkeit des betreffenden Werkes zu erhalten.[203] Der urheberrechtliche Erschöpfungsgrundsatz i.S.d. §§ 69c Nr. 3 S. 2, 17 Abs. 2 UrhG soll also den Warenverkehr gegenüber sachlich nicht gerechtfertigten Restriktionen schützen.[204] Bereits Josef Kohler (1849–1919), auf den die Erschöpfungslehre maßgeblich zurückgeht, gelangte in seinem 1907 erschienenen Werk „Urheberrecht an Schriften und Verlagsrecht" zu der Überzeugung, dass das urheberrechtliche Verbreitungsrecht nicht dazu eingesetzt werden dürfe, die freie Weiterverbreitung von Exemplaren zu beschränken, die mit Zustimmung des Urhebers im Inland in den Verkehr gelangt sind.[205] Seine auf Erwägungen der Zirkulationsfähigkeit des urheberrechtlich geschützten Werkes gründende Lehre findet sich ansatzweise bereits in der Reichsgerichtsentscheidung Koenigs Kursbuch.[206] Dogmatisch betrachtet geht es in beiden Fällen um die Sicherung der Verkehrsfähigkeit urheberrechtlich geschützter Werke.

Die Verkehrsfähigkeit eines Gutes verlangt erstens, dass das betreffende Gut als materieller Gegenstand identifizierbar und beherrschbar ist (Kriterium der Beherrschbarkeit), zweitens mit einem rechtlichen Schutz ausgestattet ist, und zwar durch an etwaige Rechtsverletzungen anknüpfende materiell-rechtliche Ansprüche – Unterlassung und Vindikation, Kondiktion und Kompensation – (Kriterium der rechtlichen Schutzfähigkeit), drittens, dass aufgrund des entsprechenden subjektiven Rechts eine Erstzuordnung des Gutes zu einem bestimmten Rechtsträger vorgenommen wird (Kriterium der exklusiven Zuordnung) und

---

202 Zu letzterem Einwand vgl. BGH, Urteil v. 23.02.1995, Az. I ZR 68/93 (Mauer-Bilder), GRUR 1995, S. 673, 675.

203 Vgl. BGH, Urteil v. 06.07.2000, Az. I ZR 244/97 (OEM-Version), GRUR 2001, S. 153, 154; *Ganea*, GRUR Int 2005, S. 102, 105 f.; *Joos*, Erschöpfungslehre, 1991, S. 53; *Koehler*, Erschöpfungsgrundsatz, 2000, S. 53.

204 Vgl. *Koehler*, Erschöpfungsgrundsatz, 2000, S. 53.

205 Vgl. *Kohler*, Urheberrecht, 1907, S. 181 f.

206 Zur diesbezüglichen Reichsgerichtentscheidung vgl. bereits Darstellungspunkt 1. A. III.

viertens, dass eine Neuzuordnung des Gutes durch Rechtsübergang möglich ist, die den Gütertransfer und damit die Zirkulation des betreffenden Gutes entscheidend ermöglicht (Kriterium der Neuzuordnungsfähigkeit).[207] In einer auf freiem Güterverkehr und Vertragsfreiheit gründenden Wirtschafts- und Rechtsordnung sind in diesem Zusammenhang vertragliche Zuordnungsänderungen gemeint.[208]

Nur sofern ein Gut einem Rechtsträger exklusiv zugeordnet ist, sind auf dieses Gut bezogene Verkehrsprozesse überhaupt denkbar: Das betreffende Gut könnte ansonsten von jedermann genutzt werden, ohne dass es erworben werden müsste oder ein entsprechendes Entgelt zu entrichten wäre.[209] Jedenfalls die Erfüllung des letztgenannten Kriteriums lässt sich angesichts der monistischen Ausgestaltung des geltenden deutschen Urheberrechts nicht ohne Weiteres bejahen, weil sich die persönlichkeitsrechtliche Verbindung des Werkschaffenden zum urheberrechtlich geschützten Werk von den vermögensrechtlichen Befugnissen nicht trennen lässt und einer freien Übertragbarkeit des monistisch konzipierten Urheberrechts entgegenstehen kann.[210]

cc) Erhalt der Funktionsfähigkeit und Offenheit des Markts

(1) Erschöpfung als Zäsur zwischen Qualitätswettbewerb und Preiswettbewerb

Das Urheberrecht verschafft dem Inhaber des Ausschließlichkeitsrechts ein zeitlich begrenztes Monopol. Der Erschöpfung des Verwertungsrechts liegt damit eine wettbewerbssteuernde Funktion zugrunde. Die urheberrechtliche Erschöpfung markiert eine Zäsur zwischen anreizvermittelndem Qualitäts- und zugangssicherndem Preiswettbewerb.[211] Dem Urheber ist es aufgrund seines Ausschließlichkeitsrechts bis zur Erschöpfung seines Verwertungsrechts zunächst zugestanden, die Verbreitungsmodalitäten wie das Format seines Werkes, dessen räumliche Ausdehnung auf bestimmten regionalen Märkten und den Angebotspreis zu definieren. Damit steht bis zur Erschöpfung des Verbreitungsrechts der innovationsfördernde Qualitätswettbewerb im Vordergrund, der für sich genommen Anreize erzeugen soll, kreative Ressourcen in den allgemeinen volkswirtschaftlichen Nutzen zu stellen. Ohne eine monopolartige Stellung des

207 Vgl. *Berger*, ZGE 2016, S. 170, 171.
208 Vgl. *Berger*, ZGE 2016, S. 170, 171.
209 Vgl. *Berger*, ZGE 2016, S. 170, 172.
210 Vgl. *Berger*, ZGE 2016, S. 170, 183.
211 Vgl. *Ganea*, GRUR Int 2005, S. 102, 103.

Urhebers würde die Allgemeinheit der Verbraucher allenfalls kurzfristig profitieren, langfristig aber Nachteile in Kauf nehmen müssen, wenn auf Seiten der Anbieter keine Entschlusskraft mehr bestünde, in qualitativer Hinsicht überlegen zu sein.[212] Insbesondere das untrennbar mit dem Verbreitungsrecht verbundene Recht zur Preisdifferenzierung etwa nach den Kriterien der Dringlichkeit des Bedarfs, der Verfügbarkeit und dem Anteil, den der Erwerb des betreffenden Produkts an den Gesamtausgaben hat, wirkt sich positiv auf seine allgemeine Verfügbarkeit aus, indem sie die Angebotsmenge vergrößert.[213] Das bis zur Erschöpfung bestehende exklusive urheberrechtliche Verwertungsrecht soll im Sinne einer Belohnungsfunktion einen Qualitäts- und Kreativitätswettbewerb gewährleisten.[214]

Nach eingetretener Erschöpfung kann der Inhaber des Ausschließlichkeitsrechts die Zirkulation seines Werkes allenfalls begrenzt steuern, wodurch der ursprüngliche Qualitätswettbewerb überwiegend in einen Preiswettbewerb überführt wird, bei dem sich i.d.R. der Anbieter mit den günstigsten preislichen Konditionen durchsetzt. Ein über die Erstveräußerung des urheberrechtlich geschützten Werkexemplars hinaus bestehendes Monopol des einzelnen Anbieters würde zu einem geringeren Angebot zu einem höheren Preis führen[215] – ein Ergebnis, das insbesondere im Widerspruch zur Zielsetzung des Art. 3 Abs. 3 S. 2 des Vertrages über die Europäische Union in der Fassung des Vertrages von Lissabon (EUV)[216] stünde, auf die nachhaltige Entwicklung Europas auf der Grundlage eines ausgewogenen Wirtschaftswachstums und von Preisstabilität sowie eine wettbewerbsfähige soziale Marktwirtschaft hinzuwirken.

(2) Keine Preiskonkurrenz durch die eigene Marktleistung

Der urheberrechtliche Erschöpfungsgrundsatz zielt nach seiner ratio legis zudem darauf ab, das Verhältnis zwischen marktbezogenen Risiken und Chancen zu stärken und Trittbrettfahrer-Effekte[217] – also die sachlich nicht gerechtfertigte

212 Vgl. *Ganea*, GRUR Int 2005, S. 102, 103.

213 Vgl. *Ganea*, GRUR Int 2005, S. 102, 104.

214 Vgl. *Ganea*, GRUR Int 2005, S. 102, 104.

215 Vgl. *Ganea*, GRUR Int 2005, S. 102, 103.

216 Vertrag über die Europäische Union (Konsolidierte Fassung), ABl. EU Nr. C 326 v. 26.10.2012, S. 13.

217 Insbesondere die Händler gebrauchter Software wurden als Trittbrettfahrer bezeichnet, d.h. als Marktteilnehmer, die auf dem Rücken anderer Marktteilnehmer Gewinne erwirtschaften, ohne selbst zur Schaffung innovativer Produkte beizutragen, vgl. beschreibend *Becher*, Software, 2015, S. 1 f.

Abschöpfung des kreativen Ergebnisses des Urhebers durch Dritte – zu unterbinden, d.h. zu verhindern, dass Dritte dem Rechtsinhaber mit dem Ergebnis seiner eigenen Marktleistung reine Preiskonkurrenz machen.[218]

dd) Belohnungstheorie

Aufgrund der monistischen Ausgestaltung des geltenden deutschen Urheberrechts wird neben dem Urheberpersönlichkeitsrecht das wirtschaftliche Verwertungsinteresse des Urhebers geschützt. Die §§ 11 S. 2, 32 UrhG kodifizieren einen gesetzlichen Vergütungsanspruch des Urhebers. Das Recht des Urhebers auf eine angemessene Vergütung wird hierbei beschränkt durch das Kriterium der Angemessenheit (§§ 11 S. 1, 32 UrhG). Das Kriterium der Angemessenheit, bei dem es sich um einen für die genannten Wertungen zugänglichen unbestimmten Rechtsbegriff handelt, stellt auf die Schutzwürdigkeit und Schutzbedürftigkeit des urheberrechtlich geschützten Werkes ab. Das Kriterium lässt sich damit in Beziehung setzen zur Belohnungs- und Anreiz-Theorie, einem weiteren zentralen Ansatz, den urheberrechtlichen Erschöpfungsgrundsatz dogmatisch zu fundieren.

Um dem schöpferisch Tätigen Anreize zu vermitteln, seine kreativen Ressourcen nicht ungenutzt zu lassen, sondern in den allgemeinen volkswirtschaftlichen Nutzen zu stellen, ziele das Verbreitungsrecht i.S.d. §§ 69c Nr. 3 S. 2, 17 Abs. 1 UrhG darauf ab, dem Urheber Gelegenheit zu verschaffen, für seine Schöpfung eine finanzielle Gegenleistung zu erhalten.[219] Habe der Rechtsinhaber beim erstmaligen Inverkehrbringen seines Werkes diese Gelegenheit genutzt, habe das Verbreitungsrecht mit der Vollendung des Erstveräußerungsgeschäfts seinen ihm immanenten Zweck erfüllt.[220] Jede der Erstverbreitung nachfolgende Verbreitungshandlung solle deshalb ohne Zustimmung des Urhebers erfolgen können.[221]

d) Diskussion und Stellungnahme

Den urheberrechtlichen Erschöpfungsgrundsatz ausschließlich auf die Verkehrssicherungstheorie zu stützen hieße, die Notwendigkeit des Verkehrsschutzes

---

218 Vgl. *Ganea*, GRUR Int 2005, S. 102, 104 f.

219 Vgl. *Koehler*, Erschöpfungsgrundsatz, 2000, S. 51.

220 Vgl. BGH, Urteil v. 28.10.1987, Az. I ZR 164/85 (Schallplattenimport III), GRUR 1988, S. 373, 374.

221 Vgl. BGH, Urteil v. 28.06.1984, Az. I ZR 65/82 (Zeitschriftenauslage in Wartezimmern), GRUR 1985, S. 134.

selbst für vermietete und verliehene Werkexemplare zu bejahen, da auch letztere das Anliegen des Verkehrsschutzes gefährden können, insbesondere wenn vermietete Werkexemplare in den Umlauf gelangen.[222] Auch die Belohnungstheorie kann für sich betrachtet den Eintritt der Erschöpfung des Verbreitungsrechts nicht schlüssig erklären. Davon ausgehend, dass der Urheber angemessen an der Nutzung seines Werkes zu beteiligen ist, um diesem einen Anreiz zur Nutzung seiner kreativen Ressourcen zu vermitteln, lässt sich zwar erklären, warum ihm ein ausschließliches Verbreitungsrecht zugeordnet wird. Offen bleibt aber, warum der Rechtsinhaber nur einmalig einen finanziellen Gegenwert für seine schöpferische Leistung erhalten soll.[223] Unschlüssig ist also, aus welchem Grund der Zweck des Verbreitungsrechts mit der Vollendung des Erstveräußerungsgeschäfts entfallen soll. Eine überzeugende dogmatische Begründung des Erschöpfungsgrundsatzes kann vielmehr erst im differenzierten Zusammenspiel der Verkehrssicherungstheorie mit der Belohnungstheorie gelingen.[224] Nur dann lässt sich einerseits das Interesse des Urhebers an einer umfassenden wirtschaftlichen Verwertung seines Werkes sowie andererseits das allgemeine Interesse an dessen freier Zirkulation angemessen berücksichtigen. Nach alledem sollte die Diskussion über ein digitalisierungskonformes Urheberrecht auch die marktwirtschaftlichen Zusammenhänge aufgreifen, um ein den wirtschaftspraktischen Anforderungen entsprechendes Urheberrecht zu gewährleisten.

3. *Sachlicher Anwendungsbereich des Erschöpfungsgrundsatzes*

a) *Abhängigkeit des Erschöpfungsgrundsatzes von der Werkfassung*

aa) *Problemstellung*

Die bisherigen Ausführungen haben ergeben, dass dem Erschöpfungsgrundsatz i.S.d. §§ 69c Nr. 3 S. 2, 17 Abs. 2 UrhG insbesondere angesichts seiner funktionalen Bedeutung für die Verkehrsfähigkeit des urheberrechtlich geschützten Werkes ausschließlich das Verbreitungsrecht i.S.d. §§ 69c Nr. 3 S. 1, 17 Abs. 1 UrhG, nicht auch das Vervielfältigungsrecht i.S.d. § 69c Nr. 1, 16 UrhG unterliegt. Kaum leugnen lässt sich, dass der außerdem mit dem Erschöpfungsgrundsatz verfolgte Verkehrsschutz grundsätzlich eine Verkörperung des urheberrechtlich geschützten Werkes erfordert. Es handelt sich um eine geschützte Rechtsposition, deren Schutz nach den dargelegten Grundsätzen der Zuordnung des Gutes

222 Vgl. auch *Hantschel*, Softwarekauf, 2011, S. 258.
223 Vgl. auch *Lutz*, Softwarelizenzen, 2009, S. 74.
224 Vgl. auch *Koehler*, Erschöpfungsgrundsatz, 2000, S. 56.

zu einem bestimmten Rechtsträger grundsätzlich deren Sichtbarkeit verlangt. Ein Computerprogramm oder ein anderes digitales Gut ist wie bereits dargelegt allenfalls dann sichtbar, wenn es auf einem entsprechenden Datenträger verkörpert ist. Es stellt sich die Frage, ob die Erschöpfungswirkung demzufolge von der Werkfassung abhängig ist, weil sie bei Fehlen eines materiellen Werkexemplars zu verneinen sein sollte. Gegen eine solche Beschränkung lässt sich zunächst einwenden, dass eine auf bestimmte Online-Erwerbsformen innerhalb desselben Mediums Internet beschränkte Ausdehnung des Erschöpfungsgrundsatzes die durch die Vielzahl an Transaktionsmöglichkeiten vorhandene Unsicherheit verstärken würde.[225] Sie würde damit dem genannten zentralen Anliegen des Erschöpfungsgrundsatzes zuwiderlaufen, etwaige Marktunsicherheiten zu beseitigen.[226] Zu hinterfragen ist außerdem, ob mit einer Einschränkung des Erschöpfungsgrundsatzes dem Erfordernis eines digitalisierungskonformen Urheberrechts entsprochen würde. Die digitale Werkfassung setzt sich immer mehr am Markt durch, sodass ein erhebliches praktisches Bedürfnis festzustellen ist, das Urheberrecht digitalisierungskonform weiterzuentwickeln.

Infolge des Starts des Internets am 01.01.1995, seiner weltweiten Durchsetzung als Hauptschlagader[227] einer pluralistischen Kommunikation sowie der Digitalisierung weiter Teile des öffentlichen wie privaten Lebens haben sich auch die Rahmenbedingungen der Verbreitung urheberrechtlich geschützter Werke grundlegend verändert. Angesichts seiner für eine Wissensgesellschaft zentralen Funktionen, wie sie im Erschöpfungsgrundsatz i.S.d. §§ 69c Nr. 3 S. 2, 17 Abs. 2 UrhG zum Ausdruck kommen, muss das Urheberrecht hierauf adäquate Antworten finden. Eine Analyse, ob eine Begrenzung des sachlichen Anwendungsbereichs des Erschöpfungsgrundsatzes auf bestimmte Werkfassungen den genannten praktischen Anforderungen noch Rechnung trägt, ist demnach vorzunehmen.

bb) Erste Analyse

Jedenfalls der Wortlaut des § 69c Nr. 3 S. 2 UrhG („Vervielfältigungsstück") deutet darauf hin, dass sich die Erschöpfung nur auf ein bestimmtes Werkexemplar in körperlicher Form erstrecken kann. Angesichts der dogmatischen Begründung des Erschöpfungsgrundsatzes, dessen Verkehrsfähigkeit zu erhalten und

225 Vgl. allg. zu diesem Einwand *Ganea*, GRUR Int 2005, S. 102, 107.

226 Vgl. auch *Ganea*, GRUR Int 2005, S. 102, 107.

227 Zum Internet als „Hauptschlagader" des pluralistischen Meinungsaustausches vgl. *Härting*, K&R 2012, S. 264, 267.

seine bestmögliche Zirkulation zu gewährleisten, muss sich dieses aus Gründen der Rechtssicherheit von anderen Exemplaren abgrenzen lassen.

Bei der Online-Übertragung von Computerprogrammen mittels Download aus dem Internet wird das konkrete Vervielfältigungsstück i.d.R. erst beim Ersterwerber auf dessen Rechner hergestellt. Dies könnte bei strenger Gesetzesauslegung bereits ein Verbreiten i.S.d. § 69c Nr. 3 S. 1 UrhG ausschließen.[228] Ein Teil des Schrifttums qualifizierte, gestützt auf diese Erwägung, die Online-Übertragung insoweit als Anwendungsfall der nicht-erschöpfbaren öffentlichen Zugänglichmachung i.S.d. §§ 69c Nr. 4, 19a UrhG.[229] Eine zweifelsfreie Abgrenzung des konkreten Vervielfältigungsstücks ist im Rahmen des Online-Vertriebs möglicherweise nicht in jedem Fall gewährleistet.

Sowohl beim traditionellen Vertrieb als auch beim Online-Vertrieb geht es dem Erwerber demgegenüber nicht darum, das Trägermedium als Sache an sich, sondern die darin verkörperten Verwendungsmöglichkeiten zu erwerben.[230] Jedenfalls die vergleichbare Interessenlage spricht entsprechend der insoweit also zustimmungswürdigen UsedSoft-Rechtsprechung des EuGH dafür, § 69c Nr. 3 S. 2 UrhG über seinen Wortlaut hinaus auch auf Werkexemplare anzuwenden, die mittels Download etwa von der Internetseite des Herstellers erworben werden.

cc) Zwischenergebnis

Die Interessenlage bei der digitalen Nutzung ist identisch zu derjenigen bei einer analogen Nutzung. Der digitale Vertrieb urheberrechtlich geschützter Werke wird von den Anbietern selbst vorangetrieben. Diese kommen hierdurch in den Genuss geringerer Herstellungs- und Transaktionskosten. Diese Umstände unterstreichen das praktische Bedürfnis, den Realitäten des digitalen Wandels auch im Bereich des Urheberrechts Rechnung zu tragen, die tradierte Differenzierung zwischen dem körperlichem und dem unkörperlichen Inverkehrbringen möglicherweise nicht nur von Computerprogrammen aufzugeben und die Erschöpfungswirkung i.S.d. §§ 69c Nr. 3 S. 2, 17 Abs. 2 UrhG auch dann

228 Vgl. bereits Darstellungspunkt § 2 I. 1.

229 So etwa noch v. *Ungern-Sternberg*, in: Schricker/Loewenheim, Urheberrecht, 2010, § 19a, Rn. 6; eingehend auch noch *Wiebe*, in Spindler/Schuster, Recht der elektronischen Medien, 2011, § 69c UrhG, Rn. 20; vgl. dazu auch *Wiebe*, in Spindler/Schuster, Recht der elektronischen Medien, 2019, § 69c UrhG, Rn. 30.

230 Vgl. *Ganea*, GRUR Int 2005, S. 102, 106.

eintreten zu lassen, wenn Vervielfältigungsstücke digital übertragen werden.[231] Diese ersten Überlegungen anhand von Computerprogrammen lassen sich dem ersten Anschein nach ebenso im Fall anderer digitaler Güter wie etwa E-Books anführen.

b) In einem Gegenstand verkörperte Werke

Ist das urheberrechtlich geschützte Werk auf einem materiellen Träger verkörpert, so ist das Eintreten der Erschöpfungswirkung regelmäßig unproblematisch. Schon angesichts des Wortlauts des § 69c Nr. 3 S. 1 UrhG („Vervielfältigungsstücken") bei Computerprogrammen beziehungsweise des § 17 Abs. 1 UrhG („Vervielfältigungsstücke") bezüglich der übrigen Werkkategorien ist unzweifelhaft, dass sich das Verbreitungsrecht mit dem erstmaligen Inverkehrbringen des körperlichen Werkexemplars erschöpft.

c) Digitale Werke

aa) Computerprogramme als digitales Werk

Nach seinem Wortlaut verlangt § 69c Nr. 3 S. 2 UrhG („Vervielfältigungsstück") eine Verkörperung des Computerprogramms auf einem bestimmten Trägermedium, das neben einer CD oder einem USB-Speicher auch eine Festplatte sein kann. Somit stellte sich insbesondere im Hinblick darauf, dass die Reichweite des Erschöpfungsgrundsatzes über die Möglichkeiten des Urhebers entscheidet, den Vertrieb des Computerprogramms auf nachgelagerten Märkten in seinem Sinne zu steuern, lange Zeit die Frage, ob § 69c Nr. 3 S. 2 UrhG – gegebenenfalls im Wege der analogen Anwendung –[232] auch auf solche Computerprogramme anwendbar ist, die mittels Download vertrieben werden.[233] Der Erwerb eines Computerprogramms mittels Download, bei dem im Ergebnis – vergleichbar mit seinem Erwerb in einem traditionellen Ladengeschäft – eine dauerhafte Kopie des übermittelten Werkes beim Erwerber vorhanden ist, ist lediglich eine von mehreren Vertriebsformen.[234] Es wurde daher gefragt, ob es geboten sein könnte, die Online-Erschöpfung auf solche Fälle zu beschränken, in denen eine

---

231 Vgl. *Roth*, WRP 2015, S. 1303, 1307; vgl. auch *Durantaye/Kuschel*, ZGE 2016, S. 195, 199.

232 Vgl. *Hoeren*, CR 2006, S. 573 ff.; *Hoeren*, MMR 2010, S. 447 ff.

233 Zur Erschöpfung durch den Online-Vertrieb urheberrechtlich geschützter Werke vgl. auch *Oswald*, Erschöpfung, 2005, S. 1 ff.; Zum Urheberrechtsschutz digitalisierter Werke im Internet vgl. *Zscherpe*, MMR 1998, S. 404 ff.

234 Vgl. *Ganea*, GRUR Int 2005, S. 102, 107.

Analogie zum Ersterwerb an der Ladentheke tatsächlich erforderlich ist, um die zwingenden Wertungen des Urheberrechtsgesetzes nicht auszuhebeln.[235] Grundlegende Voraussetzungen einer analogen Anwendung sind das Vorliegen einer planwidrigen Regelungslücke bei einer Vergleichbarkeit der betroffenen Interessenlagen.[236]

Jedenfalls bei einer summarischen Betrachtung ergab sich insoweit bereits ungeachtet der UsedSoft-Rechtsprechung des EuGH, dass eine analoge Anwendung des Erschöpfungsgrundsatzes auf den Fall des Downloads eines Computerprogramms und darüber hinaus möglicherweise auch anderer digitaler Güter unter dem Gesichtspunkt der vergleichbaren Interessenlage geboten sein könnte. Nicht zuletzt der Umstand, dass die resultierenden Verwertungserlöse im Online-Vertrieb diejenigen des herkömmlichen Vertriebs oft deshalb übertreffen können, weil nur im letztgenannten Fall i.d.R. eine kostenintensivere Infrastruktur (Betrieb des Ladengeschäfts, Beschäftigung des Personals) vorgehalten werden muss, deutete in diese Richtung. Konsequenterweise gelangt der EuGH in seiner UsedSoft-Entscheidung – jedenfalls bezogen auf Computerprogramme – zu der Überzeugung, dass herkömmlicher Ladenvertrieb und Online-Vertrieb gleichzustellen sind. Damit wurde insoweit verhindert, dass der Erschöpfungsgrundsatz zur Disposition der Anbieterseite steht, also seine Durchsetzung gewährleistet.[237] Es ist der Urheber, der in wirtschaftlicher Hinsicht vom Online-Vertrieb profitiert. Angesichts der Verkehrssicherungsfunktion des Erschöpfungsgrundsatzes liegt es im allgemeinen Interesse, dass die Erschöpfung des Verwertungsrechts nicht durch eine aus Urhebersicht vorteilhafte Vertriebssteuerung umgangen wird. Dies spricht aber zugleich dafür, den urheberrechtlichen Erschöpfungsgrundsatz nicht nur auf den Online-Vertrieb von Computerprogrammen, sondern auch auf denjenigen sonstiger digitaler Güter auszudehnen.

bb) E-Books als digitales Werk

(1) E-Books gegenüber gedruckten Büchern

Anders als klassische, im gedruckten Format veröffentlichte Bücher zeigen elektronische Bücher – im Folgenden: E-Books[238] – im Laufe der Zeit keine

235 Vgl. *Ganea*, GRUR Int 2005, S. 102, 107.

236 Vgl. *Larenz*, Methodenlehre, 1991, S. 381.

237 Vgl. allg. *Zscherpe*, MMR 1998, S. 404, 407; *Oswald*, Erschöpfung, 2005, S. 43.

238 Zu den Perspektiven der Software-„Lizenz“ nach EuGH zu E-Books vgl. *Schneider*, in: FS Taeger, 2020, S. 691 ff.

Gebrauchsspuren.[239] Bei E-Books handelt es sich um ein in einer Datei enthaltenes Schriftwerk, das dem gedruckten Buch hinsichtlich seines Inhalts beziehungsweise den von der Datei umfassten Informationen entspricht.[240] Vom klassischen Buch unterscheidet es sich damit lediglich hinsichtlich des Darstellungsmediums: Um das E-Book lesen zu können, benötigt der Nutzer ein elektronisches Gerät samt Display, beispielsweise also ein Smartphone, einen Tablet-Computer oder einen besonders für die Wiedergabe von E-Books entwickelten E-Book-Reader.[241] Zur weiteren begrifflichen Präzisierung kann auf § 2 Abs. 1 der Vereinbarung zur Regelung der Vergütung von Ansprüchen nach § 137l Abs. 5 S. 1 UrhG für den Printbereich (VVgP) zurückgegriffen werden. Die VVgP wurde zwischen dem Börsenverein des Deutschen Buchhandels und der Verwertungsgesellschaft Wort (VG Wort)[242] im Dezember 2010 geschlossen.[243] § 2 Abs. 1 VVgP definiert das E-Book als von einem Verlag angebotene, unveränderte oder im Wesentlichen unveränderte unkörperliche Ausgabe eines verlegten Sprachwerkes, dessen Charakter nicht wesentlich von Illustrationen bestimmt wird und das auf einem E-Book-Reader, einem PC und/oder einem sonstigen digitalen Lesegerät visuell wahrgenommen werden kann ohne Rücksicht auf das Dateiformat und das Bestehen eines Kopierschutzes.

Der Nutzer eines E-Books kann hierbei ohne technische Hilfsmittel gegebenenfalls nicht erkennen, ob es sich um ein neues oder gebrauchtes Exemplar handelt. So führt der EuGH aus, dass E-Books, anders als im gedruckten Format veröffentlichte Bücher, selbst nach mehrmaligen intensiven Gebrauch keiner Abnutzung oder Verschlechterung unterlägen.[244] Aus der Sicht des EuGH sind die „gebrauchten" Kopien daher ein „perfekter Ersatz" für neue Kopien.[245] Dies begünstigt möglicherweise die Entstehung eines Sekundärmarkts samt einer

239 Zur Anwendbarkeit des Erschöpfungsgrundsatzes auf gebrauchte E-Books vgl. *Ewert*, EuZW 2020, S. 380, 385; *Walter*, MR-Int. 2020, S. 19 ff.

240 Vgl. *Bucher*, Sachqualität, 2018, S. 26.

241 Vgl. *Bucher*, Sachqualität, 2018, S. 26.

242 Zum Zusammenwirken der VG Wort mit den Verlagsgesellschaften bei der Vergütung des Urhebers vgl. BGH, Urteil v. 21.04.2016, Az. I ZR 198/13 (Beteiligung an VG Wort-Einnahmen), MMR 2016, S. 471 ff.

243 Die Vergütungspraxis der *VG Wort* hat sich zuletzt durch das VGG geändert.

244 Vgl. EuGH, Urteil v. 19.12.2019, Az. C-263/18 (Tom Kabinet), MMR 2020, S. 167 ff. (Rn. 58).

245 Vgl. EuGH, Urteil v. 19.12.2019, Az. C-263/18 (Tom Kabinet), MMR 2020, S. 167 ff. (Rn. 58).

parallelen Vertriebsstruktur („Virtueller Markt für gebrauchte E-Books“)[246], die nicht nur das wirtschaftliche Verwertungsinteresse des Rechtsinhabers nachhaltig unterlaufen könnten, sondern negative Anreize setzen könnten, überhaupt noch in die Schaffung neuer Kulturgüter zu investieren. Dieser Umstand lässt sich als Argument dafür anführen, das wirtschaftliche Verwertungsinteresse im Zweifelsfall umfassend unter Schutz zu stellen. Zu bedenken ist insoweit, dass nur dort etwas urheberrechtlich geschützt werden kann, wo zuvor etwas urheberrechtlich Schützenswertes geschaffen wurde.

(2) Die Tom Kabinet-Entscheidung vom 19.12.2019

(a) Der Zugang zu E-Books als Anwendungsfall der öffentlichen Zugänglichmachung

In seiner Tom Kabinet-Entscheidung verdeutlicht der EuGH die aus seiner Sicht bestehenden Grenzen des urheberrechtlichen Erschöpfungsgrundsatzes bezüglich E-Books. Dem lag der Fall eines Niederländischen Plattformunternehmers[247] für gebrauchte E-Books zugrunde, dessen Internetangebot sich an jedermann richtete und es den registrierten Nutzern ermöglichte, zu jeder Zeit und von jedem Ort aus auf die dort entgeltlich abrufbaren E-Books zuzugreifen. Der EuGH hatte sich hierbei – nach einer Umformulierung der Vorlagefrage – mit der Frage auseinanderzusetzen, inwieweit die Überlassung von E-Books zur dauerhaften Nutzung mittels Download von der Internetseite des Plattformbetreibers unter den Begriff der „öffentlichen Wiedergabe“ i.S.d. Art. 3 Abs. 1 RL 2001/29/EG entsprechend § 19a UrhG oder den Begriff der „Verbreitung an die Öffentlichkeit“ i.S.d. Art. 4 Abs. 1 RL 2001/29/EG entsprechend § 17 UrhG zu subsumieren ist. Die RL 2001/29/EG sieht eine Erschöpfung lediglich für den Fall der Verbreitung, nicht hingegen für den Fall der öffentlichen Wiedergabe vor. Das Vorliegen einer öffentlichen Wiedergabe i.S.d. Art. 3 Abs. 1 RL 2001/29/EG erfordert, dass das urheberrechtlich geschützte Werk mehreren, untereinander nicht verbundenen Personen zugänglich gemacht wird, denen es von verschiedenen Orten aus und zu verschiedenen Zeiten wahrnehmbar ist.[248]

In seiner Entscheidung ist der EuGH zu der Überzeugung gelangt, dass der urheberrechtliche Erschöpfungsgrundsatz i.S.d. Art. 4 Abs. 2 RL 2001/29/EG

246 Zu Rechtsfragen des „Secondhand-Markts“ für E-Books vgl. auch *Bullinger/von Rauch*, NJW 2020, S. 816 ff.; *Kuschel/Rostam*, CR 2020, S. 393 ff.

247 Vgl. *Bullinger/von Rauch*, NJW 2020, S. 816, 816.

248 Vgl. EuGH, Urteil v. 07.08.2018, Az. C-161/17, NJW 2018, S. 3501 ff.

beziehungsweise § 17 Abs. 2 UrhG nicht für den Weitervertrieb gebrauchter E-Books gelte.[249] Der EuGH hat hierdurch den Anwendungsbereich des urheberrechtlichen Erschöpfungsgrundsatzes i.S.d. Art. 4 Abs. 2 RL 2001/29/EG konkretisiert und zugleich eingeschränkt.[250] Zur Begründung verweist er insbesondere auf den 28. Erwägungsgrund zur RL 2001/29/EG, demzufolge das Verbreitungsrecht ausschließlich das Recht auf die Verbreitung eines in einem Gegenstand verkörperten Werkes umfasst. Die vom Richtliniengeber verwendeten Ausdrücke „Original" beziehungsweise „Vervielfältigungsstücke" i.S.d. Art. 6 WCT, die bei der Richtlinienauslegung zu berücksichtigen seien, würden insoweit darauf hindeuten, dass der Erschöpfungsgrundsatz nicht undifferenziert für sämtliche körperlichen und digitalen Güter gelten könne, sondern ausschließlich die erstgenannte Gruppe von Gegenständen erfasse, zu denen E-Books gerade nicht zählten.[251]

In seinem Urteil unterscheidet der EuGH zwischen gedruckten Büchern und digitalen E-Books, wobei er hervorhebt, dass zwischen den beiden keine wirtschaftlich-funktionale Vergleichbarkeit bestehe.[252] Er hat hierdurch das Kriterium der fehlenden Abnutzung als ein wesentliches ökonomisches Differenzierungsmerkmal zwischen körperlichen und unkörperlichen Gütern rechtlich anerkannt.[253] Will der Ersterwerber des konkreten E-Book-Exemplars, der dieses unter Entrichtung einer angemessenen Vergütung rechtmäßig vom Rechtsinhaber erworben hat, dieses beispielsweise über eine digitale Handelsplattform weiterveräußern, so muss er hierfür folglich zunächst die Zustimmung des Rechtsinhabers einholen. Der EuGH qualifiziert den vom Rechtsinhaber ermöglichten Werkzugang im Fall von E-Books als Anwendungsfall der öffentlichen Zugänglichmachung i.S.d. Art. 3 Abs. 1 RL 2001/29/EG entsprechend § 19a UrhG. Für diese Verwertungsform sieht jedenfalls die RL 2001/29/EG als lex generalis zur RL 2009/24/EG – ausschließlich auf letztere hat der EuGH seine UsedSoft-Entscheidung gestützt – keine Erschöpfung vor. Es zählt zu den anerkannten Grundsätzen von Rechtsanwendung und Rechtsauslegung, dass die spezialgesetzlich vorrangige Rechtsgrundlage die Anwendung der allgemeineren

---

249 Vgl. EuGH, Urteil v. 19.12.2019, Az. C-263/18 (Tom Kabinet), MMR 2020, S. 167 ff.

250 Zustimmend zur Argumentation des EuGH und somit für eine Nichtgeltung des Erschöpfungsgrundsatzes beim Online-Vertrieb urheberrechtlich geschützter Werke auch *Jani*, K&R 2020, S. 101 ff.

251 Vgl. hierzu auch *Bullinger/von Rauch*, NJW 2020, S. 816, 817.

252 Vgl. EuGH, Urteil v. 19.12.2019, Az. C-263/18 (Tom Kabinet), MMR 2020, S. 167 ff. (Rn. 58).

253 Vgl. *Sattler*, CR 2020, S. 145, 151.

Rechtsgrundlage sperrt (lex specialis derogat legi generali), um die Wertungen des Gesetzgebers, die dieser insbesondere in den gesetzlichen Erwägungsgründen zum Ausdruck bringt, zur größtmöglichen praktischen Wirksamkeit (effet utile)[254] zu bringen. Der Effet-Utile-Grundsatz ist für die europäische Rechtsordnung ebenso elementar wie die Zielsetzung eines gemeinsamen Binnenmarkts (Art. 3 Abs. 3 S. 1 EUV i.V.m. Art. 26 Abs. 2 AEUV) – schon letztere fordert es aber für sich genommen, die Erwägungen des EuGH in seiner UsedSoft-Entscheidung als verallgemeinerungsfähig einzustufen.[255]

(b) Abkehr von der UsedSoft-Entscheidung

In seiner UsedSoft-Entscheidung führte der EuGH hingegen aus, dass das Verwertungsinteresse des Urhebers mit dem Erhalt der Vergütung aus dem rechtmäßigen Erstverkauf des konkreten Werkexemplars abgegolten war, sodass der Erwerber dieses rechtmäßig weiterveräußern durfte.[256] Insoweit hatte der EuGH in seiner UsedSoft-Entscheidung den in Art. 4 Abs. 2 RL 2001/29/EG kodifizierten Erschöpfungsgrundsatz jedenfalls ansatzweise als einen allgemeinen[257] Grundsatz des Urheberrechts klassifiziert, der demnach über den Vertrieb urheberrechtlich geschützter Computerprogramme hinaus auch für andere digitale Werkkategorien gelten könnte, d.h. als einen gerade universell geltenden urheberrechtlichen Grundsatz für den Zugang zu digitalen Gütern. Aufgrund des Erschöpfungsgrundsatzes, der insoweit auch die Freiheit des Warenverkehrs schützt, würde demnach das gesetzliche Verwertungsrecht des Urhebers gegenüber dem allgemeinen Interesse an der Verkehrsfähigkeit des Werkes zurücktreten.[258] Schließlich liegt es grundsätzlich beim Rechtsinhaber, unter Inanspruchnahme seiner Vertragsfreiheit (Art. 16 EGRC, Art. 2 Abs. 1 S. 1 GG), die angemessene Vergütung festzulegen. Im US-Amerikanischen Rechtskreis wird insoweit vergleichbar von der „first sale doctrine“[259] gesprochen. Der Urheber kann also das Urheberrecht nicht dazu instrumentalisieren, eine Weiterveräußerung des gebrauchten Computerprogramms zu verhindern, ohne dass es

254 Zum Gebot der Verwirklichung einer größtmöglichen praktischen Wirksamkeit vgl. bereits Darstellungspunkt § 2 II. 1. c) bb).

255 Vgl. *Hoeren/Jakopp*, MMR 2014, S. 646, 648.

256 Vgl. EuGH, Urteil v. 03.07.2012, Az. C-128/11 (UsedSoft), MMR 2012, S. 586 ff.

257 Vgl. *Bullinger/von Rauch*, NJW 2020, S. 816, 817.

258 Vgl. *Bullinger/von Rauch*, NJW 2020, S. 816, 817.

259 Vgl. *Determann*, Berkeley Technology Law Journal 2018, S. 177, 183 der den Begriff insofern als ungenau bezeichnet, als dass auch Schenkungen die Erschöpfungswirkung auslösen können; *Determann/Specht*, GRUR Int 2018, 731, 733.

auf seine körperliche oder unkörperliche Werkform ankommt.[260] Nach dem Ergehen der Tom Kabinet-Entscheidung sind die Entscheidungsgrundsätze des UsedSoft-Urteils aufgrund der dort vorgetragenen Argumente zunächst nicht mehr ohne Weiteres verallgemeinerungsfähig, sondern sollen anscheinend nachträglich auf den Anwendungsbereich der RL 2009/24/EG begrenzt werden. Damit findet in der Rechtsprechungslinie des EuGH in gewisser Weise eine Abkehr von dem mit der UsedSoft Entscheidung eingeschlagenen Weg statt. In der Konsequenz bedarf es aufgrund dieses Ergebnisses einer Differenzierung nach Art des urheberrechtlich geschützten Werkes, jedenfalls bezüglich Computerprogrammen gegenüber E-Books.

(c) Fortentwicklung der instanzgerichtlichen Rechtsprechung

Die Tom Kabinet-Entscheidung des EuGH stimmt vom Ergebnis her mit einer Reihe nationaler instanzgerichtlicher Entscheidungen überein, in denen eine Erschöpfung bei anderen digitalen Gütern als Computerprogrammen de lege lata abgelehnt wurde. So hat schon zuvor das OLG Stuttgart eine Erschöpfung bei E-Books mit der Begründung abgelehnt, dass der Erschöpfungsgrundsatz bei Ersttransaktionen in Gestalt von Online-Downloads nicht eingreife.[261] Für Computerspiele hat das LG Berlin eine Erschöpfung deshalb abgelehnt, weil dementsprechende Güter als hybride Güter zu qualifizieren seien und demzufolge der RL 2001/29/EG unterlägen, die eine Erschöpfung exklusiv für körperliche Vervielfältigungsexemplare kodifiziere.[262] Nach einem Urteil des OLG Hamm seien Hörbücher keiner Erschöpfung unterworfen, weil deren Veräußerung über das Internet mittels Download nicht dem Verbreitungsrecht i.S.d. §§ 15 Abs. 1 Nr. 2, 17 UrhG, sondern dem Recht der öffentlichen Zugänglichmachung i.S.d. §§ 15 Abs. 2 Nr. 2, 19a UrhG unterfalle und sich der UsedSoft-Entscheidung des EuGH keine Anhaltspunkte entnehmen ließen, die eine abweichende Beurteilung geböten.[263] Hinsichtlich Hörbüchern stellt das OLG Hamm deren Eigenschaft als eigentumsfähige Sache in Frage, sodass dem Erwerber keine Eigentümerstellung daran zufalle.[264] In Übereinstimmung mit dem OLG Hamm kommt schließlich auch das OLG Hamburg zu dem Schluss, dass der Erschöpfungsgrundsatz sowohl auf E-Books als auch auf Audiodateien, die mittels Download vertrieben

260 Vgl. *Sattler*, CR 2020, S. 145, 150.
261 Vgl. OLG Stuttgart, Urteil v. 03.11.2011, Az. 2 U 49/11, MMR 2012, S. 834, 835.
262 Vgl. *LG Berlin*, Urteil v. 11.03.2014, Az. 16 O 73/13, ZUM-RD 2014, S. 438 ff.
263 Vgl. OLG Hamm, Urteil v. 15.05.2014, Az. 22 U 60/13, CR 2014, S. 498 ff.
264 Vgl. OLG Hamm, Urteil v. 15.05.2014, Az. 22 U 60/13, CR 2014, S. 498 ff.

werden, nicht anwendbar sei, wobei das Gericht darauf verweist, dass die der RL 2001/29/EG spezialgesetzlich vorrangige RL 2009/24/EG ausschließlich für Computerprogramme, nicht auch für andere digitale Güter gelte.[265]

(d) Zwischenergebnis

Die Eingrenzung der Werk- und Festlegungskategorien, für die der urheberrechtliche Erschöpfungsgrundsatz gilt, ist für eine sachgerechte rechtliche Erfassung des digitalen Wandels nicht zuletzt vor dem Hintergrund der praktischen Rechtssicherheit von hoher Relevanz. Im sachlichen Geltungsbereich des Erschöpfungsgrundsatzes entscheidet sich der Konflikt zwischen dem wirtschaftlichen Interesse des Urhebers, sein Werk umfassend zu verwerten – dessen urheberrechtlicher Schutz schon deshalb bedeutsam ist, um Kulturschaffenden angemessene Anreize zu vermitteln, überhaupt in die Hervorbringung neuer Kulturgüter zu investieren – und dem allgemeinen Interesse an freier Zirkulation des urheberrechtlich geschützten Werkes. Zu gewährleisten ist, dass der freie Handelsverkehr insbesondere auch von digitalen Gütern nicht durch die gesetzliche Zuweisung von Monopolstellungen untergraben wird, die sich in der Sache nicht rechtfertigen lassen. Insoweit ist es erforderlich, eine sachgerechte Zuordnung hinsichtlich der Kategorien der Verbreitung i.S.d. Art. 4 Abs. 1 RL 2001/29/EG beziehungsweise §§ 69c Nr. 1, 17 Abs. 1 UrhG und der öffentlichen Wiedergabe beziehungsweise öffentlichen Zugänglichmachung i.S.d. Art. 3 Abs. 1 RL 2001/29/EG beziehungsweise §§ 69c Nr. 4, 19a UrhG vorzunehmen.

Anders als infolge der UsedSoft-Entscheidung des EuGH angenommen, deutet die Tom Kabinet-Entscheidung nun darauf hin, dass es sich beim Erschöpfungsgrundsatz nicht um einen allgemeinen urheberrechtlichen Rechtsgrundsatz handelt, sondern nach Werk- sowie nach Festlegungskategorien zu differenzieren ist. Schon in seinem Schlussantrag zur Entscheidung „VOB/Stichting“ betont allerdings der EuGH-Generalanwalt, dass es angesichts des Grundsatzes der Kohärenz der europäischen Urheberrechtsordnung[266] geboten sei, in EU-Richtlinien enthaltene Begriffe wie „Kopie“ oder „Vervielfältigungsstück“ oder „Verkauf“ einheitlich auszulegen und zu verwenden.[267]

---

265 Vgl. *OLG Hamburg*, Beschluss v. 04.12.2014 und v. 24.03.2015, Az. 10 U 5 5/11, MMR 2015, S. 740 ff.

266 Zum Kohärenzgebot vgl. bereits Darstellungspunkt § 2 II. 1. c) bb).

267 Vgl. EuGH, Schlussanträge des Generalanwalts Maciej Szpunar v. 16.06.2016, Az. C-174/15 (VOB/Stichting), Rn. 52; veröffentlicht unter https://eur-lex.europa.eu/legal-content/DE/TXT/PDF/?uri=CELEX:62015CC0174&from=DE; zuletzt abgerufen am 28.12.2021.

Als Grundlage der weiteren Betrachtung sollen im Folgenden zunächst im Hinblick auf Computerprogramme – denen insoweit im digitalen Bereich schon immer eine Vorreiterrolle in der juristischen Diskussion zukam – auf einige erforderliche Grundlagen eingegangen werden, sowie zur Fundierung der späteren Bewertung der UsedSoft- und daran anschließend der Tom Kabinet-Rechtsprechung des EuGH kurz skizziert werden, welche Argumentationsansätze hinsichtlich der Online-Erschöpfung vor Ergehen der UsedSoft Entscheidung verfolgt wurden.

cc) Abgrenzung zum nicht-erschöpfbaren Vervielfältigungsrecht

(1) Vervielfältigungen beim Werkgenuss digitaler Güter am Beispiel des Computerprogramms

Da der Erschöpfungsgrundsatz i.S.d. §§ 69 Nr. 3 S. 2, 17 Abs. 2 UrhG darauf abzielt, die Verkehrsfähigkeit des urheberrechtlich geschützten Werkes zu erhalten, und insoweit nur das Verbreitungsrecht i.S.d. § 69c Nr. 3 S. 1, 17 Abs. 1 UrhG betrifft, stellt sich insbesondere bei Computerprogrammen die Frage nach seiner Abgrenzung zum nicht erschöpfbaren Vervielfältigungsrecht i.S.d. §§ 69c Nr. 1, 16 UrhG. Das Vervielfältigungsrecht i.S.d. §§ 69c Nr. 1, 16 UrhG umfasst die Befugnis, auf beliebige Art und Weise sowie in beliebiger Zahl identische Duplikate des urheberrechtlich geschützten Werkes anzufertigen, wobei eine Differenzierung zwischen digitaler und analoger Technik nicht stattfindet.[268] Der Begriff der Vervielfältigung im urheberrechtlichen Sinne beschreibt die Herstellung von körperlichen Festlegungen, die geeignet sind, das Werk den menschlichen Sinnen auf irgendeine Art und Weise unmittelbar oder mittelbar wahrnehmbar zu machen.[269] Anders als bei klassischen Werken ist insoweit hinsichtlich eines Computerprogramms – wie ähnlich auch hinsichtlich anderer digitaler Güter, deren Werkgenuss die Existenz eines Computerprogramms notwendig voraussetzt – zu bedenken, dass schon der reine Werkgenuss typischerweise erfordert, dass das Computerprogramm auf dem Rechner des Nutzers – also dessen Festplatte – installiert, daraufhin beim Ablaufenlassen des Programms in den Arbeitsspeicher des Rechners (RAM)[270] geladen und auf dem Bildschirm sichtbar gemacht wird. Diese Handlungen sollen daher kurz einer näheren Betrachtung unterzogen werden.

---

268 Vgl. *Jani*, in: Wandtke, Medienrecht II, 2014, § 13, Rn. 112.
269 Vgl. *Blocher*, in: Walter, Europäisches Urheberrecht, 2001, Software-RL, Art. 4, Rn. 7.
270 Zum Begriff des RAM vgl. bereits Darstellungspunkt § 1 III. 1. a).

(2) Festplatteninstallation und Laden in Arbeitsspeicher als Vervielfältigung i.S.d. §§ 69c Nr. 1, 16 UrhG und die diesbezügliche Bedeutung der Regelung des § 69d UrhG

Wie dargelegt unterfällt auch die lediglich vorübergehende Speicherung im Arbeitsspeicher eines Computers dem Vervielfältigungsbegriff nach §§ 69c Nr. 1, 16 UrhG.[271] Als entsprechende Vervielfältigungshandlung ist außerdem die Softwareinstallation auf der Festplatte eines Computers zu qualifizieren.

Dem Nutzer kommt diesbezüglich allerdings die Regelung des § 69d Abs. 1 UrhG zugute. Wie dargelegt erfolgte die Kodifizierung des § 69d Abs. 1 UrhG in Umsetzung des Art. 5 Abs. 1 RL 2009/24/EG, insoweit kann zunächst auf die bisherigen Ausführungen verwiesen werden.[272] Soweit keine besonderen vertraglichen Bestimmungen vorliegen, bedürfen die in § 69c Nr. 1 und Nr. 2 UrhG genannten Handlungen gemäß § 69d Abs. 1 UrhG nicht der Zustimmung des Rechtsinhabers, wenn sie für eine bestimmungsgemäße Benutzung des Computerprogramms einschließlich der Fehlerberichtigung durch jeden zur Verwendung eines Vervielfältigungsstücks des Programms Berechtigten notwendig sind. Als für eine bestimmungsgemäße Benutzung notwendig i.S.d. § 69d Abs. 1 UrhG sind jedenfalls das Laden in den Arbeitsspeicher des Rechners und das Ablaufenlassen der Software zu betrachten, weil beides zur Nutzung des Programms zwingend erforderlich ist.[273]

(3) Bildschirmsichtbarkeit keine Vervielfältigungshandlung

Die Sichtbarkeit des urheberrechtlich geschützten Werkes auf dem Bildschirm des Computers erfüllt nicht den Tatbestand einer Vervielfältigung i.S.d. §§ 69c Nr. 1, 16 UrhG, da keine erneute Festlegung erfolgt, sondern die bloße Darstellung des Programms auf dem Bildschirm als solche lediglich eine unkörperliche Wiedergabe ist.[274]

---

271 Vgl. BGH, Urteil v. 06.10.2016, Az. I ZR 25/15 (World of Warcraft I), GRUR 2017, S. 266, Rn. 38; BGH, Beschluss v. 03.02.2011, Az. I ZR 129/08 (UsedSoft I), GRUR 2011, S. 418, Rn. 13; *Schulze*, in: Dreier/Schulze, UrhG, 2018, § 16, Rn. 13; *Dustmann*, in: Fromm/Nordemann, Urheberrecht, 2018, § 16, Rn. 13; *Heerma*, in: Wandtke/Bullinger, Urheberrecht, 2019, § 16, Rn. 18; *Loewenheim*, in: Schricker/Loewenheim, Urheberrecht, 2020, § 16, Rn. 17.

272 Vgl. bereits Darstellungspunkt § 2 II. 1. a) aa) (5).

273 Vgl. *Huppertz*, CR 2006, S. 145, 146.

274 Vgl. *Ernst*, in: Hoeren/Sieber/Holznagel, Multimedia-Recht, 2020, Teil 7.1, Rn. 52; *Loewenheim*, in: Schricker/Loewenheim, Urheberrecht, 2020, § 16, Rn. 19; *Spindler*,

4. Gegenstand des Erschöpfungsgrundsatzes

a) Inverkehrbringen eines Werkexemplars als Anknüpfungspunkt

Wie bereits ausgeführt, steht dem Urheber ein gesetzlicher Vergütungsanspruch zu, finanziell an der wirtschaftlichen Verwertung seines Werkes teilzuhaben. Sein diesbezüglicher Vergütungsanspruch ist aber nicht schrankenlos. Das für das wirtschaftliche Interesse des Urhebers wesentliche Verbreitungsrecht i.S.d. § 69c Nr. 3 S. 1, 17 Abs. 1 UrhG wird insbesondere durch den urheberrechtlichen Erschöpfungsgrundsatz beschränkt, der durch §§ 69c Nr. 3 S. 2, 17 Abs. 2 UrhG beziehungsweise Art. 4 Abs. 2 RL 2009/24/EG sowie in Art. 4 Abs. 2 RL 2001/29/EG kodifiziert ist. Sowohl auf supranationaler als auch auf nationaler Ebene liegt dem Erschöpfungsgrundsatz eine Abwägung zwischen dem Interesse des Urhebers an aus seiner Sicht bestmöglicher wirtschaftlicher Verwertung seines Werkes und dem allgemeinen Interesse an möglichst ungehindertem Werkzugang zugrunde. Der möglichst ungehinderte Werkzugang liegt hierbei nicht zuletzt auch im allgemeinen volkswirtschaftlichen Interesse.

Liegen die tatbestandlichen Voraussetzungen vor, d.h. wurde das betreffende Original oder Vervielfältigungsstück mit Zustimmung des Berechtigten im Wege der Veräußerung in den Verkehr gebracht, wird die jeweilige Softwarekopie für jede Weiterverbreitung selbst dann frei, wenn es sich um eine Original Equipment Manufacturer-Version (OEM-Version), d.h. um eine auf dem erworbenen Rechner herstellerseitig vorinstallierte Kopie,[275] handelt:[276] Der weitere Vertrieb kann vom Berechtigten nicht mehr kontrolliert werden.[277]

aa) Inverkehrbringen bei körperlichen Werkexemplaren

Zur Vermeidung von Wiederholungen wird hinsichtlich des Inverkehrbringens von körperlichen Werkexemplaren auf die obigen Ausführungen verwiesen.[278]

---

in: Schricker/Loewenheim, Urheberrecht, 2020, § 69c, Rn. 9; Vgl. auch BGH, Urteil v. 06.10.2016, Az. I ZR 25/15 (World of Warcraft I), GRUR 2017, S. 266, Rn. 38.

275 Vgl. *Marly*, Softwarerecht, 2018, Rn. 1074 ff.; Mit dem Angebot von OEM-Versionen zielt der Softwarehersteller häufig darauf ab, seine exklusive Stellung in einer vom Zweck des Urheberrechts nicht mehr erfassten Weise dafür auszunutzen, mittels Koppelung seines Produkts an die für dessen Betrieb erforderliche Hardware De-facto-Standards zu schaffen; Vgl. *Ganea*, GRUR Int 2005, S. 102, 104.

276 BGH, Urteil v. 06.07.2000, Az. I ZR 244/97 (OEM-Version), GRUR 2001, S. 153 ff.

277 BGH, Urteil v. 06.07.2000, Az. I ZR 244/97 (OEM-Version), GRUR 2001, S. 153, 154.

278 Vgl. bereits Darstellungspunkt § 2 II. 3. b).

bb) *Inverkehrbringen bei digitalen Werkexemplaren*

Zur Vermeidung von Wiederholungen wird hinsichtlich des Inverkehrbringens von digitalen Werkexemplaren im Wege der Online-Übertragung auf die obigen Ausführungen verwiesen.[279]

b) *Nichtzustimmungsbedürftige Handlungen im Kreis der bestimmungsgemäßen Nutzung*

aa) *Die Ergänzung und Absicherung des Erschöpfungsgrundsatzes*

Dem rechtmäßigen Erwerber eines Vervielfältigungsstücks stehen nach zutreffender Auffassung gemäß § 69d Abs. 1 UrhG auch ohne vertragliche Einräumung die Nutzungsrechte zur bestimmungsgemäßen Nutzung im dargelegten Umfang zu.[280]

bb) *Subjektives gegenüber objektiv-funktionalem Begriffsverständnis*

Welche Handlungen i.S.d. § 69d Abs. 1 UrhG zur bestimmungsgemäßen Nutzung notwendig sind, richtet sich sowohl angesichts des Wortlauts des zugrunde liegenden Art. 5 Abs. 1 RL 2009/24/EG („in accordance with its intended purpose") als auch seiner Normstruktur im Zweifelsfall nach dem der Rechteeinräumung zugrunde liegenden schuldrechtlichen Vertrag.[281] Bei etwaigen Zweifeln über den Inhalt dieses Vertrages ist maßgeblich, wie ein objektivierter Erklärungsempfänger die aufeinander bezogenen Willenserklärungen der Vertragsschließenden verstehen durfte, §§ 133, 157, 242 BGB.[282] Maßgeblich ist das objektivierte, von den Vertragsparteien mit dem Vertragsschluss verfolgte Interesse. Soweit ein gemeinsamer Wille nicht festzustellen ist, ist die Verkehrsauffassung zu berücksichtigen.[283]

---

279 Vgl. bereits Darstellungspunkt § 2 II. 3. c).

280 Vgl. *Grützmacher*, in: Wandtke/Bullinger, Urheberrecht, 2019, § 69d, Rn. 30 mit umfassenden Nachweisen. Sofern demgegenüber ein entsprechender Vertrag zwischen den Parteien geschlossen wurde, wird dieser hinsichtlich der Nutzungsrechte inhaltlich bestimmt. Zu den dogmatischen Grundlagen des § 69d UrhG vgl. insoweit auch *Grützmacher*, CR 2011, S. 485 ff.

281 Vgl. *Hoeren*, GRUR 2010, S. 665, 667.

282 Zur normativen Auslegung empfangsbedürftiger Willenserklärungen vgl. *Ellenberger*, in: Palandt, BGB, 2021, § 133, Rn. 9.

283 Vgl. *Hoeren*, GRUR 2010, S. 665, 667.

cc) Schlussfolgerungen für den Umfang der bestimmungsgemäßen Nutzung

Geht man von einer Anwendbarkeit des § 69c Nr. 3 S. 2 UrhG auf den Fall des Online-Erwerbs urheberrechtlich geschützter Computerprogramme aus, so erstreckt sich das Recht auf deren bestimmungsgemäße Nutzung nicht nur darauf, eine Erstverkörperung auf dem Rechner des Ersterwerbers zu erzeugen, sondern darüber hinaus auch darauf, entsprechende Sicherungskopien und speziell zur Weiterveräußerung angefertigte Programmkopien herzustellen.[284] Als konsequente Ergänzung zu § 69c Nr. 3 UrhG wird auch die Erschöpfungswirkung durch § 69d UrhG abgesichert.[285] Auch ein Zweiterwerber könnte das jeweilige Programm nach eingetretener Erschöpfung in sonstiger Weise bestimmungsgemäß nutzen, ohne dass eine gesonderte Zustimmung des Urhebers eingeholt werden muss.[286]

c) Erlöschen des Verbreitungsrechts als Rechtsfolge

Die wesentliche Rechtsfolge der Erschöpfung besteht darin, dass der Rechtsinhaber mit dem Inverkehrbringen des konkreten Vervielfältigungsstücks sein Recht verliert, den weiteren Vertrieb dieser konkreten Programmkopie in seinem Sinne zu steuern.[287] Im Zweifelsfall erlischt sein diesbezügliches Verbreitungsrecht im Ganzen, d.h. die Erschöpfung ist nicht auf eine einzelne Nutzungsart beschränkt, sodass selbst eine etwaige dingliche Aufspaltung des Verbreitungsrechts nicht zu Lasten des Zweiterwerbers greift.[288]

d) Die Online-Erschöpfung: Abstrakte Betrachtung als Grundlage der weiteren Bewertung der Rechtsprechung des EuGH

aa) Problemstellung

Zu der Frage, ob sich das Verbreitungsrecht i.S.d. §§ 69c Nr. 1, 17 Abs. 1 UrhG angesichts der dargelegten Erwägungen auch dann erschöpft, wenn es an einer Verkörperung fehlt, d.h. die Programmkopie mittels Download aus dem Internet

---

284 Vgl. *Lutz*, Softwarelizenzen, 2009, S. 116.

285 Vgl. *Grützmacher*, in: Wandtke/Bullinger, Urheberrecht, 2019, § 69d, Rn. 30.

286 Vgl. *Huppertz*, CR 2006, S. 145, 147; *Kaboth/Spies*, in: Möhring/Nicolini, Urheberrecht, 2018, § 69c, Rn. 24.

287 Vgl. *Grützmacher*, in: Lehmann/Meents, Informationstechnologierecht, 2011, Kap. 18, Rn. 123.

288 Vgl. *Grützmacher*, in: Lehmann/Meents, Informationstechnologierecht, 2011, Kap. 18, Rn. 123.

erworben wurde, gab es vor Ergehen der UsedSoft Entscheidung die im Folgenden dargestellten Ansätze. Deren Argumentation soll einer kurzen Betrachtung unterzogen werden, insbesondere um im Verlauf der weiteren Darstellung die vom EuGH vorgebrachten Argumente bewerten zu können.

bb) Meinungsstand vor Ergehen der UsedSoft Entscheidung: Die verschiedenen Ansätze

(1) Restriktive Auslegung des § 69c Nr. 3 S. 2 UrhG

Das Urheberrecht schützt vor allem ein bestimmtes Format des urheberrechtlich geschützten Werkes, nämlich die persönliche schöpferische Leistung des für die konkrete Form des Programms verantwortlichen Programmierers.[289] Bei seinem Inkrafttreten im Jahr 1965 beziehungsweise 1966 war das UrhG von einer weit überwiegend analogen Welt umgeben: Was heutzutage im Speicher eines Smartphones abgelegt werden kann, nahm zur damaligen Zeit Speichermedien im räumlichen Umfang einer großen Lagerhalle in Anspruch. Auf diese Umstände war das UrhG in seiner historischen Fassung zugeschnitten, sodass der Erschöpfungseintritt nach dem Gesetzeswortlaut des geltenden § 17 Abs. 2 UrhG („Vervielfältigungsstück") auf das Inverkehrbringen eines körperlichen Exemplars des urheberrechtlich geschützten Werkes abstellte.

Die ursprüngliche Bindung der urheberrechtlichen Erschöpfung an das Vorliegen eines körperlichen Gegenstandes mag angesichts der dogmatischen Begründung des Erschöpfungsgrundsatzes mit Erwägungen des Verkehrsschutzes plausibel sein.[290] Ein angemessener Verkehrsschutz setzt grundsätzlich die Sichtbarkeit des Schutzgegenstandes voraus. Ein entsprechender Publizitätsträger existiert bei vordergründiger Betrachtung im Hinblick auf ein Computerprogramm nur bei einer Verkörperung auf einem materiellen Träger oder etwa einer CD, DVD, Blu-ray Disc oder einem USB-Speicher.

Neben § 17 Abs. 2 UrhG legt auch der Wortlaut des für Computerprogramme spezialgesetzlich vorrangigen § 69 Nr. 3 S. 2 UrhG („Vervielfältigungsstück") nahe, dass eine Erschöpfung des Verbreitungsrechts ausschließlich dann eintritt, wenn ein körperliches Exemplar des urheberrechtlich geschützten Werkes in den Verkehr gebracht wurde. Für eine dementsprechend restriktive Auslegung des § 69c Nr. 3 S. 2 UrhG lässt sich außerdem die Regelungssystematik des Urheberrechts anführen. Dementsprechend wurde ein Eintritt der Erschöpfungswirkung

289 Vgl. *Dreier*, in: Dreier/Schulze, UrhG, 2018, § 69a, Rn. 1.

290 Zur Verkehrssicherungstheorie vgl. bereits Darstellungspunkt § 2 II. 2. c) bb).

im Fall des Erwerbs urheberrechtlich geschützter Werke mittels Download von einigen Vertretern verneint.[291]

(2) Analoge Anwendung des § 69c Nr. 3 S. 2 UrhG

Ein Teil des Schrifttums hielt vor Ergehen der UsedSoft Entscheidung demgegenüber zwar eine direkte Anwendbarkeit des § 69c Nr. 3 S. 2 UrhG mit dem Argument für ausgeschlossen, dass es bei der Online-Übermittlung von Computerprogrammen bereits an einem Besitzwechsel fehle: Die Programmkopie – also das Vervielfältigungsstück – werde erst auf dem Rechner des Ersterwerbers erstellt, dementsprechend sei ein Inverkehrbringen i.S.d. §§ 69c Nr. 3 S. 1 UrhG zu verneinen. Stattdessen sei § 69c Nr. 3 S. 2 UrhG im Fall des Online-Erwerbs von Computerprogrammen aber analog anzuwenden.[292]

Da die unkörperliche Verbreitung im geltenden UrhG nicht ausdrücklich geregelt sei, fehle es weder an einer planwidrigen Regelungslücke noch an einer vergleichbaren Interessenlage.[293] Die planwidrige Regelungslücke sei deshalb zu bejahen, weil sowohl Art. 3 Abs. 3 RL 2001/29/EG als auch deren Erwägungsgrund Nr. 29 ausschließlich den Anwendungsfall der öffentlichen Zugänglichmachung erfassten, d.h. eine one-to-many-Übertragung.[294] Das der Erschöpfung unterliegende Verbreitungsrecht i.S.d. § 69c Nr. 3 S. 1 UrhG erfasse hingegen ausschließlich den Fall der one-to-one-Übertragung.[295] Eine Restriktion der Erschöpfungswirkung auf den Fall der körperlichen Übertragung hätte

---

291 Vgl. etwa noch *Czychowski*, in: Fromm/Nordemann, Urheberrecht, 2008, § 69c, Rn. 33; *Loewenheim*, in: Schricker/Loewenheim, Urheberrecht, 2010, § 69c, Rn. 34; v. *Ungern-Sternberg*, in: Schricker/Loewenheim, Urheberrecht, 2010, § 19a, Rn. 6; *Bergmann*, in: FS Erdmann, 2002, S. 17 ff.; *Bräutigam*, CR 2008, S. 551, 551; *Haines/Scholz*, CR 2006, S. 161, 163; *Heydn/Schmidl*, K&R 2006, S. 74, 77; vgl. auch OLG München, Urteil v. 03.07.2008, Az. 6 U 2759/07, MMR 2008, S. 601 ff.; OLG München, Urteil v. 03.08.2006, Az. 6 U 1818/06, MMR 2006, S. 748 ff.; LG München I, Urteil v. 19.01.2006, Az. 7 O 23237/05, MMR 2006, S. 175 ff.

292 Vgl. etwa *Dreier*, in: Dreier/Schulze, UrhG, 2008, § 69c, Rn. 24; *Grützmacher*, in: Lehmann/Meents, Informationstechnologierecht, 2011, Kap. 18, Rn. 121; *Grützmacher*, in: Wandtke/Bullinger, Urheberrecht, 2009, § 69c, Rn. 31; *Hoeren*, CR 2006, S. 573, 574; *Hoeren*, MMR 2010, S. 447, 448; *Lutz*, Softwarelizenzen, 2009, S. 64 f., 93.

293 Vgl. *Grützmacher*, in: Wandtke/Bullinger, Urheberrecht, 2009, § 69c, Rn. 31; *Hoeren*, CR 2006, S. 573, 574; *Hoeren*, MMR 2010, S. 447, 448; *Lutz*, Softwarelizenzen, 2009, S. 94, 103.

294 Vgl. *Grützmacher*, in: Lehmann/Meents, Informationstechnologierecht, 2011, Kap. 18, Rn. 121; *Grützmacher*, in: Wandtke/Bullinger, Urheberrecht, 2009, § 69c, Rn. 31.

295 *Grützmacher*, in: Wandtke/Bullinger, Urheberrecht, 2009, § 69c, Rn. 31.

letztlich zur Folge, dass die Erwerbsmodalitäten bestimmenden Einfluss auf die wirtschaftliche Verwertung des Computerprogramms hätten, sodass es in den Händen des Rechtsinhabers läge, ob es zum Eintritt der Erschöpfung kommt und der Ersterwerber demzufolge zur Weiterveräußerung berechtigt ist, was angesichts der objektiv-zwingenden Natur des Erschöpfungsgrundsatzes nicht hinzunehmen sei.[296]

Insbesondere bei unionskonformer Auslegung im Lichte der Art. 36 AEUV und Art. 56 AEUV sei eine Differenzierung zwischen körperlicher und unkörperlicher Übertragung von Computerprogrammen allenfalls dann angezeigt, wenn diese mit Blick auf die berechtigten Interessen des Urhebers an der Verwertung zwingend erforderlich ist.[297] Da die im Gegenzug für die Softwareüberlassung geschuldete Vergütung in beiden Fällen die übereinstimmenden Verwertungsinteressen des Rechtsinhabers decke und letzterer beim Online-Vertrieb infolge meist geringerer Kosten finanziell sogar profitiere, bestehe aber gerade keine Veranlassung für eine solche Differenzierung.[298]

(3) Direkte Anwendung des § 69c Nr. 3 S. 2 UrhG

Für eine direkte Anwendung des § 69c Nr. 3 S. 2 UrhG auf den Online-Erwerb von Computerprogrammen ließ sich die wirtschaftliche Vergleichbarkeit der Online-Übermittlung zum Vertrieb von Werkexemplaren in körperlicher Form anführen. Auch erschien ein Verweis auf den Stand der technologischen Entwicklung, die zunehmende Akzeptanz des Online-Erwerbs seitens der Nutzer und die i.d.R. geringeren Vertriebskosten für den Rechtsinhaber denkbar. Durch Einbeziehung nichtkörperlicher Übertragungsmodi, bei denen beim Empfänger aufgrund der Übermittlung ein Werkexemplar entsteht, ließ sich jedenfalls eine extensive Auslegung des § 69c Nr. 3 S. 2 UrhG befürworten, sodass sich der Kunstgriff einer analogen Anwendung erübrigte.[299]

296 Vgl. *Lutz*, Softwarelizenzen, 2009, S. 103 f.

297 Vgl. *Grützmacher*, in: Lehmann/Meents, Informationstechnologierecht, 2011, Kap. 18, Rn. 121; *Grützmacher*, in: Wandtke/Bullinger, Urheberrecht, 2009, § 69c, Rn. 31.

298 Vgl. *Grützmacher*, in: Lehmann/Meents, Informationstechnologierecht, 2011, Kap. 18, Rn. 121.

299 Vgl. allg. etwa *Koch*, GRUR 1997, S. 417, 426; Vgl. auch *Zscherpe*, MMR 1998, S. 404, 406.

cc) Erste Bewertung der vorgetragenen Argumente

Unter den gesetzlich kodifizierten Verwertungsrechten (§ 69c Nr. 1–4 UrhG, §§ 16–24 UrhG) erschöpft sich im Sinne eines Ausnahmetatbestandes lediglich das Verbreitungsrecht i.S.d. §§ 69c Nr. 3 S. 1, 17 Abs. 1 UrhG. Daher könnte eine restriktive Auslegung des § 69 Nr. 3 S. 2 UrhG geboten sein, um eine Erschöpfung ausschließlich bei körperlichen Werkexemplaren eintreten zu lassen, um die gesetzgeberischen Wertungen nicht auszuhebeln, wie sie dem Recht des Urhebers auf eine angemessene Vergütung (§ 11 S. 2 UrhG) zugrunde liegen. Eine restriktive Auslegung hieße, § 69c Nr. 3 S. 2 UrhG eng an seinem Wortlaut („Vervielfältigungsstück") auszulegen, d.h. letztlich, den Gesetzeswortlaut zur Auslegungsgrenze zu erheben. Hierbei stellt sich die Frage, ob eine restriktive Auslegung des § 69c Nr. 3 S. 2 UrhG mit der zunehmenden Akzeptanz des Online-Vertriebs von Computerprogrammen und anderen digitalen Gütern vereinbar ist.

Nach den Erhebungen im „Handel Digital – Online-Monitor 2016" der Plattform statista wurden in Deutschland im Referenzzeitraum des Jahres 2015 etwa 32 % der Umsätze im Segment Elektronik und Technik online erzielt.[300] Die durchschnittlichen Ausgaben pro Online-Einkauf beliefen sich auf € 134,18, während es zwei Jahre zuvor durchschnittlich erst € 126,33 waren, wohingegen der stationäre Handel im Referenzzeitraum insgesamt einen leichten Rückgang im Vergleich zum Vorjahreszeitraum in Kauf nehmen musste.[301] Die beim Online-Vertrieb eines urheberrechtlich geschützten Werkes oft geringeren Kosten (insbesondere Vertriebs- und Transaktionskosten[302]) haben höhere Erträge bei den Rechtsinhabern zur Folge. Auch im Hinblick auf die zunehmende Akzeptanz online vertriebener Programmkopien, wäre eine zu eng am Wortlaut verhaftete Auslegung des § 69c Nr. 3 S. 2 UrhG daher mit der Gefahr einer

---

300 Vgl. Umsatz durch E-Commerce (B2C) in Deutschland in den Jahren 1999 bis 2015 sowie eine Prognose für 2016 (in Milliarden Euro); veröffentlicht unter http://de.statista.com/statistik/daten/studie/3979/umfrage/e-commerce-umsatz-in-deutschland-seit-1999/; zuletzt abgerufen am 28.12.2021.

301 Vgl. Umsatz durch E-Commerce (B2C) in Deutschland in den Jahren 1999 bis 2015 sowie eine Prognose für 2016 (in Milliarden Euro); veröffentlicht unter http://de.statista.com/statistik/daten/studie/3979/umfrage/e-commerce-umsatz-in-deutschland-seit-1999/; zuletzt abgerufen am 28.12.2021.

302 Transaktionskosten sind die zur Durchführung einer Transaktion notwendigen Kosten wie insbesondere die Informations-, Kommunikations- und Koordinationskosten (Such-, Anbahnungs-, Vereinbarungs-, Abwicklungs-, Anpassungs- und Kontrollkosten); Vgl. *Jost*, in: Köhler/Küpper/Pfingsten, Betriebswirtschaft, 2007, S. 782, 783.

Verschiebung des Kräfteverhältnisses zwischen Urhebern und Nutzern verbunden, die angesichts der bereits dargelegten wettbewerblichen und ökonomischen Funktion des Urheberrechts bedenklich ist.[303] Da die resultierenden Produktions-, Lager- und Transportkosten eine fast zu vernachlässigende Größe sind, darf der Nutzer bei einer Online-Transaktion nicht schlechter gestellt werden als im analogen Umfeld.[304] Gerade wenn digitale Inhalte zum gleichen Preis wie körperliche Kopien veräußert werden, erscheint eine unterschiedliche rechtliche Behandlung kaum zu rechtfertigen.[305]

Entstehungsgeschichtlich kann es im Hinblick auf den Wortlaut des Art. 4 Abs. 2 RL 2009/24/EG („Programmkopie"), der durch § 69c UrhG im deutschen Urheberrecht umgesetzt wird,[306] kaum überzeugen, dass § 69c Nr. 3 S. 2 UrhG auf das Inverkehrbringen von auf einem materiellen Träger verkörperten Exemplaren des urheberrechtlich geschützten Werkes beschränkt sein soll. Sollten einzelne Erwägungsgründe zur RL 2009/24/EG auf eine restriktive Anwendung des Erschöpfungsgrundsatzes auf körperliche Werkexemplare hindeuten, so ist dem entgegenzuhalten, dass die Erwägungsgründe nicht vom normativen Teil der Richtlinien i.S.d. Art. 288 Abs. 3 AEUV erfasst sind und im Sinne einer Auslegungsdirektive allenfalls kommentierende, erläuternde oder verdeutlichende Funktion haben, ohne dass sie rechtliche Bindungswirkung erzeugen. Nach dem ausdrücklichen Wortlaut des Art. 288 Abs. 3 AEUV ist die Richtlinie zudem nur hinsichtlich des zu erreichenden Ziels verbindlich.

Letztlich relativiert sich auch das im Verkehrsschutz begründete Argument, bei einer online erworbenen Programmkopie fehle es an einem geeigneten Publizitätsträger.[307] Das von den Gegnern einer Online-Erschöpfung vorgetragene Publizitätsargument ist angesichts der dargelegten Erwägungen allenfalls bedingt geeignet, eine restriktive Auslegung des § 69c Nr. 3 S. 2 UrhG auf in körperlicher Form vertriebene Vervielfältigungsstücke zu rechtfertigen. Der Erschöpfungsgrundsatz i.S.d. § 69c Nr. 3 S. 2 UrhG sollte nach erster abstrakter Betrachtung vielmehr auch dann eingreifen, wenn ein urheberrechtlich geschütztes Computerprogramm über das Internet auf den Rechner des Erwerbers heruntergeladen wird: Beim Online-Erwerb einer Programmkopie kommt es letztlich ebenso zu

303 Zur wettbewerbstheoretischen Begründung des Erschöpfungsgrundsatzes vgl. bereits Darstellungspunkt § 2 II. 2. c) cc).

304 Vgl. *Durantaye/Kuschel*, ZGE 2016, S. 195, 199.

305 Vgl. *Durantaye/Kuschel*, ZGE 2016, S. 195, 199.

306 Vgl. *Dreier*, in: Dreier/Schulze, UrhG, 2018, § 69c, Rn. 1.

307 Zur Verkehrssicherungstheorie vgl. bereits Darstellungspunkt § 2 II. 2. c) bb).

einer Verkörperung – hier auf dem Zielrechner des Erwerbers –, wie diese bei der Veräußerung eines körperlichen Trägermediums gegeben ist.

Das Urheberrecht kann als das Ergebnis eines intensiven gesetzgeberischen Diskurses und angesichts des nur schwer auflösbaren Konflikts zwischen den Interessen des Urhebers an angemessener Vergütung und dem allgemeinen Interesse an Werkzugänglichkeit sowie an größtmöglicher Zirkulation urheberrechtlich geschützter Werke oft nur eine Reaktion des Gesetzgebers auf einen bestimmten Stand der technologischen Entwicklung sein. Daher bildet es in vielen Fällen – so auch im Fall des § 69c Nr. 3 S. 2 UrhG beziehungsweise Art. 4 Abs. 2 RL 2009/24/EG – den aktuellen technischen Entwicklungsstand noch gar nicht ab.

dd) Zwischenergebnis

Nach den dargelegten Erwägungen kann ein restriktiver Auslegungsansatz nicht überzeugen. Vielmehr können im Hinblick auf die vor Ergehen der UsedSoft Entscheidung vertretenen Ansätze nach erster abstrakter Betrachtung diejenigen mit einer Forderung nach einer direkten oder jedenfalls analogen Anwendung des § 69c Nr. 3 S. 2 UrhG auf den Fall des Online-Erwerbs von Computerprogrammen überzeugen. Dieses Ergebnis und die dahinterstehenden Erwägungen sind als erste Grundlage zur Bewertung der Sachgerechtigkeit der UsedSoft-Rechtsprechung sowie davon ausgehend der Tom Kabinet-Rechtsprechung festzuhalten.

3. Die Anwendung des Erschöpfungsgrundsatzes auf Software und andere digitale Güter

§ 3 Der urheberrechtliche Erschöpfungsgrundsatz im Handel mit gebrauchter Software im Besonderen

I. Ausgangspunkt nach Ergehen der UsedSoft- und der Tom Kabinet-Rechtsprechung

1. Begriffsdefinition Computerprogramm beziehungsweise Software

Bis zum Ergehen des UsedSoft-Urteils des EuGH wurde trotz jahrzehntelangem Streit bis zuletzt in nicht unbedeutsamen Umfang die Ansicht vertreten, der urheberrechtliche Erschöpfungsgrundsatz setze angesichts des Wortlauts des § 69c Nr. 3 S. 2 UrhG „Vervielfältigungsstück" die Weitergabe körperlicher Gegenstände – also von Datenträgern – voraus, sodass eine Online-Erschöpfung abzulehnen sei.[308] Insoweit führte die UsedSoft-Entscheidung zu einem Paradigmenwechsel auf dem Gebiet des Immaterialgüterrechts. Festzuhalten ist allerdings, dass sie ausdrücklich nur auf „Computerprogramme" beziehungsweise Software abstellt. Der EuGH stützt seine Entscheidung auf die RL 2009/24/EG. Zunächst stellt sich deshalb und insbesondere auch im Hinblick auf die anhand des Merkmals des Computerprogramms abgrenzende Argumentation in der Tom Kabinet-Entscheidung die Frage nach der begrifflichen Eingrenzung des in der RL 2009/24/EG bezeichneten Computerprogramms, einem Begriff, der im alltagssprachlichen Gebrauch und wie dargelegt auch im Rahmen dieser Darstellung synonym mit dem Begriff der Software verwendet wird. Der Begriff des Computerprogramms wird in der RL 2009/24/EG nicht legaldefiniert, sondern lediglich im zehnten

---

308 Vgl. etwa noch *Czychowski*, in: Fromm/Nordemann, Urheberrecht, 2008, § 69c, Rn. 33; *Loewenheim*, in: Schricker/Loewenheim, Urheberrecht, 2010, § 69c, Rn. 34; v. *Ungern-Sternberg*, in: Schricker/Loewenheim, Urheberrecht, 2010, § 19a, Rn. 6; *Bergmann*, in: FS Erdmann, 2002, S. 17 ff.; *Bräutigam*, CR 2008, S. 551, 551; *Haines/Scholz*, CR 2006, S. 161, 163; *Heydn/Schmidl*, K&R 2006, S. 74, 77; vgl. auch OLG München, Urteil v. 03.07.2008, Az. 6 U 2759/07, MMR 2008, S. 601 ff.; OLG München, Urteil v. 03.08.2006, Az. 6 U 1818/06, MMR 2006, S. 748 ff.; LG München I, Urteil v. 19.01.2006, Az. 7 O 23237/05, MMR 2006, S. 175 ff.

Erwägungsgrund der RL 2009/24/EG umschrieben. Im Rahmen dieser Darstellung wurde er bereits definiert.[309] Damit ein digitales Gut dem Begriff des Computerprogramms unterfällt, ist im Allgemeinen eine Folge von Befehlen erforderlich, die nach ihrer Aufnahme in einen maschinenlesbaren Träger fähig ist zu bewirken, dass eine Maschine mit informationsverarbeitenden Fähigkeiten eine bestimmte Funktion oder Aufgabe oder ein bestimmtes Ergebnis anzeigt, ausführt oder dieser/diesem folgt.[310]

Der Absatz von E-Books[311] als Gegenstand der Tom Kabinet-Entscheidung hat sich bezogen auf den Zeitraum der Jahre 2010 bis 2020 in Deutschland von 1,9 Mio. auf zuletzt 35,8 Mio. verkaufte Exemplare gesteigert.[312] In der Anfangsphase der COVID-19-Pandemie ist ein nochmaliges Absatzplus von einem Drittel gegenüber dem Vorjahreszeitraum 2019 eingetreten.[313] Obwohl E-Books zur Herstellung ihrer bestimmungsgemäßen Nutzbarkeit zwingend auf die Existenz eines Computerprogramms im genannten Sinne angewiesen sind, was eine Anwendung des Erschöpfungsgrundsatzes i.S.d. Art. 4 Abs. 2 RL 2009/24/EG naheliegend erscheinen lässt, hat sich der EuGH in seiner Tom Kabinet-Entscheidung über sieben Jahre nach Ergehen der UsedSoft-Entscheidung, in denen die digitale Entwicklung erneut deutlich vorangeschritten ist, ausdrücklich hiergegen ausgesprochen. Seiner Überzeugung nach handele es sich bei einem E-Book nicht um ein Computerprogramm, sodass die „spezifischen" Bestimmungen der RL 2009/24/EG nicht anzuwenden seien.[314] Damit kommt es nach der Rechtsprechung des EuGH nach Ergehen der Tom Kabinet-Entscheidung und angesichts der in der UsedSoft-Rechtsprechung formulierten Grundsätze jedenfalls nunmehr faktisch zu einer Zweiteilung der Erschöpfungsanwendung in der digitalen Welt. Jedenfalls im Bereich der Software, so lässt sich bereits an

---

309 Zur Eingrenzung des Begriffs der Software vgl. bereits Darstellungspunkt § 2 II. 1. a) aa) (3).

310 § 1 Abs. 1 der WIPO-Mustervorschriften, veröffentlicht in GRUR Int 1978, S. 286 ff.; Vgl. auch *Sattler*, CR 2020, S. 145, 148 f.

311 Zu E-Books vgl. bereits Darstellungspunkt § 2 II. 3. c) bb).

312 Vgl. Absatz von E-Books im Publikumsmarkt in Deutschland in den Jahren 2010 bis 2020 (in Millionen Stück); veröffentlicht unter https://de.statista.com/statistik/daten/studie/232191/umfrage/absatz-von-e-books-in-deutschland/; zuletzt abgerufen am 28.12.2021.

313 Vgl. *Obertreis*, F.A.Z. v. 06.07.2021, S. 18.

314 Vgl. EuGH, Urteil v. 19.12.2019, Az. C-263/18 (Tom Kabinet), MMR 2020, S. 167 ff. (Rn. 54).

dieser Stelle feststellen, behalten demnach die vom EuGH in seiner UsedSoft-Entscheidung formulierten Erwägungen und Grundsätze aber auch nach dem Ergehen der Tom Kabinet-Entscheidung ihre Gültigkeit.

Wie bereits dargelegt, stützt der EuGH seine Tom Kabinet-Entscheidung inhaltlich unter anderem auf das Argument, dass E-Books selbst nach mehrmaligem intensivem Gebrauch keiner Abnutzung oder Verschlechterung unterlägen, was dazu führe, dass die „gebrauchten“ Kopien einen „perfekten Ersatz“ für neue Kopien des Rechtsinhabers darstellten.[315] Insoweit ist allerdings hervorzuheben, dass der EuGH sich in seiner Entscheidung einer vertieften Argumentationsnotwendigkeit hinsichtlich der Vergleichbarkeit des Vertriebs von digitalen und analogen Gütern letztlich dadurch entzogen hat, dass er – wie dargelegt – die RL 2009/24/EG als vorliegend nicht anwendbares lex specialis erklärt hat. Der EuGH hat den Sachverhalt somit allein auf Basis der RL 2001/29/EG einer rechtlichen Bewertung zugeführt. Hierdurch konnte er zu dem Ergebnis gelangen, es handele sich bei der Überlassung eines E-Books zur dauerhaften Nutzung durch Herunterladen um eine – nicht der Erschöpfung unterliegende – öffentliche Zugänglichmachung i.S.d. Art. 3 Abs. 1 RL 2001/29/EG.[316] Hinsichtlich der gesetzgeberischen Erwägungen zur RL 2001/29/EG – also bezogen auf den Zeitpunkt von deren Erlass am 22.05.2001 – sei insoweit eine bewusste Entscheidung dahingehend festzustellen, dass seitens des Unionsgesetzgebers bei Erlass der RL 2001/29/EG eine Gleichstellung von körperlichen und nicht körperlichen Kopien urheberrechtlich geschützter Werke für die einschlägigen Bestimmungen der RL 2001/29/EG gerade nicht gewollt sei.[317] Eine letztlich rein formaljuristische Argumentation, die jedenfalls aus Erwägungen der Rechtssystematik formal nicht zu beanstanden ist. Bei genauerer Betrachtung überzeugt diese Argumentation inhaltlich möglicherweise jedoch schon angesichts des Alters der herangezogenen Richtlinie zur Bewertung einer technisch erst nach Erlass der Richtlinie möglich gewordenen Sachverhaltes im Ergebnis nicht. Wünschenswert wäre insoweit eine vertiefte inhaltliche Beschäftigung mit der urheberrechtlich sachgerechten Bewertung der zugrunde liegenden

---

315 Vgl. EuGH, Urteil v. 19.12.2019, Az. C-263/18 (Tom Kabinet), MMR 2020, S. 167 ff. (Rn. 58).

316 Vgl. EuGH, Urteil v. 19.12.2019, Az. C-263/18 (Tom Kabinet), MMR 2020, S. 167 ff. (Rn. 56).

317 Vgl. EuGH, Urteil v. 19.12.2019, Az. C-263/18 (Tom Kabinet), MMR 2020, S. 167 ff. (Rn. 56).

Vorgänge gewesen, der sich der EuGH aber durch die dargelegte Feststellung hinsichtlich der Erwägungen des Gesetzgebers im Jahr 2001 weitgehend entzogen hat. Einer Beschäftigung mit der Frage der Einordnung als Verbreitungshandlung war nämlich hierdurch der Raum entzogen. Schon wegen der infolge der Argumentation des EuGH nicht vorliegenden planwidrigen Regelungslücke war selbst eine Erörterung der Frage der analogen Anwendbarkeit und in deren Rahmen eine vertiefte Beschäftigung mit der Vergleichbarkeit der Interessenlage zwischen Online- (E-Book) und Offline-Erwerb (gedrucktes Buch) rechtsnotwendig nicht mehr angezeigt.

Bei E-Books handelt es sich ungeachtet ihrer zunehmenden Akzeptanz[318] nur um eines von vielen digitalen Gütern. Gesetzlich ist nicht festgelegt, zu welchem Anteil ein digitales Gut aus Software beziehungsweise einem Computerprogramm i.S.d. RL 2009/24/EG bestehen muss. Daher dürfte das letzte Wort zur sachlichen Anwendbarkeit des Erschöpfungsgrundsatzes schon nach der bestehenden Rechtsprechung des EuGH, also der sich aus dem UsedSoft- sowie Tom Kabinet-Urteil faktisch resultierenden Erstreckung der Erschöpfungswirkung lediglich auf den Anwendungsbereich der RL 2009/24/EG, noch nicht gesprochen sein. Vielmehr sind als Folge der Urteile in der Praxis deutliche Abgrenzungsprobleme zu erwarten, auch wenn der EuGH in seiner Tom Kabinet-Entscheidung hinsichtlich E-Books argumentiert, dass das darin enthaltene Computerprogramm lediglich akzessorischen Charakter habe, sodass dieser Umstand eines enthaltenen Computerprogramms hier nicht zur Anwendung der spezifischen Bestimmungen der RL 2009/24/EG führen könne,[319] wohl um insoweit jedenfalls hinsichtlich der im Fall betroffenen E-Books einem Widerspruch zu seinen im UsedSoft-Urteil aufgestellten Grundsätzen zu entgehen. Die Schaffung solcher Abgrenzungsprobleme resultierend aus der Rechtsprechung des EuGH wiegt umso schwerer vor dem Hintergrund, dass sowohl die Anbieter als auch Nutzer insbesondere hybrider Güter auf Rechtssicherheit im Umgang mit diesen angewiesen sind.

Im Hinblick auf die hier zunächst vorzunehmende Betrachtung der Anwendung des Erschöpfungsgrundsatzes auf Software ist nach alledem zunächst nochmals festzuhalten, dass nach der bestehenden Rechtsprechung des EuGH die Tom Kabinet-Entscheidung die in der UsedSoft-Entscheidung aufgestellten Grundsätze zu Computerprogrammen i.S.d RL 2009/24/EG

---

318 Vgl. *Obertreis*, F.A.Z. v. 06.07.2021, S. 18.

319 Vgl. EuGH, Urteil v. 19.12.2019, Az. C-263/18 (Tom Kabinet), MMR 2020, S. 167 ff. (Rn. 59).

nicht berührt. Dies ergibt sich insbesondere auch aus dem angeführten Umstand, dass die RL 2009/24/EG im spezialgesetzlichen Verhältnis zur RL 2001/29/EG steht.[320] Die Erwägungen und das Ergebnis der UsedSoft-Entscheidung behalten vielmehr jedenfalls für Software ihre Gültigkeit. Dies gilt umso mehr, um sicherzustellen, dass die der – im Vergleich zur RL 2001/29/EG später erlassenen – RL 2009/24/EG zugrunde liegenden gesetzgeberischen Wertungen im Sinne des Effet-Utile-Grundsatzes[321] zur größtmöglichen praktischen Wirksamkeit gelangen. Hiervon abgesehen trifft den Gesetzgeber eine grundlegende Pflicht, substanziellen Veränderungen der Lebenswirklichkeit, wie sie sich infolge des digitalen Fortschritts seit dem Erlass der RL 2001/29/EG ergeben haben, in den abstrakt-generellen Normen nachzuvollziehen. Bisher ist dies nur mit Einschränkungen gelungen. Insbesondere wurden, obwohl sich dies vor allem im Zusammenhang mit dem Erlass der Richtlinie über bestimmte vertragsrechtliche Aspekte der Bereitstellung digitaler Inhalte und digitaler Dienstleistungen (RL 2019/770/EU)[322] angeboten hätte, hierin urheberrechtliche Fragestellungen nicht aufgenommen. Nach dem Erwägungsgrund Nr. 36 S. 2 RL 2019/770/EU solle die Richtlinie vielmehr Unionsrecht und nationales Recht über Urheberrechte und verwandte Schutzrechte, einschließlich der Portabilität von Online-Inhaltediensten, unberührt lassen. Dementsprechend stellt Art. 3 Abs. 9 RL 2019/770/EU klar, dass die Richtlinie das Unionsrecht und das nationale Urheberrecht einschließlich der RL 2001/29/EG nicht berührt. Angesichts der Querschnittsbedeutung digitaler Güter und im Hinblick auf die Kohärenz[323] der Digitalrechtsordnung wäre es aber wünschenswert gewesen, auch den Bereich des Urheberrechts einzubeziehen und insoweit Anpassungen und damit eine eindeutige Regelung der Sachverhalte der heutigen digitalen Lebenswirklichkeit vorzunehmen.

---

320 Vgl. EuGH, Urteil v. 19.12.2019, Az. C-263/18 (Tom Kabinet), MMR 2020, S. 167 ff. (Rn. 55); EuGH, Urteil v. 03.07.2012, Az. C-128/11 (UsedSoft), MMR 2012, S. 586 ff. (Rn. 56).

321 Zum Gebot der Verwirklichung einer größtmöglichen praktischen Wirksamkeit vgl. bereits Darstellungspunkt § 2 II. 1. c) bb).

322 Richtlinie (EU) 2019/770 des Europäischen Parlaments und des Rates v. 20.05.2019 über bestimmte vertragsrechtliche Aspekte der Bereitstellung digitaler Inhalte und digitaler Dienstleistungen, ABl. EU Nr. L 136 v. 22.05.2019, S. 1.

323 Zum Kohärenzgebot vgl. bereits Darstellungspunkt § 2 II. 1. c) bb).

2. *Digitale Güter gegenüber digitalen Diensten*

a) *Allgemeine Definition*

Mit dem Begriff des digitalen Gutes im weiteren Sinne sind sämtliche digitalen Nutzungsformen einschließlich solcher bezeichnet, denen ein körperlicher Datenträger zugrunde liegt.[324] Demgegenüber erfasst der Begriff des digitalen Gutes im engeren Sinne solche Güter, die als Datenbestand, Datensatz oder Digitalisat vorliegen und ausschließlich als solche transferiert werden, beispielsweise unter Verwendung von Datennetzwerken.[325]

b) *Anpassung der tradierten urheberrechtlichen Kategorien an den digitalen Wandel: Erste Überlegungen zu einer neuen Differenzierung*

In seiner Tom Kabinet-Entscheidung spricht sich der EuGH dafür aus, dass sich das Verbreitungsrecht, auch gestützt auf Art. 6 WCT, nicht auf Werke erstrecken könne, die wie die im Fall betroffenen E-Books in unkörperlicher Form in den Verkehr gebracht werden.[326] Insbesondere – auf dieses Argument sei nochmals hingewiesen – stehe eine Gleichstellung von körperlichen und unkörperlichen Kopien urheberrechtlich geschützter Werke im Widerspruch zum Willen des Richtliniengebers.[327] Nach dessen Willen – abgelesen anhand der Erwägungen aus dem Jahr 2001 – solle vielmehr jede öffentliche Wiedergabe eines Werks, die nicht die Verbreitung materieller Vervielfältigungsstücke desselben ist, als öffentliche Wiedergabe i.S.d. Art. 3 Abs. 1 RL 2001/29/EG zu qualifizieren sein.[328] Wie bereits angedeutet,[329] erscheint diese Argumentation inhaltlich kritikwürdig. Es ist vielmehr davon auszugehen, dass der Richtliniengeber diese Erwägungen in Unkenntnis der technischen Entwicklung der darauffolgenden zwanzig Jahre tätigte und die heutige Lebenswirklichkeit daher schlicht nicht in seine Überlegungen einbeziehen und in den kodifizierten Regelungen abbilden konnte. Im Hinblick darauf, dass die Grenzen zwischen körperlichen und unkörperlichen Gütern infolge der technologischen Entwicklung und der daraus resultierenden

---

324 Vgl. *Berger*, ZGE 2016, S. 170, 190.

325 Vgl. *Berger*, ZGE 2016, S. 170, 190.

326 Vgl. EuGH, Urteil v. 19.12.2019, Az. C-263/18 (Tom Kabinet), MMR 2020, S. 167 ff. (Rn. 40).

327 Vgl. EuGH, Urteil v. 19.12.2019, Az. C-263/18 (Tom Kabinet), MMR 2020, S. 167 ff. (Rn. 56).

328 Vgl. EuGH, Urteil v. 19.12.2019, Az. C-263/18 (Tom Kabinet), MMR 2020, S. 167 ff. (Rn. 45).

329 Vgl. bereits Darstellungspunkt § 3 I. 1.

Vertriebsformen zunehmend verschwimmen, stellt sich nun jedenfalls de lege ferenda die Frage, ob die geltende Differenzierung zwischen der körperlichen und unkörperlichen Verwertung urheberrechtlich geschützter Werke, wie sie auch § 15 Abs. 1 UrhG zugrunde liegt, angesichts des Standes der Digitalisierung nicht längst überholt ist. Es stellt sich die Frage, ob sie nicht stattdessen – auch mit Blick auf die ratio legis des Erschöpfungsgrundsatzes, die Verkehrsfähigkeit entsprechender Werkexemplare zu stärken – nicht durch die Denkkategorien Ware und Dienstleistung abgelöst werden sollte. Dem Grundsatz nach wäre bei einer dementsprechenden Differenzierung davon auszugehen, dass sich das Verbreitungsrecht i.S.d. derzeitigen Art. 4 Abs. 1 RL 2001/29/EG, Art. 4 Abs. 1 lit. c) RL 2009/24/EG, beziehungsweise daran anknüpfend §§ 17 Abs. 1, 69c Nr. 3 S. 1 UrhG, nur bei – dauerhaft überlassenen – Waren, nicht aber bei Dienstleistungen erschöpft. Soweit der EuGH in seiner Tom Kabinet-Entscheidung das Eingreifen des Erschöpfungsgrundsatzes durch Einordnung der von Online-Diensten bereitgestellten digitalen Inhalte nach veralteten Kriterien unter Rückgriff auf die Erwägungsgründe der RL 2001/29/EG pauschal verneint, kann dem in dieser Form nach alledem nicht gefolgt werden.

Die Frage nach den sachlich zutreffenden Kategorien stellt sich umso mehr, als dass der tradierte Begriff des unkörperlichen Werkes bei genauerer sprachlicher Analyse unzutreffend ist, weil selbst Werke, die mittels Download aus dem Internet heruntergeladen werden, auf ein materielles, den Werkgenuss ermöglichendes Trägermedium – etwa dem Festspeicher des Computers, des E-Book-Readers oder des Smartphones – angewiesen sind, um dem Endnutzer den Aufruf des Werkes zu ermöglichen.[330] Auch wenn ein virtueller Zugang zum urheberrechtlich geschützten Werk inzwischen technisch möglich ist, bedarf es dennoch zwingend eines Datenträgers, der die gespeicherten Informationen verkörpert und zugleich prägendes Element der strukturellen Informationsebene ist.[331] In aller Regel ist es gerade der Werkgenuss, aus dem Urheberrechte letztlich ihren wirtschaftlichen Wert schöpfen.[332] Unabhängig vom materiellen Trägermedium und somit unkörperlich vollzieht sich lediglich die Übertragung des urheberrechtlich geschützten Werkes.[333] Im Fall des Online-Vertriebs vollzieht sie sich dadurch, dass der dieses bildende Datenbestand von dem Trägermedium, auf dem das Werk vor seiner Veräußerung gespeichert ist, auf ein anderes

330 Vgl. *Specht*, in: Bräutigam/Rücker, E-Commerce, 2017, 6. Teil, G., Rn. 1.
331 Vgl. *Sattler*, CR 2020, S. 145, 148.
332 Vgl. *Kuschel*, Erwerb digitaler Werkexemplare, 2019, S. 1.
333 Vgl. *Specht*, in: Bräutigam/Rücker, E-Commerce, 2017, 6. Teil, G., Rn. 1.

Trägermedium übertragen wird.[334] Entscheidend ist angesichts der ratio legis des Erschöpfungsgrundsatzes weniger die Übergabe eines körperlichen Gegenstandes, sondern die dauerhafte Überlassung des Werkes.

Die mit der UsedSoft-Entscheidung im Bereich der Computerprogramme vorgenommene Gleichstellung unterschiedlicher Vertriebswege (Inverkehrbringen eines materiellen Datenträgers gegenüber Download aus dem Internet), die zu einer Erschöpfung des Verbreitungsrechts führen sollen, hat die Grenzen zwischen körperlichen und unkörperlichen Verwertungshandlungen bereits diffundieren lassen[335] und die tatsächliche Entwicklung im Rahmen der rechtlichen Erfassung anerkannt. Deutlich wird dies insbesondere, wenn der EuGH in seiner UsedSoft-Entscheidung ausführt, dass die Zurverfügungstellung der Programmkopie auf der Internetseite des Rechtsinhabers als eine Handlung der öffentlichen Wiedergabe i.S.d. Art. 3 RL 2001/29/EG durch eine vom EuGH als solche bezeichnete „Eigentumsübertragung" – hiermit gemeint ist die mit dem Download der Programmkopie verbundene Verschaffung des dauerhaften, von der Zustimmung des Veräußerers unabhängigen Nutzungsrechts gemäß § 69d Abs. 1 UrhG gegen ein angemessenes Entgelt – zu einer als Handlung der Verbreitung i.S.d. Art. 4 RL 2001/29/EG zu qualifizierenden Handlung werde.[336] Offen bleibt insoweit, warum diese schon im UsedSoft-Urteil allgemein auf RL 2001/29/EG im Lichte des Art. 6 Abs. 1 WCT gestützte Erwägung in dem der Tom Kabinet-Entscheidung zugrunde liegenden Sachverhalt nicht entsprechend gelten soll. Ausgehend von der UsedSoft-Rechtsprechung unterliegt dem Erschöpfungsgrundsatz jeder dauerhafte Erwerb von Nutzungsrechten (Leitbild des „Kaufs").[337] Hieran ist angesichts der Querschnittsbedeutung von Computerprogrammen für die Nutzung digitaler Güter auch nach dem Ergehen der Tom Kabinet-Entscheidung festzuhalten. Wenn der EuGH in der Tom Kabinet-Entscheidung zu dem Schluss kommt, dass die Überlassung eines E-Books zur *dauerhaften* Nutzung als eine nicht der Erschöpfung unterliegende öffentliche Zugänglichmachung i.S.d. Art. 3 Abs. 1 RL 2001/29/EG, § 19a UrhG zu qualifizieren sei,[338] kann dem auch aus diesem Grund in dieser Pauschalität nicht gefolgt werden.

---

334 Vgl. *Specht*, in: Bräutigam/Rücker, E-Commerce, 2017, 6. Teil, G., Rn. 3.

335 Vgl. *Specht*, in: Bräutigam/Rücker, E-Commerce, 2017, 6. Teil, G., Rn. 20.

336 Vgl. EuGH, Urteil v. 03.07.2012, Az. C-128/11 (UsedSoft), MMR 2012, S. 586 ff. (Rn. 52); *Specht*, in: Bräutigam/Rücker, E-Commerce, 2017, 6. Teil, G., Rn. 20.

337 Vgl. *Spindler*, in: Schricker/Loewenheim, Urheberrecht, 2020, § 69c, Rn. 34, 34b.

338 Vgl. EuGH, Urteil v. 19.12.2019, Az. C-263/18 (Tom Kabinet), MMR 2020, S. 167 ff. (Rn. 72).

Die hier vorgeschlagene, am Leitbild einer dauerhaften Übertragung von Nutzungsrechten („Kauf“) ausgerichtete Differenzierung zwischen Waren und Dienstleistungen liegt letztlich auch den europäischen Marktfreiheiten (Warenverkehrsfreiheit i.S.d. Art. 28 ff. AEUV gegenüber Dienstleistungsfreiheit i.S.d. Art. 56 ff. UrhG) zugrunde. Auch im Hinblick darauf, dass damit zu rechnen ist, dass die Bedeutung des europäischen Urheberrechts zukünftig weiter zunehmen wird, könnte eine Differenzierung nach den Kategorien Ware – dann Erschöpfung – und Dienstleistung – dann, wie beispielsweise im Fall des Streaming, keine Erschöpfung – die Kohärenz der europäischen Urheberrechtsordnung[339] stärken. Wenn der EuGH in seiner Tom Kabinet-Entscheidung, auf Grundlage der RL 2001/29/EG den Kategorien der Körperlichkeit beziehungsweise Unkörperlichkeit folgend, feststellt, dass der Vertrieb von E-Books unter das Recht der öffentlichen Zugänglichmachung i.S.d. Art. 3 RL 2001/29/EU zu subsumieren sei, so wirkt seine Differenzierung angesichts des Stands der Digitalisierung wie ein Relikt aus der analogen Welt. In der heutigen digitalen Lebenswirklichkeit erscheint sie nicht länger sachgerecht, schon im Hinblick auf das veränderte Nutzungsverhalten urheberrechtlich geschützter Werke. Wie bereits dargelegt, ist insoweit auch zu berücksichtigen, dass der Begriff der Unkörperlichkeit schon bei genauerer sprachlicher Analyse unpassend in Bezug auf die heutige digitale Welt ist: Auch eine digitale Programmkopie ist verkörpert, sobald sie unmittelbar am Schluss der Übermittlung an den Erwerber im Festspeicher von dessen Gerät abgelegt wird. Angesichts dieser Überlegungen sollte de lege ferenda eine gesetzliche Regelung der digitalen Lebenswirklichkeit folgen, die in den abstrakt-generellen Normen möglichst realitätsnah abzubilden ist. Bedauerlicherweise hat es der EuGH in seiner Tom Kabinet-Entscheidung versäumt, diese Überlegungen hinsichtlich einer – de lege lata jedenfalls analogen – Anwendung der Erschöpfung ausgerichtet an diesen neuen Kategorien zu berücksichtigen.

Ohne dass bereits eine abschließende Entscheidung über die diesbezüglichen Kategorien getroffen werden soll, soll an dieser Stelle zunächst lediglich auf die Problematik hingewiesen werden, deren Bewältigung aus Gründen der Rechtssicherheit im Umgang mit digitalen Gütern und im Hinblick auf die ratio legis des Erschöpfungsgrundsatzes, die Verkehrsfähigkeit urheberrechtlich geschützter Güter zu stärken, geboten erscheint. Anbieten könnte sich insoweit eine Weiterentwicklung der RL 2019/770/EU, die dann auch das Urheberrecht und insbesondere den Erschöpfungsgrundsatz, den Herausforderungen der heutigen digitalen Lebenswirklichkeit entsprechend, berücksichtigt. Eine Differenzierung

339 Zum Kohärenzgebot vgl. bereits Darstellungspunkt § 2 II. 1. c) bb).

etwa nach den Kategorien Ware und Dienstleistung könnte dazu beitragen, die verschiedenen digitalen Güter mit der gebotenen Rechtssicherheit zuzuordnen.

c) *Rückfall auf tradierte Abgrenzungserwägungen bei unzutreffender entstehungsgeschichtlicher Betrachtung*

Soweit eine Betrachtung der Entstehungsgeschichte der RL 2001/29/EG beziehungsweise des § 19a UrhG zur Beurteilung der im Bereich des Urheberrechts tauglichen Abgrenzungskategorien herangezogen wird, fällt auf, dass deren Regelungsprogramm die technologische Entwicklung gegen Ende des 20. Jahrhunderts abbildet, als vor allem dem Fernsehen noch eine überragende Bedeutung bei der Versorgung der Informationsgesellschaft zukam.[340] So geht – was letztlich etwa auch das OLG Hamm in seinem Urteil vom 15.05.2014[341] übersieht – die folgende, im Hinblick auf Erwägungsgrund 29 der RL 2001/29/EG gezogene Schlussfolgerung fehl: Danach müsse alles, was online geschehe, zwangsläufig ein digitaler Dienst sein.[342] Zwar mögen nach der Logik des Erschöpfungsgrundsatzes, um die größtmögliche Zirkulation des urheberrechtlich geschützten Werkes zu ermöglichen, lediglich Waren der Erschöpfung i.S.d. §§ 69c Nr. 3 S. 2, 17 Abs. 2 UrhG zugänglich sein, nicht hingegen auch Dienstleistungen. Dennoch muss eine entstehungsgeschichtliche Auslegung der RL 2001/29/EG für die Abgrenzung zwischen digitalem Gut und digitalem Dienst schon deshalb unergiebig bleiben, weil man sich Ende der 90er Jahre schlicht kaum vorstellen konnte, dass einmal ein Online-Erwerb von Waren möglich sein würde, die dem Nutzer anschließend nicht per Post, sondern allein per Datenübertragung ausgeliefert werden.[343]

3. *Software gegenüber anderen digitalen Gütern*

Es ist kein sachlicher Grund ersichtlich, den Inhaber eines Immaterialgüterrechts stärker zu schützen als einen Sacheigentümer (vgl. § 903 BGB). Auch das Ausschluss- und Nutzungsrecht des Ersteren kann folgerichtig nicht schrankenlos sein. Insbesondere im Rahmen der Gesetzesauslegung und Gesetzesanwendung stellt sich deshalb die Frage, wo die Grenzlinien der Immaterialgüterrechte verlaufen, soweit es um Software und andere digitale Güter geht. Mit dem Begriff des digitalen Gutes, das wie bereits ausgeführt einen Gegenbegriff zu dem des

---

340 Vgl. *Kubach/Schuster*, CR 2014, S. 504, 504 f.

341 Vgl. OLG Hamm, Urteil v. 15.05.2014, Az. 22 U 60/13, CR 2014, S. 498 ff.

342 Vgl. zur Kritik *Kubach/Schuster*, CR 2014, S. 504, 505.

343 Vgl. *Kubach/Schuster*, CR 2014, S. 504, 505.

digitalen Dienstes bildet, sind sämtliche urheberrechtlich geschützten Leistungen bezeichnet, die digital in Form einer Datei angeboten werden und sich auf Datenträgern speichern lassen, d.h. neben urheberrechtlich ausdrücklich genannten Computerprogrammen i.S.d. §§ 69a Abs. 1, 2 Abs. 1 Nr. 1 UrhG etwa auch E-Books, Hörbücher, Musik und Filme.[344]

II. Software: Grundlagen

Dargestellt wurde der Ausgangspunkt der Erschöpfungsanwendung im Hinblick auf den digitalen Wandel nach Ergehen der UsedSoft- sowie der Tom Kabinet-Entscheidung des EuGH. Angestellt wurden erste Überlegungen zur Bewertung derselben sowie im Hinblick auf einen möglicherweise praxistauglicheren Ansatz. Im Folgenden sollen, nach Darlegung der insoweit erforderlichen Grundlagen, als Unterbau der weiteren Ausführungen zunächst die Vorgaben des EuGH für den Bereich der Software beleuchtet und einer kritischen Überprüfung unterzogen werden. Die gültigen Vorgaben des EuGH resultieren wie erörtert nach wie vor aus dem UsedSoft-Urteil. Sie mögen sich vom Ergebnis her an die hier vorgeschlagene Differenzierung annähern. Sodann wendet sich die vorliegende Darstellung auf dieser Grundlage der weiteren Betrachtung hinsichtlich sonstiger digitaler Güter zu.

1. *Software als Sache i.S.d. § 90 BGB: Validität der Differenzierung zwischen verkörperten und digitalen Werken im deutschen Zivilrecht*

Im Rahmen der vorzunehmenden Analyse stellt sich im Hinblick auf die Validität der Differenzierung zwischen verkörperten und digitalen Werken im Rahmen der deutschen Zivilrechtsordnung zunächst die Frage, inwieweit sich angesichts der grundsätzlich fehlenden Körperlichkeit eines Computerprogramms i.S.d. §§ 2 Abs. 1 Nr. 1 Var. 4, 69a Abs. 1 UrhG diesem und anderen digitalen Werkexemplaren Sachqualität i.S.d. § 90 BGB zusprechen lässt[345] und ob hieraus Konsequenzen hinsichtlich einer Differenzierung im Rahmen der Softwareüberlassung im deutschen Zivilrecht resultieren.

Nach der maßgeblichen Legaldefinition lassen sich als Sachen i.S.d. § 90 BGB ausschließlich körperliche Gegenstände qualifizieren. Diese Legaldefinition ist

344 Vgl. *Terhaag/Telle*, K&R 2013, S. 549, 549.

345 Grundlegend zur Sacheigenschaft eines Computerprogramms *Hoeren*, CR 1988, S. 908 ff.; *Hoeren*, Softwareüberlassung, 1989, S. 1 ff.

schon wegen ihres Wortlauts „nur" restriktiv auszulegen und gilt angesichts ihrer systematischen Stellung im Allgemeinen Teil des BGB für das gesamte Zivilrecht. Das Vorliegen von Körperlichkeit i.S.d. § 90 BGB setzt das physische Zutagetreten von Materie voraus, verbunden mit der Möglichkeit von deren Beherrschbarkeit, die wiederum Abgrenzbarkeit erfordert und damit zugleich die Zuordnungsmöglichkeit zu einer Person eröffnet.[346] Im Hinblick auf ein Computerprogramm erweist sich die Erfüllung dieser Voraussetzung zunächst insoweit als fraglich, als dass es, selbst wenn das Programm in einem elektronischen Speicher abgelegt ist, nicht möglich ist, dieses ohne technische Hilfsmittel als Teil des Datenspeichers zu erkennen, zu fühlen oder zu tasten.[347] Allerdings kann das Computerprogramm aus sich heraus ohne Verkörperung etwa auf einem Festplattenspeicher nicht funktionieren,[348] vielmehr eröffnet erst diese dem Nutzer die Möglichkeit, das Programm ablaufen zu lassen.[349] So ist inzwischen anerkannt, dass ein auf einem Datenträger verkörpertes Computerprogramm als Sache i.S.d. § 90 BGB zu qualifizieren ist.[350] Vergleichbar mit dem elektronischen Datenträger ist das Buch, das zwar wegen seines Inhalts als Ergebnis einer schöpferischen Tätigkeit erworben werde, aber dessen ebenfalls mit dem Erwerb maßgeblich bezweckte jederzeitige Möglichkeit des Rückgriffs auf diesen Inhalt gerade erst aus dessen Verkörperung resultiere, sodass das Buch samt seines Inhalts einen körperlichen Gegenstand i.S.d. § 90 BGB darstellt.[351]

Als problematisch im Hinblick auf obige Definition der Sache i.S.d. § 90 BGB erweist sich lediglich, dass das Computerprogramm beim Herunterladen – anders als bei der Übergabe auf einem körperlichen Datenträger – im Moment der Übertragung unkörperlich und damit in diesem Moment dogmatisch betrachtet keine Sache i.S.d. § 90 BGB ist.[352] Die Entstehung einer solchen ist

---

346 Vgl. *Ellenberger*, in: Palandt, BGB, 2021, § 90, Rn. 1; *Marly*, Softwarerecht, 2018, Rn. 712.

347 Vgl. *Lapp*, in: Gounalakis, Electronic Business, 2003, § 43, Rn. 4.

348 Vgl. *Lapp*, in: Gounalakis, Electronic Business, 2003, § 43, Rn. 4.

349 Vgl. *Hoeren*, Softwareüberlassung, 1989, Rn. 75.

350 Vgl. BGH, Urteil v. 18.10.1989, Az. VIII ZR 325/88, NJW 1990, S. 320, 321 noch mit der Formulierung „Datenträger mit dem darin verkörperten Programm"; BGH, Urteil v. 15.11.2006, Az. XII ZR 120/04, NJW 2007, S. 2394 (Rn. 15).

351 Vgl. BGH, Urteil v. 15.11.2006, Az. XII ZR 120/04, NJW 2007, S. 2394 (Rn. 16); *Marly*, Softwarerecht, 2018, Rn. 718.

352 Eine Qualifizierung von fließenden Strömen als Sache i.S.d. § 90 BGB ist nach allgemeiner Ansicht mangels Körperlichkeit ausgeschlossen, vgl. ständige Rspr. seit RG, Urteil v. 10.11.1914, Az. VII 267/14, RGZ 86, S. 12 (14); *Marly*, Softwarerecht, 2018, Rn. 721.

vielmehr erst mit der Speicherung beim Erwerber und der damit erzeugten Verkörperung verbunden. Im Hinblick auf die urheberrechtliche Betrachtung des Vorgangs führt dieser Umstand jedoch selbst bei Überprüfung anhand der deutschen zivilrechtlichen Wertungen mit dem Ziel einer möglichst kohärenten Auslegung der urheberrechtlichen Merkmale zu keinerlei Konsequenz. In schuldrechtlicher Hinsicht sind bei der Veräußerung von Standardsoftware – also der Überlassung eines vertretbaren, d.h. nicht auf die spezifischen Anforderungen des Erwerbers individuell abgestimmten Computerprogramms – auf körperlichen Datenträgern ausgehend von der Rechtsprechung des BGH die gesetzlichen Vorschriften über den Sachkauf nach § 433 BGB anzuwenden.[353] Dass hinsichtlich der schuldrechtlichen Einordnung insoweit keine Unterschiede bezüglich einer im Rahmen der Veräußerung mittels Download übertragenen Software zu machen sind, ergibt sich schon daraus, dass der Kaufvertrag i.S.d. § 433 BGB auch andere Gegenstände, und zwar solche von immaterieller Natur wie etwa Strom oder Wärme zum Gegenstand haben kann.[354] Jedenfalls finden die Kaufvorschriften über die in § 453 Abs. 1 BGB kodifizierte Verweisung entsprechende Anwendung.[355]

Maßgeblich bleibt nach alledem die Feststellung, dass selbst, wenn das Computerprogramm nicht über ein klassisches Ladengeschäft, sondern mittels Download von der Internetseite des Rechtsinhabers vertrieben wird, es auf dem Rechner des Erwerbers am Ende des Vorgangs zu einer Verkörperung des Programms kommt. Beim Online- wie beim Offline-Vertrieb wird dem Erwerber

---

353 BGH, Urteil v. 15.11.2006, Az. XII ZR 120/04, NJW 2007, S. 2394 (Rn. 15); BGH, Urteil v. 22.12.1999, Az. VIII ZR 299/98, NJW 2000, S. 1415 (Rn 6); *Ellenberger*, in: Palandt, BGB, 2021, § 90, Rn. 2; *Marly*, in: Siebert/Baur/Soergel, BGB I, 2000, § 90, Rn. 3. Demgegenüber ist bei der Lieferung individuell erstellter oder umfangreich an die individuellen Bedürfnisse des Kunden angepasster Software regelmäßig ein Werkvertrag i.S.d. §§ 631 ff. BGB anzunehmen, vgl. BGH, Urteil v. 25.03.2010, Az. VII ZR 224/08, NJW 2010, S. 2200 (Rn. 14).

354 *Weidenkaff*, in: Palandt, BGB, 2021, § 433, Rn. 8; hierauf weist schon *Hoeren* treffend hin, vgl. *Hoeren*, Softwareüberlassung, 1989, Rn. 361.

355 Die Rechtsprechung spricht bei einer unkörperlichen Übertragung der Software bisher insoweit von einer zumindest entsprechenden Anwendung der kaufrechtlichen Vorschriften, vgl. schon BGH, Urteil v. 18.10.1989, Az. VIII ZR 325/88, NJW 1990, S. 320, 321. Zur Frage der dogmatischen Abgrenzung zwischen der unmittelbaren Anwendung des § 433 BGB und der entsprechenden Anwendung der § 433 BGB mittels Subsumtion von Software unter den Begriff des sonstigen Gegenstandes i.S.d § 453 Abs. 1 BGB vgl. *Marly*, Softwarerecht, 2018, Rn. 726 ff.

eine Werkkopie verschafft. Eine aus dogmatischer Sicht fehlende Sacheigenschaft der mittels Download erworbenen Programmkopie im Moment der Übertragung wirkt sich hingegen auch im Rahmen der zivilrechtlichen Bewertung nicht aus. Eine Differenzierung zwischen verkörperten und digitalen Werken ist auch im deutschen Zivilrecht richtigerweise nicht angezeigt.

Die Anwendung der Sachkaufvorschriften steht vielmehr im Einklang mit den Vorgaben des EuGH aus der UsedSoft-Entscheidung hinsichtlich des urheberrechtlichen Merkmals des „Erstverkaufs einer Programmkopie“ i.S.d. Art. 4 Abs. 2 RL 2009/24/EG als autonomem Begriff des Unionsrechts. Angesichts des Gebots zur unionskonformen Auslegung des Urheberrechts[356] betreffen diese Vorgaben des EuGH in der Folge auch § 69c Nr. 3 S. 2 UrhG. Die Anwendung der Sachkaufvorschriften erlaubt die sachgerechte dogmatische Umsetzung dieser Vorgaben auch in Bezug auf die deutsche Zivilrechtsordnung. Der Übertragungsakt stellt nach alledem lediglich einen unbeachtlichen, mit fortschreitender Digitalisierung veränderlichen Zwischenschritt dar, was für eine Gleichbehandlung von klassischem Ladenvertrieb und Online-Vertrieb spricht.[357] An der mit dem Transfer eines digitalen Gutes im Rahmen von dessen Vertrieb verbundenen Entstehung einer – unter der Kontrolle des Erwerbers stehenden – Verkörperung fehlt es hingegen dann, wenn es lediglich im Rahmen eines reinen Streaming-Dienstes zugänglich gemacht wird, der zwar einen Datenstrom generiert und die Wiedergabe des Werkes ermöglicht, aber keine dauerhafte Speicherungsmöglichkeit gewährleistet.[358]

Für ein Ergebnis dahingehend, dass es bei der dauerhaften Überlassung von Standardsoftware und anderer digitaler Werkexemplare, also bei deren Verkauf, nicht auf den Übertragungsweg (Offline- gegenüber Online-Vertrieb) ankommt, spricht im Hinblick auf eine Kohärenz der Rechtsordnungen auch der Umstand, dass der Vorschlag der Europäischen Kommission für eine Verordnung des Europäischen Parlaments und des Rates über ein Gemeinsames Europäisches Kaufrecht (GEKR-E)[359] digitale Inhalte als möglichen Inhalt einer kaufvertraglichen Transaktion zulässt. Mit der GEKR-E setzt die Europäische Kommission ihren bereits mit der Europäischen Verbraucherrechts-Richtlinie (RL 2011/83/

---

356 Zum Gebot der unionskonformen Auslegung der Vorschriften des EU-mitgliedstaatlichen Urheberrechts vgl. bereits Darstellungspunkt § 2 II. 1. c) bb).

357 Vgl. *Marly*, Softwarerecht, 2018, Rn. 206 ff.

358 Vgl. *Berger*, ZGE 2016, S. 170, 191.

359 Vorschlag für eine Verordnung des Europäischen Parlaments und des Rates über ein Gemeinsames Europäisches Kaufrecht (GEKR-E) v. 11.10.2011, KOM(2011), 635.

EU)[360] beschrittenen Weg fort, handelbare Güter unabhängig von ihrer körperlichen oder unkörperlichen Form zu erfassen, und unternimmt erstmalig den Versuch, den Vertrag über die Bereitstellung digitaler Inhalte zu kodifizieren, der nahezu ausnahmslos den Normen des Kaufvertrags unterstellt wird.[361]

2. *Softwareüberlassung und der Begriff der „Lizenz"*

Die Ansicht, dass es dem Erwerber bei der Überlassung von Standardsoftware bei verständiger Würdigung seiner wirtschaftlichen Interessen lediglich darum gehe, ein einfaches Nutzungsrecht i.S.d. § 31 Abs. 2 UrhG zu erwerben, nicht aber das Eigentum an der entsprechenden Programmkopie,[362] daher ein „Lizenzvertrag", also ein Vertrag sui generis, der in den Bestimmungen des BGB ohne gesetzliches Leitbild ist und i.d.R. den mietvertraglichen beziehungsweise pachtvertraglichen Regeln folgt,[363] anzunehmen sei, ist demgegenüber spätestens angesichts der dargelegten Vorgaben des EuGH in seiner UsedSoft-Rechtsprechung nicht mehr haltbar.

Dementsprechend ist auch die Verwendung des Begriffs der „Lizenz" im Zusammenhang mit einer Softwareüberlassung zu kritisieren. Weder das für die sachenrechtliche Einordnung des digitalen Gutes zu beachtende allgemeine Zivilrecht (§§ 854 ff. BGB) noch das Urheberrecht verwenden den – intransparenten und dem Anliegen des Verkehrsschutzes wenig zuträglichen – Begriff der „Lizenz". Lediglich in § 42a UrhG, der die Zwangslizenz zur Herstellung von Tonträgern betrifft, findet der Begriff der „Lizenz" Verwendung. Keinesfalls darf der Begriff der „Lizenz" mit dem im US-Amerikanischen Sprachgebrauch üblichen Terminus gleichgesetzt werden, denn die Einräumung von Nutzungsrechten i.S.d. § 31 UrhG entspricht, soweit die Programmkopie im Rahmen eines Sachkaufs dauerhaft überlassen wird, lediglich einer Nebenpflicht i.S.d. § 241 Abs. 2 BGB. Diese resultiert daraus, dass es im Anschluss an die Übertragung des Eigentums an einem Computerprogramm bei dessen Ablaufenlassen

---

360 Richtlinie 2011/83/EU des Europäischen Parlaments und des Rates v. 25.10.2011 über die Rechte der Verbraucher, zur Abänderung der Richtlinie 93/13/EWG des Rates und der Richtlinie 1999/44/EG des Europäischen Parlaments und des Rates sowie zur Aufhebung der Richtlinie 85/577/EWG des Rates und der Richtlinie 97/7/EG des Europäischen Parlaments und des Rates, ABl. EU Nr. L 304 v. 22.11.2011, S. 64.

361 Vgl. *Druschel/Oehmichen*, CR 2015, S. 173, 175.

362 Vgl. etwa *Hilty*, CR 2012, S. 625, 637.

363 Vgl. zum „Lizenzvertrag" als Vertrag sui generis *Druschel/Oehmichen*, CR 2015, S. 173, 177.

zu einer Vervielfältigungshandlung i.S.d. § 69c Abs. 1 UrhG kommt, also zum Werkgenuss an sich bereits die Vornahme urheberrechtlich relevanter Handlungen erforderlich ist. Die angesichts ihres Ausnahmecharakters zur grundsätzlich zustimmungspflichtigen Vervielfältigung i.S.d. § 69c Nr. 1 UrhG restriktiv und angesichts ihrer Entstehungsgeschichte – wie bereits dargelegt, setzt sie die RL 2009/24/EG im deutschen Urheberrecht um – unionskonform auszulegende Regelung des § 69d Abs. 1 UrhG greift jedenfalls dann ein, wenn eine vertragliche Einräumung von Nutzungsrechten i.S.d. § 31 UrhG unterblieben ist.[364] Eine vertragliche Einräumung von Nutzungsrechten mag nach alledem neben der synallagmatischen Hauptpflicht stehen, das Eigentum an der Programmkopie zu übertragen, bildet aber nicht den Hauptinhalt der Softwareüberlassung.

Da die Verwendung des „Lizenz"-Begriffs in gedanklicher Anlehnung an das US-Amerikanische Recht aber einen dementsprechenden Hauptinhalt suggeriert, löst dieser insbesondere beim Endverbraucher eine Fehlvorstellung hinsichtlich der dauerhaften Überlassung des Computerprogramms aus. Selbst bei einer Verwendung des Begriffs, die ausschließlich auf die Einräumung des Nutzungsrechts i.S.d. § 31 UrhG hindeuten soll, suggeriert die Bezeichnung, der Urheber könne Inhalt und Umfang der übertragenen Nutzungsrechte i.S.d. § 315 Abs. 1 BGB nach seinem billigen Ermessen bestimmen. Tatsächlich richtet sich der mögliche Umfang eingeräumter Nutzungsrechte aber ausschließlich nach der gesetzlichen Vorschrift des § 31 UrhG, wonach eine in wirtschaftlicher Hinsicht abgrenzbare Nutzungsart i.S.d. § 31 Abs. 1 UrhG Voraussetzung ist. Ein sachlich überzeugender Grund, den Vorgang der Überlassung des Computerprogramms oder sonstigen digitalen Gutes einer vertraglichen Nebenleistungspflicht entsprechend zu bezeichnen, besteht demgegenüber nicht. Die undifferenzierte Verwendung des Lizenzbegriffs muss sich insoweit den Vorwurf entgegenhalten lassen, die Fähigkeit des Verbrauchers, eine informierte Entscheidung zu treffen, spürbar zu beeinträchtigen.

Soweit eine Verwendung des Begriffs der „Lizenz" im Rahmen dieser Darstellung erfolgt, dient dies allein der Bezugnahme und Klarstellung im Rahmen der wissenschaftlichen Diskussion, der Begriff der „Lizenz" wird daher in Anführungszeichen gesetzt.

---

364 Zum Gebot der unionskonformen Auslegung der Vorschriften des EU-mitgliedstaatlichen Urheberrechts vgl. bereits Darstellungspunkt § 2 II. 1. c) bb).

III. Urheberrechtliche Zulässigkeit des Handels mit gebrauchter Software

1. *Gebrauchte Software als Handelsgegenstand*

a) *Abnutzbarkeit von Software*

In Bezug auf die urheberrechtliche Zulässigkeit des Handels mit gebrauchter Software ist hinsichtlich ihrer wirtschaftlichen Eigenschaften zunächst festzustellen, dass Software – anders als ein körperlicher Gegenstand, dessen Sachsubstanz mit fortschreitendem Gebrauch einer Abnutzung und damit einem Werteverzehr unterliegt – grundsätzlich von keiner endogenen Abnutzung betroffen ist. Allenfalls kann sie einer exogenen Minderung ihrer Verwendungsmöglichkeiten unterliegen, etwa wenn sie sich angesichts des technologischen Fortschritts – teilweise schon nach kurzer Zeit – auf bestimmten Betriebssystemen nicht mehr verwenden lässt. In die Feststellung, der Gebrauchswert eines Computerprogramms oder eines sonstigen digitalen Gutes könne infolge der technologischen Entwicklung von einer exogenen Minderung betroffen sein, ist jedenfalls im Zusammenhang mit dem urheberrechtlichen Verbreitungsrecht der Aspekt einzubeziehen, dass nach dem insoweit zustimmungswürdigen Modell des EuGH die Erschöpfungswirkung i.S.d. Art. 4 Abs. 2 RL 2009/24/EG auch die zusätzlich gelieferten oder – etwa infolge von Updates – entstehenden Versionen erfasst: Der Zweiterwerber erwirbt – jedenfalls bezogen auf den Zeitraum für den der Rechtsinhaber solche Leistungen anbietet – die jeweils aktuelle Version des digitalen Gutes, wie sie durch eine etwaige Praxis der Pflegeleistung entstand.[365] Verbesserungen und Aktualisierungen, die das vom Zweiterwerber heruntergeladene Computerprogramm gegenüber dem ursprünglich vom Ersterwerber heruntergeladenen Computerprogramm aufweist, müssen hierfür von einem zwischen dem Urheberrechtsinhaber und dem Ersterwerber abgeschlossenen Wartungsvertrag gedeckt sein.[366]

---

365 Vgl. *Schneider/Spindler*, CR 2014, S. 213, 217 unter Bezugnahme auf die Rechtsprechung des EuGH (EuGH, Urteil v. 03.07.2012, Az. C-128/11 (UsedSoft), MMR 2012, S. 586 ff. (Rn. 46, 52; siehe auch Rn. 67)).

366 *Dreier*, in: Dreier/Schulze, UrhG, 2018, § 69c, Rn. 24.

b) Modalitäten der Weiterveräußerung

aa) Grundlagen: Virtualisierung

Viele der unterschiedlichen Nutzungsmodalitäten von Software machen sich insbesondere die Technik der Virtualisierung zunutze.[367] Es handelt sich hierbei um eine Technik, auf die im weiteren Verlauf dieser Darstellung mehrfach Bezug genommen wird. Daher soll im Folgenden zunächst die Virtualisierung erläutert werden, bevor auf ausgewählte Weiterveräußerungsmodalitäten eingegangen wird.

Bei der Virtualisierung handelt es sich um eine Technologie, die insbesondere beim Cloud Computing zum Einsatz kommt und die im Kern darauf setzt, dass der Nutzer nur noch mit einem Endgerät im Sinne einer Bedienoberfläche konfrontiert ist. Wie bereits dargelegt, handelt es sich bei dem in der digitalen Praxis zunehmend anzutreffenden Modell des Cloud Computing um ein Geschäftsmodell und zugleich ein Synonym für eine Reihe unterschiedlichster IT-Dienstleistungen, deren vorrangige Merkmale in einer hohen Skalierbarkeit, geteilten Ressourcen, Elastizität sowie einer bedarfsbasierten Nutzung und Abrechnung (Service-on-Demand) liegen. Angesichts seiner Skalierbarkeit handelt es sich um ein System, das sich jederzeit um eine größere Anzahl von Nutzern erweitern lässt, ohne dass seine Funktionsfähigkeit nennenswert eingeschränkt wird.

Ein wichtiger Anwendungsfall des Cloud Computing sind on-Demand-Services. On-Demand-Services machen gespeicherte Informationen auf Anforderung des Nutzers zu jeder beliebigen Zeit an jedem beliebigen Ort verfügbar. Im Hinblick auf den urheberrechtlichen Erschöpfungsgrundsatz ist hierbei vor allem bedeutsam, dass keine Daten dauerhaft auf dem Empfangsgerät des Nutzers gespeichert und die Inhalte bereits während des Übertragungsvorganges wiedergegeben werden. Als verbindendes Merkmal der meisten Cloud Computing-Modelle lässt sich die gemeinsame Nutzung von Hardware-, Software- und Rechenkapazitäten beschreiben, die dem Nutzer weltweit auf verschiedenen Servern nachfrageabhängig und abgestimmt auf den Einzelfall verfügbar gemacht werden.

Indem ein „virtueller Computer" auf einer fremden Hardware betrieben wird, kommt es zu einer logischen Trennung des jeweils verwendeten Programms vom Betriebssystem des genutzten Rechners.[368] Durch die Differenzierung

---

367 Vgl. *Grützmacher*, ITRB 2011, S. 193, 193 f.

368 Vgl. *Weichert*, DuD 2010, S. 679, 679.

zwischen logischen Computerressourcen und physischen Computersystemen können mehrere logische virtuelle Server auf einem physischen Serversystem betrieben werden.[369]

Die Virtualisierung von Rechen- und Speicherressourcen ermöglicht es darüber hinaus, Hardwarekomponenten und andere IT-Ressourcen für die gleichzeitige Nutzung von mehreren Anwendern zur Verfügung zu stellen.[370] Hierfür wird eine Virtualisierungsebene eingesetzt, die einerseits die zur Verfügung stehenden IT-Ressourcen verwaltet und andererseits dafür sorgt, dass die einzelnen Anwender jeweils nur auf den ihnen zugeordneten Teilbereich zugreifen können.[371] Als zusätzliche Softwareschicht zwischen Betriebssystem und Hardware entkoppelt sie die Anwendungssoftware von der Hardware, die auf der Virtualisierungsebene nur noch simuliert wird.[372] Letztere nimmt die Hardwareanforderung – etwa die Anforderung von Speicherplatz, Übertragungskanal oder Prozesskapazität – entgegen, leitet sie an eine im Netzwerk verfügbare und aktuell freie Ressource weiter, erhält – sofern wie etwa bei Berechnungen erforderlich – von dort das Ergebnis und leitet dieses dann an den eigentlichen Auftraggeber, also das Anwendungsprogramm zurück.[373] Das Anwendungsprogramm erhält dabei keinerlei Kenntnis von der erfolgten Virtualisierung.[374] Bei der Planung der Leistungserbringung kann dementsprechend nicht festgelegt werden, welche Anwendungsprogramme im Rahmen der Aufgabenabwicklung auf welchen Prozessoren und Speichereinheiten virtuell ausgeführt werden.[375]

bb) Weiterveräußerung auf körperlichen Datenträgern gegenüber Weiterveräußerung von virtuellen Vervielfältigungsstücken

Die Weitergabe eines körperlichen Datenträgers im Rahmen der Weiterveräußerung stellt im Hinblick auf den Erschöpfungsgrundsatz angesichts der Vergleichbarkeit zum analogen Bereich vor keinerlei Probleme. In der digitalen Welt ist

369 Vgl. *Laudon/Laudon/Schoder*, Wirtschaftsinformatik, 2010, S. 240.
370 Vgl. *Heidrich/Wegener*, MMR 2010, S. 803, 803.
371 Vgl. *Heidrich/Wegener*, MMR 2010, S. 803, 803.
372 Vgl. *Müller-Hengstenberg/Kirn*, NJW 2007, S. 2370, 2373 (zum Ablauf der Virtualisierung beim ASP).
373 Vgl. *Müller-Hengstenberg/Kirn*, NJW 2007, S. 2370, 2373 (zum Ablauf der Virtualisierung beim ASP).
374 Vgl. *Müller-Hengstenberg/Kirn*, NJW 2007, S. 2370, 2373 (zum Ablauf der Virtualisierung beim ASP).
375 Vgl. *Müller-Hengstenberg/Kirn*, NJW 2007, S. 2370, 2373 (zum Ablauf der Virtualisierung beim ASP).

es aber ebenso denkbar, dass kein physikalisch konkretisiertes Vervielfältigungsstück übertragen wird, sondern das virtuelle Exemplar der Software vom Veräußerer auf den Erwerber übergeht, wobei es nicht darauf ankommt, wie und aufgrund welcher physikalischen Vorgänge das praktisch nutzbare Exemplar der Software beim Erwerber erstellt wird.[376] Das praktisch nutzbare Exemplar lässt sich deshalb als die physikalisch erforderliche „Repräsentanz"[377] des virtuellen Exemplars (Repräsentanztheorie) qualifizieren, das der Erwerber nach Vollendung des Erwerbsvorgangs nutzen darf. Gegenstand der Übertragung ist – urheberrechtlich betrachtet – demnach ein virtuelles Vervielfältigungsstück.[378]

Dem Grundsatz „nemo plus juris transferre potest, quam ipse habet" folgend – hiernach kann jemand lediglich diejenige Rechtsposition übertragen und einem anderen verschaffen, die er selbst inne hat – lässt es sich durch konsequente Anwendung der Repräsentanztheorie unterbinden, dass eine möglicherweise illegal erworbene Programmkopie im Wege des Rechtserwerbs legalisiert wird.[379] Im Zweifelsfall obliegt es dem Erwerber, seine Nutzungsberechtigung i.S.d. § 69d Abs. 1 UrhG darzulegen und zu beweisen, wozu er gegebenenfalls die gesamte Kette der Rechtseinräumungen bis hin zum Urheber zurückzuverfolgen hat.[380] Für die inhaltliche Reichweite der bestimmungsgemäßen Nutzung i.S.d. § 69d Abs. 1 UrhG kommt es wie dargelegt sowohl angesichts des Wortlauts des zugrunde liegenden Art. 5 Abs. 1 RL 2009/24/EG als auch in Anbetracht seiner Normstruktur in erster Linie auf den zugrunde liegenden Softwareüberlassungsvertrag an.[381] Die zur bestimmungsgemäßen Nutzung erforderlichen Rechte können somit – in Übereinstimmung mit dem Grundsatz „nemo plus juris transferre potest, quam ipse habet" – für jeden weiteren Erwerber nicht über diejenigen des Ersterwerbers hinausgehen.[382]

cc) Vorinstallation auf Hardware

Auf die Weiterveräußerung insbesondere einer Programmkopie einer OEM-Version, bei der eine Vorinstallation auf einer vorhandenen Hardwarekomponente

376 Vgl. *Redeker*, CR 2014, S. 73, 75.
377 Vgl. *Redeker*, CR 2014, S. 73, 75.
378 Vgl. *Kubach*, CR 2013, S. 279, 280; *Redeker*, CR 2014, S. 73, 75; *Schneider/Spindler*, CR 2012, S. 489, 495.
379 Vgl. *Redeker*, CR 2014, S. 73, 75.
380 Vgl. *Lutz*, Softwarelizenzen, 2009, S. 144, 186.
381 Vgl. bereits Darstellungspunkt § 2 II. 4. b) bb).
382 Vgl. *Lutz*, Softwarelizenzen, 2009, S. 184.

erfolgt, wurde bereits eingegangen, sodass zur Vermeidung von Wiederholungen auf die obige Darstellung verwiesen wird.[383]

dd) Aufspaltung der Nutzeranzahlberechtigung generell

Aus urheberrechtlicher Sicht kommt es für den Eintritt der Erschöpfungswirkung, wie bereits dargestellt, entscheidend auf die dauerhafte Übertragung der exklusiven Verfügungsgewalt auf den Ersterwerber und somit auf das Transaktionsergebnis an.[384] Die Übertragungsmodalitäten können allenfalls zweitrangig sein. Soweit nach der UsedSoft-Entscheidung des EuGH grundsätzlich davon auszugehen ist, dass Offline-Vertrieb und Online-Vertrieb von Computerprogrammen gleichzubehandeln sind, stellt sich in diesem Zusammenhang die Frage, inwieweit der Ersterwerber einer „Volumenlizenz" berechtigt ist, diese aufzuspalten, etwa um sie daraufhin selbst gewinnbringend weiterveräußern zu können.

Auch hier muss ein Vergleich gezogen werden zur Position des Nutzers, der die entsprechende Software auf einem körperlichen Datenträger ersterworben hat. Angesichts der Tatsache, dass der Erschöpfungsgrundsatz nicht schrankenlos ist, sondern unter anderem eine Schranken-Schranke im Verbot des Rechtsmissbrauchs (§§ 826, 138, 242 BGB) findet, und um eine sachgerechte Abgrenzung des Verbreitungsrechts i.S.d. §§ 69c Nr. 3 S. 1, 17 Abs. 1 UrhG vom nicht erschöpfbaren Vervielfältigungsrecht i.S.d. §§ 69c Nr. 1, 16 UrhG zu ermöglichen, kann es dem Ersterwerber jedenfalls nicht gestattet sein, eine „Volumenlizenz" in der Form aufzuspalten, dass die Summe der resultierenden Programmkopien die Anzahl der Programmnutzer beim Ersterwerber übersteigt.

Für dieses Ergebnis spricht auch der in § 31 Abs. 5 UrhG kodifizierte Zweckübertragungsgrundsatz, der nach seiner ratio legis darauf gerichtet ist, den Urheber vor einer Auszehrung seiner Schutzrechte zu bewahren.[385] Sind bei der Einräumung eines Nutzungsrechts die Nutzungsarten nicht ausdrücklich einzeln bezeichnet, so bestimmt sich nach dem von beiden Partnern zugrunde gelegten Vertragszweck, auf welche Nutzungsarten es sich erstreckt, § 31 Abs. 5 S. 1 UrhG. Beim Zweckübertragungsgrundsatz i.S.d. § 31 Abs. 5 UrhG handelt es sich um eine weitere Schranken-Schranke des Urheberrechts und zugleich eine bereichsspezifische Konkretisierung des Verhältnismäßigkeitsgrundsatzes.

---

383 Zur OEM-Version vgl. bereits Darstellungspunkt § 2 II. 4. a).

384 Vgl. auch *Druschel/Oehmichen*, CR 2015, S. 173, 179.

385 Zum Inhalt und zu den Grenzen der Zweckübertragungslehre vgl. *Nordemann*, in: FS Bornkamm, 2014, S. 907 ff.

Dieser ist jedenfalls entsprechend heranzuziehen bei der Fragestellung, wie weit Nutzungs- und Verbotsrecht bei der Einräumung von „Volumenlizenzen" reichen und welchen Einschränkungen das entsprechende Nutzungsrecht unterliegt (§ 31 Abs. 5 S. 2 UrhG).

ee) Aufspaltung von „Mehrplatzlizenzen" beziehungsweise „Client-Server-Lizenzen" und „Volumenlizenzen"

(1) Wirtschaftliche Interessenlage

Die Volatilität der marktwirtschaftlichen Rahmenbedingungen und das unternehmerische Bestreben, ein geschäftspolitisch definiertes Ziel unter möglichst geringem Einsatz sachlicher und finanzieller Ressourcen zu erreichen, kann dazu führen, dass sich der ursprüngliche Bedarf für den Einsatz eines bestimmten Computerprogramms verändert. Denkbar ist etwa, dass sich ein Unternehmen umstrukturiert und ein Teil seiner bisherigen Bildschirmarbeitsplätze wegfällt. Insbesondere kann sich dann ein „Lizenz"-Überschuss ergeben, sodass das softwarenutzende Unternehmen ein wirtschaftliches Interesse daran hat, die nicht mehr notwendigen, überzähligen „Lizenzen" auf dem Zweitmarkt weiterzuveräußern.

(2) „Einzelplatzlizenz"

Hat der Urheber einem anderen ein Nutzungsrecht zu Bedingungen eingeräumt, die dazu führen, dass die vereinbarte Gegenleistung sich unter Berücksichtigung der gesamten Beziehungen des Urhebers zu dem anderen als unverhältnismäßig niedrig im Vergleich zu den Erträgen und Vorteilen aus der Nutzung des Werkes erweist, so ist der andere nach § 32a Abs. 1 S. 1 UrhG auf Verlangen des Urhebers verpflichtet, in eine Änderung des Vertrages einzuwilligen, durch die dem Urheber eine den Umständen nach weitere angemessene Beteiligung gewährt wird. Das geltende Urheberrecht gewährt hiernach einen gesetzlichen Anspruch auf angemessene Vergütung. Soweit im Überlassungsvertrag nichts anderes geregelt ist, beziehungsweise sich aus der Beschaffenheit der Software nichts anderes ergibt, ist dementsprechend jedenfalls grundsätzlich vom vereinbarten Benutzungsumfang einer Einzelplatznutzung – bezeichnet oft als „Einzellizenz" oder „Einzelplatzlizenz" – auszugehen.[386]

---

386 Vgl. *Kaboth/Spies*, in: Möhring/Nicolini, Urheberrecht, 2018, § 69d, Rn. 6; *Spindler*, in: Schricker/Loewenheim, Urheberrecht, 2020, § 69d, Rn. 9; Vgl. zur „Einzelplatzlizenz" auch BGH, Urteil v. 11.12.2014, Az. I ZR 8/13 (UsedSoft III), MMR 2015, S. 530 ff. (Rn. 45 f.); *Dreier*, in: Dreier/Schulze, UrhG, 2018, § 69d, Rn. 8.

Da die bestimmungsgemäße Nutzung i.S.d. § 69d UrhG grundsätzlich das Laden, Anzeigen, Laufenlassen, Übertragen und Speichern des Computerprogramms umfasst[387] und die Erschöpfung i.S.d. §§ 69c Nr. 3 S. 2 UrhG sich grundsätzlich auf das konkrete Vervielfältigungsstück beziehungsweise die konkrete Festlegung der Programmkopie bezieht – im Rahmen der Überlassung zur Einzelplatznutzung wurde denklogisch für den betreffenden Einzelplatz eine Programmkopie erlangt –[388] ist die Weiterveräußerung überzähliger „Einzellizenzen“ – abgesehen von den aus der unkörperlichen Übertragung an sich resultierenden Fragestellungen – urheberrechtlich grundsätzlich unproblematisch.

(3) „Volumenlizenz“ gegenüber „Mehrplatzlizenz“ beziehungsweise „Client-Server-Lizenz“

Als urheberrechtlich problematisch könnte es sich demgegenüber erweisen, wenn im Rahmen des Ersterwerbs im Hinblick auf die Nutzungsrechteeinräumung nach § 31 UrhG beziehungsweise die bestimmungsgemäße Benutzung i.S.d. § 69d UrhG die Nutzung in Form einer „Mehrplatz-“ oder „Volumenlizenz“ vereinbart wurde. Dies gilt einerseits, weil der Rechtsinhaber dem Erwerber unter diesen Voraussetzungen meist preislich entgegenkommt und gegenüber einer entsprechenden Anzahl von „Einzelplatzlizenzen“ oft Rabattkonditionen gewährt, und andererseits, weil die Ausgestaltung des Urheberrechts die Berechtigung des Urhebers umfasst, über die Struktur und den Zuschnitt der Nutzungsberechtigungen und damit die Vertriebsmodalitäten im Rahmen einer Nutzungsrechteeinräumung in den Grenzen des § 31 UrhG zu entscheiden.[389]

Eine „Mehrplatzlizenz“ beziehungsweise „Client-Server-Lizenz“ soll hierbei eine vereinbarungsgemäße Nutzung beschreiben,[390] bei der die Programmnutzung im Rahmen eines Server-Netzwerks erfolgt, also das Computerprogramm nicht im Festspeicher des jeweiligen Arbeitsplatzrechners installiert wird,

---

387 Vgl. *Dreier*, in: Dreier/Schulze, UrhG, 2018, § 69d, Rn. 8; *Kaboth/Spies*, in: Möhring/Nicolini, Urheberrecht, 2018, § 69d, Rn. 6; *Spindler*, in: Schricker/Loewenheim, Urheberrecht, 2020, § 69d, Rn. 9.

388 Hiervon abzugrenzen ist die „Volumenlizenz“ als Häufung von „Einzellizenzen“ unter Überlassung einer Masterkopie, dazu sogleich.

389 Zur Aufspaltung von Volumen- und Mehrplatzlizenzen vgl. auch *Schneider*, ITRB 2014, S. 120, 121.

390 Die Terminologie ist hinsichtlich der unter dem Begriff verstandenen technischen Einsatzform nicht durchgehend einheitlich in Literatur und Praxis, was die Kritik an der Verwendung des „Lizenzbegriffs“ verdeutlicht und bestärkt.

sondern zentral auf einem Server und von dort aus lediglich in den Arbeitsspeicher des jeweiligen Client-Rechners geladen wird.[391]

Eine „Volumenlizenz" (beispielsweise Microsoft Select-Verträge[392]) meint die Vereinbarung einer technischen Einsatzform, bei der eine Installation nicht auf einem zentralen Server, sondern auf jedem einzelnen Arbeitsplatzrechner stattfindet, was sich für den Erwerber gegenüber einer entsprechenden Anzahl an „Einzelplatzlizenzen" vor allem deshalb als wirtschaftlich vorteilhaft darstellt, weil er einen Mengenrabatt erhält, wobei sich der Kaufpreis der „Volumenlizenz" typischerweise nach der Anzahl der vereinbarten Bildschirmarbeitsplätze richtet.[393] Dem Kunden wird eine Masterkopie überlassen, unter dessen Inanspruchnahme er die Software auf der vereinbarten Anzahl an Rechnern der zukünftigen Anwender einrichten kann.[394] Der Ersterwerber erhält demnach richtigerweise neben einer Masterkopie eine Vielzahl von „Einzellizenzen", also ein Bündel an Nutzungsrechten mit dem jeweiligen Inhalt einer Einzelplatznutzung.

(4) Betrachtung unter dem Gesichtspunkt der Belohnungstheorie

Grundsätzlich erfasst die Erschöpfungswirkung i.S.d. §§ 69c Nr. 3 S. 2, 17 Abs. 2 UrhG die konkrete Festlegung der Programmkopie beziehungsweise des körperlichen Vervielfältigungsstücks, wie sie vom Rechtsinhaber in den Verkehr gebracht wurde. Auch die ratio legis des Erschöpfungsgrundsatzes, dem Urheber eine realistische Chance einzuräumen, eine den Umständen nach angemessene Vergütung zu erzielen (Belohnungstheorie)[395], deren Erhalt die Erschöpfungswirkung auslöst, könnte dafür sprechen, dass sich die Erschöpfung immer nur auf die konkret in Verkehr gebrachte Programmkopie beziehungsweise das konkrete körperliche Vervielfältigungsstück zu den tatsächlich festgelegten preislichen Konditionen erstreckt. Der Rechtsinhaber antizipiert bei seiner Kalkulation der Vergütungskonditionen gerade auch das voraussichtliche Nutzungsprofil und die voraussichtliche Nutzungsintensität der in den Verkehr gebrachten Software.

---

391 Vgl. *Dreier*, in: Dreier/Schulze, UrhG, 2018, § 69d, Rn. 8; zu Mehrplatzsystemen vgl. auch *Marly*, Softwarerecht, 2018, Rn. 1686 ff.

392 LG Hamburg, Urteil v. 29.06.2006, Az. 315 O 343/06, MMR 2006, S. 827 ff.

393 Vgl. *Haberstrumpf*, in: Büscher/Dittmer/Schiwy, Urheberrecht, 2015, Kap. 10, § 69d, Rn. 15.

394 LG Hamburg, Urteil v. 29.06.2006, Az. 315 O 343/06, MMR 2006, S. 827, 827.

395 Zur Belohnungstheorie vgl. bereits Darstellungspunkt § 2 II. 2. c) dd).

Da § 32a UrhG dem Urheber bei Vorliegen einer unverhältnismäßig niedrigen Vergütung im Vergleich zu den Erträgen und Vorteilen aus der Nutzung des Werkes einen gesetzlichen Nachvergütungsanspruch einräumt, der wie dargelegt grundsätzlich auch bei Programmkopien eines Computerprogramms eingreift, ließe sich argumentieren, dass der Erschöpfungsgrundsatz i.S.d. §§ 69c Nr. 3 S. 2, 17 Abs. 2 UrhG unter der Annahme steht, dass der Urheber im Zeitpunkt der Erstveräußerung imstande war, die voraussichtliche Nutzungsintensität zu antizipieren und bei der Vergütungskalkulation berücksichtigen konnte. Es stellt sich die Frage, ob eine Aufspaltung von „Volumen-" beziehungsweise „Mehrplatzlizenzen" hiernach urheberrechtlich unzulässig ist.

(5) Erwägungen für die urheberrechtliche Zulässigkeit einer „Lizenzaufspaltung"

Für die Zulässigkeit der „Lizenzaufspaltung" ließe sich anführen, dass es sich bei einer Veräußerung einer Programmkopie beziehungsweise eines körperlichen Vervielfältigungsstücks, die auf die dauerhafte Überlassung der exklusiven Nutzungsmöglichkeit gerichtet ist, geradezu als systemwidrig und als Verstoß gegen das gesetzliche Leitbild i.S.d. § 307 Abs. 2 S. 1 BGB erweisen würde, bei der Vergütungsbemessung auf das Kriterium der Nutzungsintensität abzustellen.

Das Argument, dass der Urheber bislang nicht mit dem zulässigen Weiterverkauf gebrauchter Software rechnen musste, sodass es ihm nicht möglich gewesen sei, diesen Umstand erhöhend bei der Preisfestsetzung einkalkulieren und berücksichtigen zu können,[396] kann jedenfalls dann nicht überzeugen, wenn die Übertragung der Nutzungsrechte bei Vertragsschluss unter Übergabe materieller Datenträger erfolgte. Der Urheber hatte unter diesen Voraussetzungen auch vor Ergehen der höchstrichterlichen Klärung die Möglichkeit, eine Weiterveräußerung bei seinen Preisüberlegungen zu berücksichtigen.[397] Im Hinblick auf die auch zuvor bestehende jahrelange Diskussion und Rechtsunsicherheit hätte er diese Überlegungen im Sinne einer umsichtigen Geschäftsführung auch im Übrigen im Rahmen seiner wirtschaftlichen Kalkulation einbeziehen müssen. Zudem stehen die Anbieter im Softwaresegment angesichts eines verdichteten Markts häufig unter hohem Wettbewerbsdruck, insbesondere wenn es um die Veräußerung von Software an marktstarke Unternehmen geht, was die

396 Vgl. *Moritz*, K&R 2012, S. 456, 459.

397 OLG Frankfurt am Main, Urteil v. 18.12.2012, Az. 11 U 68/11, MMR 2013, S. 189 ff. (Rn. 40).

Annahme, der Rechtsinhaber habe ansonsten beim Erstverkauf eine höhere Vergütung durchsetzen können, oft realitätsfern erscheinen lässt.

(6) Die „Lizenzaufspaltung" in der Rechtsprechung

(a) Die UsedSoft-Rechtsprechung des EuGH

Im Rahmen der UsedSoft-Entscheidung hat der EuGH im Hinblick auf die Zulässigkeit einer „Lizenzaufspaltung" lediglich ergänzend darauf hingewiesen, dass die Erschöpfung des Verbreitungsrechts nach Art. 4 Abs. 2 der Richtlinie 2009/24 den Ersterwerber nicht dazu berechtige, die von ihm erworbene „Lizenz", falls sie für eine seinen Bedarf übersteigende Zahl von Nutzern gilt, aufzuspalten und das Recht zur Nutzung des betreffenden Computerprogramms nur für eine von ihm bestimmte Nutzerzahl weiterzuverkaufen.[398] Unklar bleibt hierbei, ob sich diese Äußerung lediglich auf die im Fall betroffenen „Mehrplatzlizenzen" beziehungsweise „Client-Server-Lizenzen" bezieht, oder den Ausführungen des EuGH auch hinsichtlich „Volumenlizenzen" Bedeutung im Sinne eines Aufspaltungsverbots beizumessen ist.[399] Wie noch zu zeigen sein wird, ist die Äußerung des EuGH schlüssig nur im ersteren Sinne zu verstehen.

(b) Die Rechtsprechung des OLG Frankfurt am Main

Soweit sich die Anzahl der „Lizenzen" bei Aufspaltung einer „Volumenlizenz" nicht erhöht, geht das OLG Frankfurt/Main davon aus, dass die Aufspaltung einer „Volumenlizenz" keinen urheberrechtlichen Bedenken begegnet, d.h. der Ersterwerber eine dementsprechend abgespaltene „Lizenz" auf dem Zweitmarkt veräußern kann.[400] Die Veräußerung der abgespaltenen „Lizenz" ist demnach ohne Zustimmung des Urhebers zulässig, weil sie an der Erschöpfungswirkung der ersterworbenen „Volumenlizenz" teilnimmt.

Ein Einwand des Rechtsinhabers, durch die Zulassung der Veräußerung abgespaltener „Lizenzen" werde dessen Rabattstruktur zerstört und in den Preismechanismus eingegriffen, überzeugt nach der Rechtsprechung des OLG Frankfurt/Main deshalb nicht, weil es nicht Sache der Gerichte sei, über die Preispolitik zu richten. Wie das Gericht feststellt, habe der Erstverkauf dem Rechtsinhaber hinreichende Möglichkeit gegeben, eine wertentsprechende Vergütung

---

398 EuGH, Urteil v. 03.07.2012, Az. C-128/11 (UsedSoft), MMR 2012, S. 586 ff. (Rn. 69).

399 Vgl. dazu etwa *Hoeren/Försterling*, MMR 2012, S. 642, 645.

400 OLG Frankfurt am Main, Urteil v. 18.12.2012, Az. 11 U 68/11, MMR 2013, S. 189 ff. (Rn. 51 f).

zu erzielen.[401] Dem in § 11 S. 2 UrhG kodifizierten Beteiligungsgrundsatz entsprechend, solle der Rechtsinhaber im Rahmen des Erstverkaufs die Möglichkeit erhalten, sein Werk wertentsprechend und gegebenenfalls unter Berücksichtigung eines Wiederverkaufswertes für den Käufer erstmals dem Markt anzubieten.[402] Der vom Rechtsinhaber festgesetzte beziehungsweise ausgehandelte Preis sei dabei grundsätzlich als aus seiner Sicht angemessener Verwertungserlös anzusehen, denn ansonsten hätte der Rechtsinhaber sein Schutzrecht nicht zu diesen Konditionen dem Markt zur Verfügung gestellt.[403] Der urheberrechtliche Erschöpfungsgrundsatz fordert nach alledem lediglich, dass es dem Rechtsinhaber möglich war, einen angemessenen Preis zu erzielen, ohne dass es darauf ankommt, ob eine angemessene Vergütung tatsächlich erzielt wurde.

(c) Die Rechtsprechung des LG Hamburg

Neben dem OLG Frankfurt/Main gelangt auch das LG Hamburg zur Überzeugung, dass sich das Verbreitungsrecht des Urhebers durch die in Erfüllung des jeweiligen „Volumenlizenzvertrages“ erfolgte Einräumung von Nutzungsrechten an der überlassenen Software in Bezug auf jedes einzelne eingeräumte Nutzungsrecht erschöpft habe, das insoweit als ein eigenständig zu beurteilendes Vervielfältigungsstück der Software zu behandeln sei.[404] Hat der Rechtsinhaber einmal seine Zustimmung erteilt, so soll es ihm auch im Fall einer „Volumenlizenz“ verwehrt sein, mit Hilfe des Urheberrechts die weiteren Absatzwege dieser Ware zu kontrollieren.[405]

Das Tatbestandsmerkmal „Vervielfältigungsstück eines Computerprogramms“ i.S.d. § 69c Nr. 3 S. 2 UrhG sei analog auf den Fall der Übertragung mehrerer Nutzungsrechte unter Übergabe nur einer Masterkopie anzuwenden, durch deren Verwendung die Software mehreren Anwendern verfügbar gemacht werden kann.[406] Das Verwertungsinteresse in Bezug auf Software unterscheide

---

401 OLG Frankfurt am Main, Urteil v. 18.12.2012, Az. 11 U 68/11, MMR 2013, S. 189 ff. (Rn. 37, 38).

402 OLG Frankfurt am Main, Urteil v. 18.12.2012, Az. 11 U 68/11, MMR 2013, S. 189 ff. (Rn. 37).

403 OLG Frankfurt am Main, Urteil v. 18.12.2012, Az. 11 U 68/11, MMR 2013, S. 189 ff. (Rn. 37).

404 LG Hamburg, Urteil v. 29.06.2006, Az. 315 O 343/06, MMR 2006, S. 827, 828.

405 LG Hamburg, Urteil v. 29.06.2006, Az. 315 O 343/06, MMR 2006, S. 827, 828 unter Bezugnahme auf die Rechtsprechung des BGH (BGH, Urteil v. 04.05.2000, Az. I ZR 256/97 (Parfumflakon), GRUR 2001, S. 51 ff.).

406 LG Hamburg, Urteil v. 29.06.2006, Az. 315 O 343/06, MMR 2006, S. 827, 828.

sich nicht danach, ob die einzelnen Nutzungsrechte in Erfüllung des jeweiligen „Volumenlizenzvertrages" körperlich oder unkörperlich, wie auch im Fall der Überlassung einer Masterkopie vorliegend, übertragen werden.[407] Im einen wie im anderen Fall sei die Software letztlich auf einer Anzahl von Rechnern zeitlich unbeschränkt nutzbar, die der Anzahl der übertragenen Nutzungsrechte entspreche.[408]

Außerdem sei nicht ersichtlich, weshalb das urheberrechtliche Verbreitungsrecht in Bezug auf Softwarenutzungsrechte in der Zwangsvollstreckung etwa im Rahmen einer Drittwiderspruchsklage nach § 771 Abs. 1 ZPO danach unterschiedlich behandelt werden sollte, ob der Rechtsinhaber das jeweilige Nutzungsrecht durch die Überlassung einzelner verkörperter Vervielfältigungsstücke, online oder im Wege der Überlassung einer Masterkopie eingeräumt hat.[409]

(d) Die UsedSoft-Rechtsprechung des BGH

Die dargestellte Rechtsprechung des OLG Frankfurt am Main steht letztlich im Einklang mit der nachfolgenden UsedSoft-Rechtsprechung des BGH vom 17.07.2013 (BGH-UsedSoft II)[410] beziehungsweise vom 11.12.2014 (BGH-UsedSoft III)[411]. Nach den Ausführungen des BGH in der UsedSoft II-Entscheidung – hier entsprechend des zugrunde liegenden Sachverhalts sogar bezogen auf „Mehrplatzlizenzen" beziehungsweise „Client-Server-Lizenzen" – soll der Ersterwerber aufgrund der Erschöpfung des Verbreitungsrechts aber dann nicht berechtigt sein, die von ihm erworbene „Lizenz" aufzuspalten und das Recht zur Nutzung des betreffenden Computerprogramms lediglich für eine von ihm bestimmte Nutzerzahl weiterzuveräußern, wenn er die auf seinem Server installierte Kopie selbst weiter nutzt, anstatt diese technisch unbrauchbar zu machen.[412] Zur Begründung verweist der BGH darauf, dass es ansonsten nach erfolgter Erstveräußerung zu einer Zunahme der im Verkehr befindlichen Vervielfältigungsstücke des urheberrechtlich geschützten Werkes komme.[413]

---

407 LG Hamburg, Urteil v. 29.06.2006, Az. 315 O 343/06, MMR 2006, S. 827, 828.

408 LG Hamburg, Urteil v. 29.06.2006, Az. 315 O 343/06, MMR 2006, S. 827, 828.

409 LG Hamburg, Urteil v. 29.06.2006, Az. 315 O 343/06, MMR 2006, S. 827, 828.

410 BGH, Urteil v. 17.07.2013, Az. I ZR 129/08 (UsedSoft II), MMR 2014, S. 232 ff.

411 BGH, Urteil v. 11.12.2014, Az. I ZR 8/13 (UsedSoft III), MMR 2015, S. 530 ff.

412 BGH, Urteil v. 17.07.2013, Az. I ZR 129/08 (UsedSoft II), MMR 2014, S. 232 ff. (Rn. 63–65).

413 BGH, Urteil v. 17.07.2013, Az. I ZR 129/08 (UsedSoft II), MMR 2014, S. 232 ff. (Rn. 63–65).

Auch soll es durch Zweiterwerber, die auf ihrem Server bereits über eine installierte Kopie des Computerprogramms verfügen und abgespaltene „Lizenzen“ für weitere Nutzer hinzukaufen, dann zu einer Verletzung des Rechtsinhabers in seinen Rechten kommen, wenn diese Zweiterwerber die bereits installierte Software im Hinblick auf den Erwerb der zusätzlichen „Lizenzen“ in den Arbeitsspeicher der Arbeitsplatzrechner weiterer Anwender laden und dadurch, ohne durch § 69d Abs. 1 UrhG privilegiert zu sein, vervielfältigen.[414] Auf Grundlage des § 97 UrhG wäre der Rechtsinhaber demnach in einem solchen Fall berechtigt, gegen den Rechtsverletzer vorzugehen.

Der BGH hat anerkannt, dass auch der Zweiterwerber, der sein Nutzungsrecht aus § 69d Abs. 1 UrhG herleitet und nicht über ein vertragliches, vom Rechtsinhaber eingeräumtes Nutzungsrecht verfügt, zu denjenigen Handlungen berechtigt ist, die für eine bestimmungsgemäße Nutzung des Computerprogramms notwendig sind.[415] Der Umfang der bestimmungsgemäßen Nutzung ergebe sich hierbei aus dem zwischen dem Rechtsinhaber und dem Ersterwerber geschlossenen Vertrag, der Ersterwerber müsse insoweit darlegen und erforderlichenfalls beweisen, dass er dem Zweiterwerber die zur Feststellung der bestimmungsgemäßen Nutzung erforderlichen Informationen in geeigneter Weise erteilt hat.[416]

Abgesehen davon ist eine Aufspaltung von „Volumenlizenzen“ nach der UsedSoft III-Entscheidung des BGH – ergangen im Rahmen der Revision gegen oben geschildertes Urteil des OLG Frankfurt/Main – zulässig.[417] Der Ersterwerber einer solchen „Lizenz“, die die Nutzung mehrerer eigenständiger Kopien des Computerprogramms erlaube, sei dazu berechtigt, das Recht zur Nutzung des Programms für eine von ihm bestimmte Anzahl von Nutzern weiterzuveräußern, während er es für die verbleibende Nutzeranzahl selbst weiter nutzen könne.[418] Ein Zweiterwerber könne sich in einem solchen Fall bereits dann mit Erfolg auf die Erschöpfung des Verbreitungsrechts an den entsprechenden Programmkopien berufen, wenn der Ersterwerber eine entsprechende Anzahl von Programmkopien unbrauchbar gemacht hat.[419]

---

414 BGH, Urteil v. 17.07.2013, Az. I ZR 129/08 (UsedSoft II), MMR 2014, S. 232 ff. (Rn. 63–65).

415 BGH, Urteil v. 17.07.2013, Az. I ZR 129/08 (UsedSoft II), MMR 2014, S. 232 ff. (Rn. 68).

416 BGH, Urteil v. 17.07.2013, Az. I ZR 129/08 (UsedSoft II), MMR 2014, S. 232 ff. (Rn. 68).

417 BGH, Urteil v. 11.12.2014, Az. I ZR 8/13 (UsedSoft III), MMR 2015, S. 530 ff.

418 BGH, Urteil v. 11.12.2014, Az. I ZR 8/13 (UsedSoft III), MMR 2015, S. 530 ff. (Rn. 45).

419 BGH, Urteil v. 11.12.2014, Az. I ZR 8/13 (UsedSoft III), MMR 2015, S. 530 ff. (Rn. 45).

(7) Stellungnahme

Dass die Bejahung der Zulässigkeit der „Lizenzaufspaltung“ im Fall von „Volumenlizenzen“ den unter den Bedingungen der Digitalisierung richtigen Weg weist, lässt sich im Licht der UsedSoft-Rechtsprechung des EuGH wie folgt veranschaulichen: Hätte sich etwa der dem UsedSoft III-Urteil des BGH beziehungsweise dem Urteil des OLG Frankfurt am Main zugrunde liegende Sachverhalt nicht auf 40 Kopien einer elektronisch heruntergeladenen Software, sondern auf 40 DVDs bezogen, dürften letztere auch einzeln weiterveräußert werden, ohne dass es darauf ankäme, welchen Mengenrabatt die Vertragspartner ausgehandelt hätten.[420]

Die UsedSoft II-Rechtsprechung des BGH betrifft die Weiterveräußerung einer „Mehrplatzlizenz“ beziehungsweise „Client-Server-Lizenz“. Dem Ersterwerber wurde untersagt, das Recht zur Nutzung des betreffenden Computerprogramms lediglich für eine von ihm bestimmte Nutzerzahl weiterzuveräußern und seine eigene Programmkopie zur Nutzung durch die verbliebenen Nutzer auf seinem Server zu belassen. Dem ist insoweit schon deshalb zuzustimmen, weil die Anzahl der Anwender unter diesen technischen Voraussetzungen ansonsten kaum vom Urheber zu kontrollieren wäre,[421] dessen Interesse an der Erlangung einer angemessenen Vergütung wäre dementsprechend negativ betroffen. Selbst naturgemäß an einem möglichst offenen Zweitmarkt interessierte Gebrauchssoftwarehändler bezeichnen eine Aufspaltung von „Mehrplatzlizenzen“ beziehungsweise „Client-Server-Lizenzen“ als widersinnig.[422] Aufgrund der technischen Ausgestaltung der Client-Server Nutzung und der deshalb in dieser Konstellation sowohl beim Erst- als auch beim Zweiterwerber parallel erforderlichen Serverinstallation käme es ansonsten tatsächlich zu einer Verdopplung der Vervielfältigungsstücke des Computerprogramms. Bezugspunkt des Nutzungsrechts, das mit der „Client-Server-Lizenz“ umschrieben wird, ist insoweit richtigerweise das auf dem Server des Ersterwerbers zu installierende Vervielfältigungsstück und dessen Nutzung. Die Verdopplung der Vervielfältigungsstücke des Computerprogramms ist also von der ratio legis des Erschöpfungsgrundsatzes, das urheberrechtlich geschützte Werk beziehungsweise die Programmkopie

---

420 Vgl. *Redeker*, CR-online.de Blog v. 08.01.2013, S. 1.

421 Vgl. auch *Marly*, Softwarerecht, 2018, Rn. 232.

422 *UsedSoft Deutschland GmbH*, EuGH gibt grünes Licht für Software-Gebrauchthandel, 2012; veröffentlicht unter http://www.usedsoft.com/de/presse/pressemeldungen/eugh-gibt-gruenes-licht-fuer-software-gebrauchthandel/; zuletzt abgerufen am 28.12.2021.

verkehrsfähig zu halten, d.h. sie im allgemeinen Interesse am Werkzugang unter wirtschaftlich selbstständigen Rechtssubjekten zirkulieren zu lassen, nicht mehr gedeckt. Dass damit auch derjenige Zweiterwerber eine Verletzung des Urheberrechts begeht, der aufgrund des Zweiterwerbs den Nutzerzugriff auf seine bereits vorhandene Serverinstallation um eine entsprechende Nutzeranzahl erweitert, ist zutreffend, da sich eine eingetretene Erschöpfungswirkung insoweit tatsächlich nicht auf die auf seinem Server aus einem anderweitigen Vorerwerb vorhandene Programmkopie beziehen kann, sondern lediglich das vom Ersterwerber erworbene Werkexemplar betrifft. Eine darüberhinausgehende Ausweitung der Erschöpfungswirkung wäre selbst unter Zugrundelegung der Vorstellung eines virtuellen Vervielfältigungsstücks als Bezugspunkt der Erschöpfungswirkung nicht angezeigt, sondern stellte vielmehr auch dann eine Überdehnung von dessen Anwendungsbereich dar, die keine Deckung in dessen ratio legis mehr findet.

Wie bereits dargelegt ist grundsätzlich vom vereinbarten Benutzungsumfang einer Einzelplatznutzung auszugehen.[423] Richtigerweise ist angesichts dieser Tatsache, um die Zulässigkeit der Aufspaltung einer Softwareüberlassung zur Nutzung auf mehreren Arbeitsplätzen – die im Fall ihrer Zulässigkeit, wie die nachstehenden Erwägungen belegen werden, genau genommen eine bloße Aufteilung darstellt – zu beurteilen, entscheidend auf die Frage abzustellen, ob im Rahmen der originären Softwareüberlassung lediglich ein einzelnes Nutzungsrecht zur Mehrplatznutzung oder ein Bündel von Nutzungsrechten zur Einzelplatznutzung eingeräumt wurde. Zur Klärung dieses Umstands kommt es in erster Linie auf die vereinbarte technische Einsatzform an. Wurde die Software ausdrücklich oder jedenfalls konkludent – etwa aufgrund ihrer Beschaffenheit – für eine technische Einsatzform überlassen, die lediglich die Programminstallation im Festspeicher eines zentralen Servers beinhaltet und werden von dort lediglich Programmteile in den Arbeitsspeicher des jeweiligen Client-Rechners übertragen und dem Nutzer so die Benutzung des Programms ermöglicht – wie es der Begriff der „Mehrplatzlizenz" beziehungsweise „Client-Server-Lizenz" im Hinblick auf die damit beschriebene Nutzungsform wohl regelmäßig erfassen soll – ist von einer gegenüber der einfachen sowie mehrfachen Einzelplatznutzung wirtschaftlich abgrenzbaren Nutzungsart und folgerichtig von der Einräumung eines selbstständigen Nutzungsrechts i.S.d. § 31 UrhG auszugehen. Eine Aufspaltung mit anschließender Übertragung auf einen Zweiterwerber ist unter

423 Vgl. bereits Darstellungspunkt § 3 III. 1. b) ee) (2).

diesen Voraussetzungen ausgeschlossen, sie ist nicht vom urheberrechtlichen Erschöpfungsgrundsatz i.S.d. §§ 69c Nr. 3 S. 2, 17 Abs. 2 UrhG gedeckt.

Anders gestaltet sich die Rechtslage, wenn es im Rahmen der Überlassung des Computerprogramms zu keiner ausdrücklichen oder konkludenten Vereinbarung hinsichtlich der technischen Verwendung gekommen ist, daher angesichts der dargestellten Erwägungen die Programminstallation im Festspeicher jedes einzelnen Arbeitsplatzrechners von der erlaubten Nutzung umfasst ist, sodass das Vorliegen einer wirtschaftlichen Abgrenzbarkeit gegenüber einer mehrfachen Einzelplatznutzung und folgerichtig eines selbstständigen Nutzungsrechts i.S.d. § 31 UrhG zu verneinen ist. Unter diesen Voraussetzungen wird eine Auslegung der Softwareüberlassungserklärungen vielmehr zu dem Ergebnis führen, dass eine entsprechende Anzahl von Einzelplatznutzungsrechten eingeräumt wurde, deren Aufteilung und Weiterveräußerung vom urheberrechtlichen Erschöpfungsgrundsatz i.S.d. §§ 69c Nr. 3 S. 2, 17 Abs. 2 UrhG gedeckt, d.h. auch ohne Zustimmung des Urhebers zulässig ist.

ff) Weiterveräußerung unter Weitergabe von Echtheitszertifikaten

Der durch §§ 69c Nr. 3 S. 2, 17 Abs. 2 UrhG bereichsspezifisch für das Urheberrecht kodifizierte Erschöpfungsgrundsatz findet eine markenrechtliche Entsprechung in § 24 Abs. 1 MarkenG[424]. Danach hat der Inhaber einer Marke oder einer geschäftlichen Bezeichnung nicht das Recht, einem Dritten zu untersagen, die Marke oder die geschäftliche Bezeichnung für Waren zu benutzen, die unter dieser Marke oder dieser geschäftlichen Bezeichnung von ihm oder mit seiner Zustimmung im Inland, in einem der übrigen Mitgliedstaaten der Europäischen Union oder in einem anderen Vertragsstaat des Abkommens über den Europäischen Wirtschaftsraum in den Verkehr gebracht worden sind.

Das Markenrecht stellt auf die Unterscheidungskraft eines geschäftlichen Kennzeichens ab und knüpft den Schutz der Marke grundsätzlich an seine Eintragung. Nach der Rechtsprechung des BGH kann sich der Softwarehersteller dem Vertrieb der Datenträger aus berechtigten Gründen i.S.d. § 24 Abs. 2 MarkenG widersetzen, wenn ein Wiederverkäufer mit der Marke des Softwareherstellers versehene Sicherungs-CDs eines Computerprogramms in den Verkehr

---

424 Gesetz über den Schutz von Marken und sonstigen Kennzeichen (Markengesetz) v. 25.10.1994, BGBl. 1994 I, S. 3082; 1995 I, S. 156; 1996 I, S. 682; zuletzt geändert durch Gesetz v. 10.08.2021, BGBl. 2021 I, S. 3490.

bringt, die er mit Echtheitszertifikaten des Herstellers (CoA)[425] versehen hat, die zuvor nicht auf den CDs, sondern auf Computern angebracht waren.[426]

In der Praxis geschieht der Gebrauch von Echtheitszertifikaten etwa in der Form, dass das in den Verkehr gebrachte Computerprogramm als OEM-Version herstellerseitig auf dem samt Sicherungsdatenträger ausgelieferten Computer vorinstalliert ist und ein CoA unmittelbar auf der Hardware aufgeklebt wird.[427] Auf den Echtheitszertifikaten ist neben der für die Installation der Software erforderlichen Seriennummer und verschiedenen Sicherheitsmerkmalen dann üblicherweise auch die Marke des Softwareherstellers kenntlich gemacht.[428] Computerprogramme als solches sind durch das MarkenG nicht geschützt.[429] Als berechtigte Gründe, die dem Eintritt der markenrechtlichen Erschöpfung entgegenstehen können, kommen nach § 24 Abs. 2 MarkenG etwa die Veränderung oder Verschlechterung des Zustands der entsprechenden Waren nach ihrem Inverkehrbringen in Betracht. § 24 Abs. 2 MarkenG ist hierbei angesichts seines Wortlauts „insbesondere" als nicht abschließende Regelung zu verstehen.

Im Rahmen der markenrechtlichen Erschöpfung kann der Inhaber des Markenrechts auf Grundlage des Art. 7 Abs. 2 der Markenrichtlinie (RL 2008/95/EG)[430], der durch § 24 Abs. 2 MarkenG im deutschen Recht umgesetzt wird, nach dem Inverkehrbringen rechtmäßig gekennzeichneter Ware solche Handlungen verbieten, die die Herkunfts- und Garantiefunktion seines Zeichens verletzen oder die Unterscheidungskraft oder die Wertschätzung der Marke in unlauterer Weise ausnutzen oder beeinträchtigen.[431]

---

425 Für „Certificate of Authenticity".

426 BGH, Urteil v. 06.10.2011, Az. I ZR 6/10 (Echtheitszertifikat), MMR 2012, S. 324 ff.

427 Siehe etwa BGH, Urteil v. 06.10.2011, Az. I ZR 6/10 (Echtheitszertifikat), MMR 2012, S. 324 ff. (Rn. 4).

428 Siehe etwa BGH, Urteil v. 06.10.2011, Az. I ZR 6/10 (Echtheitszertifikat), MMR 2012, S. 324 ff. (Rn. 4).

429 Vgl. *Marly*, Softwarerecht, 2018, Rn. 568.

430 Richtlinie 2008/95/EG des Europäischen Parlaments und des Rates v. 22.10.2008 zur Angleichung der Rechtsvorschriften der Mitgliedstaaten über die Marken, ABl. EU Nr. L 299 v. 08.11.2008, S. 25; nunmehr Art. 15 Abs. 2 RL (EU) 2015/2436, Richtlinie (EU) 2015/2436 des Europäischen Parlaments und des Rates v. 16.12.2015 zur Angleichung der Rechtsvorschriften der Mitgliedstaaten über die Marken (Neufassung), ABl. EU Nr. L 336 v. 23.12.2015, S. 1.

431 BGH, Urteil v. 06.10.2011, Az. I ZR 6/10 (Echtheitszertifikat), MMR 2012, S. 324 ff. (Rn. 19) unter Bezugnahme auf die Rechtsprechung des EuGH (EuGH, Urteil v. 23.02.1999, Az. C-63/97 (BMW/Deenik), Slg. 1999, S. I-905) sowie unter Bezugnahme auf die weitere Rechtsprechung des BGH (BGH, Urteil v. 15.02.2007, Az. I

Nach der Rechtsprechung des BGH ist eine Beeinträchtigung insbesondere dann anzunehmen, wenn die Veränderung die Eigenart der Ware berührt, etwa wenn ihr Verwendungszweck oder solche Merkmale verändert werden, auf die sich die immaterialgüterrechtliche Garantiefunktion erstreckt.[432] Erforderlich sei eine Abwägung zwischen den berechtigten Interessen des Markeninhabers und des Wiederverkäufers.[433]

Ein verständiger Verbraucher werde einem mit einem Echtheitszertifikat des Rechtsinhabers versehenen Trägermedium mit einer Betriebssystemsoftware angesichts der dargelegten Erwägungen nicht nur die Aussage entnehmen, dass der zertifizierte Datenträger ein Originalprodukt sei, sondern dass der konkrete Datenträger vom allein zur Erstkennzeichnung von Produkten berechtigten Rechtsinhaber selbst als echt zertifiziert worden ist.[434]

Für die nach alledem entscheidende Frage, ob sich der Rechtsinhaber dem weiteren Vertrieb der Ware aus berechtigten Gründen i.S.d. § 24 Abs. 2 MarkenG widersetzt, komme es weder allgemein auf die Zuordnung von Zertifikaten zu bestimmten Sicherungs-CDs und deren neuer Zusammenstellung an, noch darauf, ob durch die vom Ersterwerber vorgenommene Verbindung zwischen dem Trägermedium und dem Echtheitszertifikat eine Verschlechterung der Funktion der Ware herbeigeführt wird.[435] Nach der Rechtsprechung des BGH kommt es entscheidend darauf an, dass der Ersterwerber mit der Verbindung von Zertifikat und Datenträger ein nur dem Rechtsinhaber zustehendes Kennzeichnungsrecht für sich beansprucht und den unzutreffenden Eindruck hervorruft, die in der Verknüpfung zum Ausdruck kommende Herkunftsgarantie sei dem Rechtsinhaber zuzurechnen.[436]

ZR 63/04 (Parfümtester), GRUR 2007, S. 882 ff. (Rn. 22); BGH, Urteil v. 03.11.2005, Az. I ZR 29/03 (Gewinnfahrzeug mit Fremdemblem), GRUR 2006, S. 329 ff. (Rn. 28)).

432 BGH, Urteil v. 06.10.2011, Az. I ZR 6/10 (Echtheitszertifikat), MMR 2012, S. 324 ff. (Rn. 19) unter Bezugnahme auf die weitere Rechtsprechung des BGH (BGH, Urteil v. 09.06.2004, Az. I ZR 13/02 (SIM-Lock), GRUR 2005, S. 160, 161).

433 BGH, Urteil v. 06.10.2011, Az. I ZR 6/10 (Echtheitszertifikat), MMR 2012, S. 324 ff. (Rn. 19).

434 BGH, Urteil v. 06.10.2011, Az. I ZR 6/10 (Echtheitszertifikat), MMR 2012, S. 324 ff. (Rn. 22).

435 BGH, Urteil v. 06.10.2011, Az. I ZR 6/10 (Echtheitszertifikat), MMR 2012, S. 324 ff. (Rn. 24) unter Bezugnahme auf die weitere Rechtsprechung des BGH (BGH, Urteil v. 09.06.2004, Az. I ZR 13/02 (SIM-Lock), GRUR 2005, S. 160, 161).

436 BGH, Urteil v. 06.10.2011, Az. I ZR 6/10 (Echtheitszertifikat), MMR 2012, S. 324 ff. (Rn. 24).

In seiner UsedSoft II-Entscheidung hat der BGH hinsichtlich der markenrechtlichen Erschöpfung im Zusammenhang mit dem unkörperlichen Vertrieb sowie in Bezug auf das Zusammenspiel mit der urheberrechtlichen Erschöpfung betont, dass sich jedenfalls in entsprechender Anwendung des § 24 Abs. 1 MarkenG das Recht des Markeninhabers erschöpfen könne, seine Marke für entsprechende Produkte zu nutzen, soweit sich das urheberrechtliche Verbreitungsrecht auf nichtkörperliche Kopien von Computerprogrammen erstrecken und hinsichtlich solcher Kopien erschöpfen kann.[437] Der BGH präzisiert seine diesbezügliche Rechtsprechung in seiner UsedSoft III-Entscheidung. Soweit sich das Verbreitungsrecht des Urhebers an körperlichen oder nichtkörperlichen Programmkopien erschöpft habe, sei grundsätzlich auch das Recht des Markeninhabers erschöpft, seine Marke für diese Produkte zu nutzen.[438]

gg) Zwischenergebnis

Der Gesetzgeber hat zwar bislang davon abgesehen, die Weitergabe digitaler Güter urheberrechtlich ausdrücklich zu kodifizieren. Dies spricht im Hinblick auf die zugrunde liegenden grundrechtlichen Wertungen, die der Gesetzgeber lediglich ausgestalten, nicht hingegen derogieren kann, aber nicht dagegen, dass ein entsprechendes Recht möglicherweise schon unter der geltenden Gesetzeslage begründet sein kann.

Bei der Auslegung einer vertraglichen Regelung kommt es im Zweifelsfall auf die erkennbaren wirtschaftlichen Interessen der vertragschließenden Parteien an. Ein Erschöpfungseintritt wird teilweise abgelehnt mit dem im Hinblick auf den Verkaufsvorgang vorgebrachten Argument, beim Download etwa eines Hörbuchs finde keine Substanzverschiebung statt, was sodann im Hinblick auf das Erschöpfungsmerkmal der Veräußerung (hier § 17 Abs. 2 UrhG) zu einer interessenmäßig abweichenden Bewertung gegenüber körperlichen Werkexemplaren führt.[439] Dies überzeugt schon deshalb nicht, weil es letztlich auch beim Kauf einer CD nicht um ihren Datenträger

437 BGH, Urteil v. 17.07.2013, Az. I ZR 129/08 (UsedSoft II), MMR 2014, S. 232 ff. (Rn. 50).

438 BGH, Urteil v. 11.12.2014, Az. I ZR 8/13 (UsedSoft III), MMR 2015, S. 530 ff. (Rn. 75) unter Bezugnahme auf BGH, Urteil v. 17.07.2013, Az. I ZR 129/08 (UsedSoft II), MMR 2014, S. 232 ff. (Rn. 50).

439 So letztlich vertreten vom OLG Hamm, Urteil v. 15.05.2014, Az. 22 U 60/13, CR 2014, S. 498, 502; kritisch dazu *Kubach/Schuster*, CR 2014, S. 504, 506.

im Sinne seiner Sachsubstanz geht, sondern es auf den auf ihr gespeicherten Inhalt ankommt.[440] Typischerweise ist das wirtschaftliche Interesse des Nutzers darauf gerichtet, im Gegenzug zu seiner Einmalzahlung das auf dem materiellen Datenträger enthaltene, urheberrechtlich geschützte Werk zu erfassen und dessen Nutzung jederzeit und dauerhaft ohne rechtliche Zustimmung und ohne einschränkende technische Mitwirkung eines Dritten wiederholen zu können. Diese Möglichkeit ist unter den Bedingungen der Digitalisierung nicht mehr an den Besitz eines körperlichen Datenträgers gebunden. Das tradierte Abgrenzungskriterium der Körperlichkeit oder Unkörperlichkeit des überlassenen Werkexemplars bildet daher im Hinblick auf den urheberrechtlichen Erschöpfungsgrundsatz kein taugliches Differenzierungskriterium mehr, um die geschützten Interessen der beteiligten Parteien im Rahmen der unterschiedlichen Geschäftsmodelle des digitalen Zeitalters zu einem angemessenen Ausgleich zu bringen.

Dass die durch die UsedSoft Rechtsprechung vorgenommene Gleichstellung des körperlichen und des unkörperlichen Vertriebs demgegenüber jedenfalls im Ergebnis zu sachgerechten Lösungen führt, scheint sich abzuzeichnen. So ist es wie dargelegt sogar möglich, im Bereich der Computerprogramme aufgrund deren technischer Beschaffenheit auftretende Besonderheiten, insbesondere etwa im Zusammenhang mit der „Lizenzaufspaltung", im Rahmen der rechtlichen Beurteilung sachgerechten Ergebnissen zuzuführen.[441]

Näher dargelegt wurden damit die Grundzüge der Problematik und ihre technischen Hintergründe exemplarisch im Bereich der Software, dem in der juristischen Diskussion schon immer eine Vorreiterrolle im Bereich der digitalen Güter zukam. Im Anschluss wendet sich die vorliegende Darstellung zur Verifizierung und Weiterentwicklung dieses Zwischenergebnisses im Folgenden einer genaueren Betrachtung der in der UsedSoft-Entscheidung seitens des EuGH getätigten, im Bereich Software nach wie vor maßgeblichen Erwägungen hinsichtlich der Gleichstellung von in körperlicher Form vertriebenen sowie unkörperlich übertragenen Werkkopien zu. So können schließlich die substanziellen Veränderungen der Lebenswirklichkeit, wie sie sich infolge des digitalen Fortschritts ergeben haben, einer angemessenen rechtlichen Bewertung zugeführt werden.

---

440 Vgl. *Ganzhorn*, CR 2014, S. 492.

441 Zur Aufspaltung von „Mehrplatzlizenzen" beziehungsweise „Client-Server-Lizenzen" und „Volumenlizenzen" vgl. bereits Darstellungspunkt § 3 III. 1. b) ee).

2. *Urheberrechtliche Zulässigkeit der Weiterveräußerung unkörperlicher Werkexemplare*

a) *Die Sichtweise vor der UsedSoft-Entscheidung des EuGH*

Jedenfalls bis zur UsedSoft-Entscheidung des EuGH wurde der Ansatz vertreten, ein Vervielfältigungsstück i.S.d. §§ 69c Nr. 3 S. 2, 17 Abs. 2 UrhG sei nur bei körperlichen Gegenständen anzunehmen, eine Erschöpfungswirkung sei demnach im Fall digital übermittelter Kopien nicht gegeben.[442] Der Erwerber etwa von Software, von digitalen Musikinhalten oder eines Hörbuchs konnte diese Güter dementsprechend nicht urheberrechtskonform zustimmungsfrei weiterveräußern, wenn er sie beispielsweise von der Internetseite des Rechtsinhabers mittels Download bezogen hatte.

In der Konsequenz dieses Ansatzes wurden zwei wirtschaftlich vergleichbare Transaktionen, deren neuere digitale Variante den älteren analogen Vorgang zunehmend ersetzt, urheberrechtlich unterschiedlich behandelt. Analoge und digitale Güter unterscheiden sich bei wirtschaftlicher Betrachtung allenfalls darin, dass letztere wie bereits dargestellt[443] jedenfalls keiner endogenen Abnutzung infolge ihres bestimmungsgemäßen Gebrauchs unterliegen. Die genannte Differenzierung lässt sich daher ökonomisch kaum aufrechterhalten, weshalb die Gegenmeinung[444] bereits lange vor Ergehen der UsedSoft-Entscheidung dafür eingetreten ist, die unterschiedliche Behandlung wirtschaftlich gleicher Vorgänge aufzugeben. Dieser Wunsch nach einem digitalisierungskonformeren Urheberrecht wurde von der höchstrichterlichen Rechtsprechung erhört – auch wenn diese Errungenschaft mit Ergehen der Tom Kabinet-Entscheidung wie dargelegt jedenfalls hinsichtlich E-Books eingeschränkt ist.

---

442 Vgl. etwa noch *Czychowski*, in: Fromm/Nordemann, Urheberrecht, 2008, § 69c, Rn. 33; *Loewenheim*, in: Schricker/Loewenheim, Urheberrecht, 2010, § 69c, Rn. 34; v. *Ungern-Sternberg*, in: Schricker/Loewenheim, Urheberrecht, 2010, § 19a, Rn. 6; *Bergmann*, in: FS Erdmann, 2002, S. 17 ff.; *Bräutigam*, CR 2008, S. 551, 551; *Haines/Scholz*, CR 2006, S. 161, 163; *Heydn/Schmidl*, K&R 2006, S. 74, 77; vgl. auch OLG München, Urteil v. 03.07.2008, Az. 6 U 2759/07, MMR 2008, S. 601 ff.; OLG München, Urteil v. 03.08.2006, Az. 6 U 1818/06, MMR 2006, S. 748 ff.; LG München I, Urteil v. 19.01.2006, Az. 7 O 23237/05, MMR 2006, S. 175 ff.

443 Zur Nichtabnutzbarkeit von Software vgl. bereits Darstellungspunkt § 3 III. 1. a).

444 Vgl. etwa die Nachweise bei *Dreier*, in: Dreier/Schulze, UrhG, 2008, § 19a, Rn. 11, § 69c, Rn. 24.

b) Die UsedSoft-Rechtsprechung des EuGH als Ausgangspunkt einer neuen Sichtweise: Darstellung der wesentlichen Entscheidungsinhalte

aa) Überblick und erste Einordnung

Die auf den in Art. 4 Abs. 2 RL 2009/24/EG kodifizierten Erschöpfungsgrundsatz bezogene UsedSoft-Entscheidung des EuGH[445] bringt einen urheberrechtlichen Paradigmenwechsel mit sich. Sie klärt im befürwortenden Sinne die bis dahin in Deutschland äußerst umstrittene Frage, ob der Softwarevertrieb mittels Download einer Kopie aus dem Internet anstelle der Übergabe eines körperlichen Werkexemplars als „Verkauf einer Programmkopie" anzusehen ist. Von der Bejahung des Merkmals hängt es letztlich ab, ob eine Erschöpfung des Verbreitungsrechts i.S.d. Art. 4 Abs. 2 RL 2009/24/EG und in der Folge angesichts des Gebots zur unionskonformen Auslegung des Urheberrechts[446] auch i.S.d. § 69c Nr. 3 S. 2 UrhG, der die Regelung im deutschen Urheberrecht umsetzt, ausgelöst wird. Mit der positiven Antwort auf diese Fragestellung bewirkt der EuGH die Gleichstellung von Online- und Offline-Vertrieb und tat den lange erwarteten ersten Schritt seines Weges zur Anwendung des in der analogen Welt geschaffenen Rechts auf die Sachverhalte des digitalen Wandels.

Auch gestützt auf die Argumentation, Art. 4 Abs. 2 RL 2009/24/EG sei angesichts des zusätzlichen Tatbestandsmerkmals des Computerprogramms – eine Legaldefinition des Tatbestandsmerkmals Computerprogramm lässt sich der RL 2009/24/EG nicht entnehmen, was die hier bereits dargestellte Frage nach ihrem sachlichen Anwendungsbereich eröffnet –[447] gegenüber Art. 4 Abs. 2 RL 2001/29/EG die spezialgesetzlich vorrangige Kodifikation des Erschöpfungsgrundsatzes (lex specialis derogat legi generali),[448] solle der urheberrechtliche Erschöpfungsgrundsatz in diesem Zusammenhang nicht nur körperliche Kopien des urheberrechtlich geschützten Werkes erfassen.[449] Der urheberrechtliche Erschöpfungsgrundsatz sei vielmehr ebenso auf unkörperliche Kopien, also solche, die durch Herunterladen aus dem Internet von der Internetseite des

---

445 EuGH, Urteil v. 03.07.2012, Az. C-128/11 (UsedSoft), MMR 2012, S. 586 ff.

446 Zum Gebot der unionskonformen Auslegung der Vorschriften des EU-mitgliedstaatlichen Urheberrechts vgl. bereits Darstellungspunkt § 2 II. 1. c) bb).

447 Zum Begriff des Computerprogramms vgl. bereits Darstellungspunkte § 3 I. 1.; § 2 II. 1. a) aa) (3).

448 EuGH, Urteil v. 03.07.2012, Az. C-128/11 (UsedSoft), MMR 2012, S. 586 ff. (Rn. 51, 56); *Druschel/Oehmichen*, CR 2015, S. 173, 174.

449 EuGH, Urteil v. 03.07.2012, Az. C-128/11 (UsedSoft), MMR 2012, S. 586 ff. (Rn. 53 ff., 59).

Rechtsinhabers im Rahmen des Erstverkaufs entstanden sind, anwendbar.[450] Die UsedSoft-Entscheidung ist insoweit zunächst spezifisch für die Erschöpfungsvorschrift der RL 2009/24/EG ergangen, also lediglich zum Schutz von Computerprogrammen, und zwar solchen die online als unkörperliche Programmkopien im Wege des Verkaufs veräußert werden, gestützt auf eine grammatikalische und systematische Auslegung des Art. 4 RL 2009/24/EG unter Einbeziehung teleologischer Aspekte.[451] Selbst bei Zugrundelegung der Annahme, dass die RL 2009/24/EG kein Spezialgesetz zu RL 2001/29/EG sein sollte, lässt sich jedenfalls im Hinblick auf den Wortlaut der RL 2001/29/EG – vor allem angesichts dem der englischsprachigen Fassung des Art. 4 Abs. 2 RL 2001/29/EG („copies") – keine zwingende Aussage des Inhalts erkennen, dass von der RL 2001/29/EG ausschließlich körperliche Werkexemplare erfasst sein sollen. Unabhängig davon lässt sich hinsichtlich des Anwendungsbereichs der RL 2009/24/EG bereits an dieser Stelle anmerken, dass der Wortlaut des den Anwendungsbereich der Richtlinie definierenden Art. 1 Abs. 1 S. 2 RL 2009/24/EG („umfasst auch das Entwurfsmaterial") sowie des Art. 1 Abs. 2 RL 2009/24/EG („alle Ausdrucksformen") dafür spricht, den Begriff des Computerprogramms angesichts seiner Querschnittsbedeutung für die Nutzung digitaler Güter extensiv zu interpretieren. Das Computerprogramm muss demzufolge nicht den ausschließlichen Gegenstand des urheberrechtlich geschützten Werkes ausmachen. Dieser Wortlaut ist nach der zutreffenden Feststellung des EuGH in seiner Tom Kabinet-Entscheidung gerade auch im Kontext der Entscheidung zu berücksichtigen.[452]

Da der digitale Vertrieb – so der EuGH in der UsedSoft-Entscheidung – im Hinblick auf die wirtschaftlichen Interessen der Vertragsparteien mit dem analogen Vertrieb vergleichbar sei, gebe es keinen sachlich rechtfertigenden Grund, den Online-Vertrieb nichtkörperlicher Programmkopien urheberrechtlich schlechter zu stellen als den Verkauf derselben auf materiellen Datenträgern.[453] Die Online-Übertragung entspreche funktionell der Aushändigung eines materiellen Datenträgers.[454]

450 EuGH, Urteil v. 03.07.2012, Az. C-128/11 (UsedSoft), MMR 2012, S. 586 ff. (Rn. 53 ff., 59).

451 Vgl. *Leistner*, in: Schricker/Loewenheim, Urheberrecht, 2020, Einl. UrhG, Rn. 104.

452 Vgl. EuGH, Urteil v. 19.12.2019, Az. C-263/18 (Tom Kabinet), MMR 2020, S. 167 ff. (Rn. 38).

453 EuGH, Urteil v. 03.07.2012, Az. C-128/11 (UsedSoft), MMR 2012, S. 586 ff. (Rn. 61).

454 EuGH, Urteil v. 03.07.2012, Az. C-128/11 (UsedSoft), MMR 2012, S. 586 ff. (Rn. 61).

Dieser Auslegung folgend könnte dann von einer der Erschöpfung zugänglichen „Ware" auszugehen sein, wenn die im Gegenzug für die Zahlung der Vergütung geschuldete Leistung nach dem Vertragszweck zum dauerhaften Verbleib beim Erwerber bestimmt ist, unabhängig davon, ob dies in Gestalt eines körperlichen Datenträgers erfolgen soll oder dadurch, dass der Erwerber eine dauerhafte Kopie des übermittelten Werkes erstellt.

Da Art. 4 Abs. 2 RL 2009/24/EG mit dem Ausdruck der Programmkopie einen offenen Begriff verwendet, findet die vom EuGH vorgenommene Gleichbehandlung schon im Wortlaut des Art. 4 Abs. 2 RL 2009/24/EG eine Stütze. Bei natürlichem Sprachgebrauch impliziert der Begriff der Programmkopie keine restriktive Gesetzesauslegung dahingehend, dass sich das Verbreitungsrecht lediglich bei körperlichen Werkexemplaren erschöpft.

Hinsichtlich ihrer Bedeutung für die noch zu behandelnde Frage, ob sich das urheberrechtliche Verbreitungsrecht auch bei anderen digitalen Gütern erschöpft, lässt sich feststellen, dass der EuGH – ungeachtet der späteren Tom Kabinet-Entscheidung – diese in seiner UsedSoft Entscheidung nicht ausdrücklich vom Eingreifen des Erschöpfungsgrundsatzes ausgeschlossen hat.[455] Auch nach Ergehen der Tom Kabinet-Entscheidung behalten die im Fall UsedSoft seitens des EuGH getätigten Erwägungen wie dargelegt jedenfalls hinsichtlich Software ihre Gültigkeit. Wegen dieser auch in Zukunft bestehenden elementaren Bedeutung sollen die zentralen Aussagen der UsedSoft-Entscheidung als Grundlage der weiteren Untersuchung im Folgenden zunächst kurz dargestellt werden.

bb) Erschöpfungsvoraussetzungen

(1) Maßstab

Die Erschöpfung des Verbreitungsrechts erlaubt es dem Ersterwerber des online vertriebenen Computerprogramms, die seinerseits mittels Download erworbene Programmkopie unter Berücksichtigung der vom EuGH definierten Voraussetzungen rechtmäßig weiterzuveräußern,[456] ohne vom Rechtsinhaber etwa aus § 97 UrhG in Anspruch genommen zu werden.[457] Damit eine Erschöpfungswirkung zugunsten des Ersterwerbers eintritt, müssen bestimmte Voraussetzungen

---

455 Zur Verkehrsfähigkeit von E-Books und Audiodateien vgl. auch *Ganzhorn*, CR 2015, S. 525 ff.; Zum Verhältnis von E-Books und Büchern unter besonderer Berücksichtigung der UsedSoft-Rechtsprechung vgl. *Ganzhorn*, CR 2014, S. 492 ff.

456 EuGH, Urteil v. 03.07.2012, Az. C-128/11 (UsedSoft), MMR 2012, S. 586 ff.

457 Vgl. allg. BVerfG, Urteil v. 31.05.2016, Az. 1 BvR 1585/13 (Metall auf Metall), GRUR 2016, S. 690 ff. (Rn. 75).

gegeben sein, die sich auch aus der bereits dargestellten ratio legis des Erschöpfungsgrundsatzes ableiten lassen. Der Wortlaut des insoweit maßgeblichen Art. 4 Abs. 1 lit. c) RL 2009/24/EG („jede") spricht dafür, das diesbezügliche Verbreitungsrecht im Zweifelsfall weit zu verstehen und, um die zugrunde liegenden Wertungen des supranationalen Gesetzgebers nicht auszuhebeln, bei der Feststellung der tatbestandlichen Erschöpfungsvoraussetzungen einen strengen Maßstab anzulegen. Damit sich gemäß Art. 4 Abs. 2 RL 2009/24/EG das Recht auf die Verbreitung dieser Kopie in der Union erschöpft, muss nach alledem tatbestandlich ein „Erstverkauf einer Programmkopie" in der Gemeinschaft durch den Urheberrechtsinhaber oder mit seiner Zustimmung gegeben sein.

(2) Entgeltlichkeit des Ersterwerbs

Ohne diese Voraussetzung ausdrücklich mit der Belohnungstheorie zu begründen, die bereits als dogmatisches Fundament des Erschöpfungsgrundsatzes dargestellt wurde[458], solle die Erschöpfung i.S.d. Art. 4 Abs. 2 RL 2009/24/EG nur dann eintreten, wenn die digitale Kopie des urheberrechtlich geschützten Werkes entgeltlich in den Verkehr gebracht wurde. Wie der EuGH feststellt, ist insoweit zwingende Voraussetzung, dass der Rechtsinhaber in der Lage war, eine dem wirtschaftlichen Wert der Kopie des ihm gehörenden Werkes entsprechende Vergütung zu erzielen.[459]

Herleiten lässt sich die Voraussetzung der Entgeltlichkeit aus dem Wortlaut des Art. 4 Abs. 2 RL 2009/24/EG („Erstverkauf"). Typischerweise, und zwar auch nach dem GEKR-E, setzt ein Verkauf ein entgeltliches Rechtsgeschäft voraus. Art. 2 lit. (k) GEKR-E definiert den Kaufvertrag als einen Vertrag, nach dem der Unternehmer (der „Verkäufer") das Eigentum an einer Ware auf eine andere Person (den „Käufer") überträgt oder sich zur Übertragung des Eigentums an einer Ware auf den Käufer verpflichtet und der Käufer den Preis zahlt oder sich zur Zahlung des Preises verpflichtet. Art. 2 lit. (i) GEKR-E definiert den Preis als das Geld, das etwa im Austausch für bereitgestellte digitale Inhalte oder eine erbrachte verbundene Dienstleistung geschuldet ist und – bedeutsam für die hier vorzunehmende Einordnung des Downloads digitaler Güter – impliziert dadurch gleichzeitig, dass die Bereitstellung digitaler Inhalte etwas wesensmäßig anderes ist als eine Dienstleistung.

Begrifflich unterscheidet sich die supranationale Erschöpfung hinsichtlich des Merkmals des „Erstverkaufs" nach Art. 4 Abs. 2 RL 2009/24/EG

458 Zur Belohnungstheorie vgl. bereits Darstellungspunkt § 2 II. 2. c) dd).

459 EuGH, Urteil v. 03.07.2012, Az. C-128/11 (UsedSoft), MMR 2012, S. 586 ff. (Leitsatz 1).

insoweit zwar von derjenigen i.S.d. § 69c Nr. 3 S. 2 UrhG. Letztere setzt nach ihrem Wortlaut eine „Veräußerung" voraus und verlangt hierdurch, ohne ein bestimmtes schuldrechtliches Verpflichtungsgeschäft zu fordern, die dauerhafte Übertragung der Verfügungsmöglichkeit an dem Vervielfältigungsstück des Computerprogramms.[460] Zu bedenken ist insoweit, dass nach Art. 345 AEUV die Eigentumsordnung als Regelungsmaterie den Mitgliedstaaten vorbehalten ist. Das Merkmal des „Erstverkaufs" als Voraussetzung der Erschöpfungswirkung i.S.d. Art. 4 Abs. 2 RL 2009/24/EG mag daher ein Regelungskompromiss des europäischen Gesetzgebers zwischen EU-Mitgliedstaaten mit verschiedenen Eigentumsordnungen sein. Dies mag darin begründet sein, dass den Rechtsordnungen vieler EU-Mitgliedstaaten wie etwa Frankreich, Belgien, Luxemburg, Italien oder Spanien kein Abstraktionsprinzip bekannt ist, d.h. diese keine Unterscheidung zwischen schuldrechtlichem Verpflichtungsgeschäft und dinglichem Verfügungsgeschäft treffen. Jedenfalls ist aber angesichts des Gebots zur unionskonformen Auslegung des Urheberrechts[461] das Merkmal der „Veräußerung" i.S.d. § 69c Nr. 3 S. 2 UrhG als erfüllt anzusehen, sofern ein Erstverkauf nach Art. 4 Abs. 2 RL 2009/24/EG – als autonomer Begriff des Unionsrechts –[462] gegeben ist. Zu der Frage, anhand welcher weiteren Kriterien die Erfüllung dieses Tatbestandmerkmals im Hinblick auf den Online-Vertrieb von Software zu beurteilen ist, hat EuGH in seiner UsedSoft-Entscheidung Stellung genommen.

(3) Einheitlichkeit von Download und „Lizenzerwerb"

So ist als weitere maßgebliche Feststellung der UsedSoft-Rechtsprechung des EuGH die Klarstellung hervorzuheben, dass bei online vertriebenen Programmkopien im Hinblick auf die rechtliche Bewertung des Merkmals des „Erstverkaufs" nicht zwischen dem – in sprachlicher und juristischer Hinsicht unscharf – „Lizenzerwerb"[463] und dem Herunterladen der Programmkopie von der Internetseite des Rechtsinhabers zu unterscheiden sei.[464] „Lizenzerwerb" und Download sind hiernach rechtlich betrachtet untrennbar miteinander verbunden.

---

460 *Spindler*, in: Schricker/Loewenheim, Urheberrecht, 2020, § 69c, Rn. 35.

461 Zum Gebot der unionskonformen Auslegung der Vorschriften des EU-mitgliedstaatlichen Urheberrechts vgl. bereits Darstellungspunkt § 2 II. 1. c) bb).

462 EuGH, Urteil v. 03.07.2012, Az. C-128/11 (UsedSoft), MMR 2012, S. 586 ff. (Rn. 40).

463 Zur Verwendung des Begriffs der „Lizenz" im Urheberrecht vgl. bereits Darstellungspunkt § 3 II. 2.

464 EuGH, Urteil v. 03.07.2012, Az. C-128/11 (UsedSoft), MMR 2012, S. 586 ff. (Rn. 47).

Entscheidend ist in diesem Zusammenhang, den i.d.R. auf seinen dauerhaften Erwerb gerichteten Download eines digitalen Gutes, also dessen dauerhafte Speicherung auf einer Festplatte oder einem anderen Speichermedium des Nutzers, bei dem es sich um eine grundsätzlich zustimmungspflichtige Vervielfältigungshandlung i.S.d. § 16 Abs. 1 UrhG handelt, vom bloßen Streaming zu unterscheiden. Im Rahmen des Streaming können zwar ebenso als Vervielfältigung i.S.d. § 16 Abs. 1 UrhG zu qualifizierende Handlungen stattfinden. Diese sind dann aber als vorübergehende Vervielfältigungshandlungen durch Art. 5 Abs. 1 lit. b) RL 2001/29/EG beziehungsweise § 44a Nr. 2 UrhG privilegiert,[465] da die Handlungen nur flüchtig oder begleitend sind, einen integralen und wesentlichen Teil des technischen Verfahrens darstellen und deren alleiniger Zweck darin besteht, eine rechtmäßige Nutzung eines Werkes oder sonstigen Schutzgegenstands zu ermöglichen, ohne eigenständige wirtschaftliche Bedeutung zu haben. Anders als der Download, bei dem allerdings das zeitlich begrenzte Download-to-rent-Modell von dem auf Übertragung eines zeitlich unbegrenzten Nutzungsrechts gerichtete Download-to-own-Modell zu unterscheiden ist, ist das Streaming in jedem Fall lediglich auf die Ermöglichung des Werkkonsums gerichtet.[466]

(4) Freiwillige und dauerhafte Aufgabe der Verfügungsgewalt

Sowohl das Tatbestandsmerkmal des Erstverkaufs i.S.d. Art. 4 Abs. 2 RL 2009/24/EG – typischerweise ist der Verkauf auf die dauerhafte Übertragung der Verfügungsgewalt auf den Käufer, d.h. seine dauerhafte Entlassung aus der Herrschaftssphäre des Verkäufers, gerichtet – als auch die ratio legis des Erschöpfungsgrundsatzes, das urheberrechtlich geschützte Werk beziehungsweise die Programmkopie verkehrsfähig zu halten, spricht für die weitere Feststellung des EuGH, die Erschöpfungswirkung i.S.d. Art. 4 Abs. 2 RL 2009/24/EG nur dann eintreten zu lassen, wenn die Verfügungsgewalt an der Programmkopie freiwillig – Art. 4 Abs. 2 RL 2009/24/EG verlangt deren Verbreitung mit der Zustimmung des Rechtsinhabers – und dauerhaft aufgegeben wird.

Der EuGH führt zutreffend aus, dass es bei der Erschöpfungswirkung i.S.d. Art. 4 Abs. 2 RL 2009/24/EG darum gehe, eine Abschottung nachgelagerter Märkte zu vermeiden, die zu befürchten wäre, wenn der Urheberrechtsinhaber den Weiterverkauf von aus dem Internet heruntergeladenen Programmkopien kontrollieren und bei jedem Weiterverkauf erneut ein Entgelt verlangen könnte, obwohl ihm bereits beim Erstverkauf der betreffenden Kopie die Möglichkeit

465 Vgl. *Ganzhorn*, Weitergabe digitaler Güter, 2015, S. 44 f.
466 Vgl. *Ganzhorn*, Weitergabe digitaler Güter, 2015, S. 42 f.

der Erzielung einer angemessenen Vergütung gegeben war.[467] Die ratio legis des Erschöpfungsgrundsatzes besteht hingegen nicht darin, dem Online-Erwerber Verdienstmöglichkeiten zu verschaffen, die er bei einem Erwerb einer körperlichen Programmkopie im Ladengeschäft nicht hätte.

(5) Löschung/Unbrauchbarmachung der eigenen Programmkopie im Zeitpunkt des Zweiterwerbs

Nach der insoweit maßgeblichen RL 2009/24/EG kann sich – in Übereinstimmung mit § 69c UrhG – ausschließlich das Verbreitungsrecht i.S.d. Art. 4 Abs. 1 lit. c) RL 2009/24/EG, nicht aber das Vervielfältigungsrecht i.S.d. Art. 4 Abs. 1 lit. a) RL 2009/24/EG erschöpfen. Aus Erwägungen der Rechtssicherheit und des Verkehrsschutzes ist zudem eine sachgerechte Abgrenzung zum Vervielfältigungsrecht geboten. Daher setzt der Eintritt der Erschöpfungswirkung nach der UsedSoft-Rechtsprechung außerdem voraus, dass der Ersterwerber seine eigene Programmkopie zum Zeitpunkt des Weiterverkaufs löscht oder technisch unbrauchbar macht.[468]

Der Ersterwerber, der die Programmkopie durch Download von der Internetseite des Rechtsinhabers erhält, würde bei einem Verzicht auf diese Voraussetzung bessergestellt als derjenige, dem die Programmkopie auf einem körperlichen Datenträger ausgehändigt wird. Eine Privilegierung sowohl der einen als auch der anderen Erwerbsform soll nach UsedSoft-Rechtsprechung aber gerade unterbunden werden. Wenn der Ersterwerber keine Programmkopien zurückbehält, gleicht deren unkörperliche Übertragung insoweit der körperlichen Veräußerung eines Vervielfältigungsstücks.[469]

Theoretisch liegt es im Bestreitensfall beim Zweiterwerber, darzulegen und gegebenenfalls zu beweisen, dass die jeweilige Programmkopie des vorherigen Erwerbers zum Zeitpunkt der Weiterveräußerung gelöscht oder ansonsten technisch unbrauchbar gemacht wurde.[470] In praktischer Hinsicht stellt sich aber die Frage, wie diese Erschöpfungsvoraussetzung beweisbar ist.[471] Daher ließe sich einwenden, dass durch die UsedSoft-Rechtsprechung die vom

---

467 EuGH, Urteil v. 03.07.2012, Az. C-128/11 (UsedSoft), MMR 2012, S. 586 ff. (Rn. 62, 63).

468 EuGH, Urteil v. 03.07.2012, Az. C-128/11 (UsedSoft), MMR 2012, S. 586 ff. (Rn. 70).

469 *Grützmacher*, in: Wandtke/Bullinger, Urheberrecht, 2019, § 69c, Rn. 49.

470 Vgl. dazu auch BGH, Urteil v. 17.07.2013, Az. I ZR 129/08 (UsedSoft II), MMR 2014, S. 232 ff. (Rn. 56).

471 Zu den diesbezüglichen praktischen Herausforderungen vgl. *Kubach/Hunzinger*, CR 2016, S. 14 ff.; *Kubach/Hunzinger*, CR 2016, S. 213 ff.

Erschöpfungsgrundsatz intendierte Verkehrsfähigkeit der hiernach umfassten unkörperlichen Werkexemplare in der Praxis tatsächlich nicht bewirkt würde: Viele potenzielle Zweiterwerber würden sich nicht auf das Risiko verbliebener Programmkopien beim Ersterwerber einlassen.[472]

Vor dargestelltem Hintergrund stellt sich die im Verlauf der weiteren Darstellung zu klärende Frage, ob der durch die UsedSoft-Rechtsprechung konkretisierte Erschöpfungsgrundsatz dessen zentrale Anliegen, nämlich die Vermittlung von Anreizen im Sinne der – bereits dargelegten –[473] Belohnungstheorie und den Erhalt der Verkehrsfähigkeit des urheberrechtlich geschützten Werkes, insbesondere auch hinsichtlich seiner ökonomischen Zielrichtung, sachgerecht umsetzt.

c) Schlussfolgerungen aus der UsedSoft-Rechtsprechung

aa) Unmaßgeblichkeit der Vertriebsmodalitäten

Aus der UsedSoft-Rechtsprechung des EuGH lässt sich schlussfolgern, dass es für das Eingreifen des Erschöpfungsgrundsatzes i.S.d. §§ 69c Nr. 3 S. 2, 17 Abs. 2 UrhG weniger auf den Vertriebsweg und die Übertragungsmodalitäten (Offline-Übertragung gegenüber Online-Übertragung) ankommt, unter denen das Vervielfältigungsstück beziehungsweise die Programmkopie vom Rechtsinhaber zum Ersterwerber gelangt. Insbesondere auch die RL 2011/83/EU behandelt die handelbaren Güter einheitlich und unabhängig von der Art ihres Vertriebs, ohne nach ihrer Festlegung zu differenzieren.[474] Auch nach dem Erlass der RL 2019/770/EU ist schon aus Gründen der Kohärenz der europäischen Urheberrechtsordnung darauf hinzuwirken, dass ein Rechtsprinzip wie die urheberrechtliche Erschöpfung, die in Anbetracht ihrer ratio legis, die Verkehrsfähigkeit urheberrechtlich geschützter Werke zu stärken, für die Entwicklung des digitalen Binnenmarkts von wesentlicher Bedeutung ist, nicht durch die Wahl des einen oder anderen Vertriebsmodells ausgehebelt werden kann.[475] Um die dem Erschöpfungsgrundsatz zugrunde liegenden Zielsetzungen zur größtmöglichen praktischen Wirksamkeit (effet utile)[476] zu bringen, sollte sein sachlicher Anwendungsbereich weniger nach den Vertriebsmodalitäten

472 Vgl. *Stieper*, ZUM 2012, S. 668, 670

473 Zur Belohnungstheorie vgl. bereits Darstellungspunkt § 2 II. 2. c) dd).

474 Vgl. *Druschel/Oehmichen*, CR 2015, S. 173, 175.

475 Vgl. *Specht*, in: Bräutigam/Rücker, E-Commerce, 2017, 6. Teil, G., Rn. 68.

476 Zum Gebot der Verwirklichung einer größtmöglichen praktischen Wirksamkeit vgl. bereits Darstellungspunkt § 2 II. 1. c) bb).

(Offline- gegenüber Online-Vertrieb) oder der Frage, ob das veräußerte Werkexemplar mit dem erworbenen physisch identisch ist, sondern unter Rückgriff auf das Kriterium der wirtschaftlich-funktionalen Äquivalenz des veräußerten Gutes bestimmt werden.[477] Es hätte beim EuGH gelegen, schon in seiner UsedSoft-Entscheidung deutlicher zu machen, woran die Erschöpfung beziehungsweise die Nutzungsbefugnis anknüpft.[478] Wenn insoweit der EuGH in seiner Tom Kabinet-Entscheidung, gestützt auf die Schlussanträge des Generalanwalts, allerdings zu dem Schluss kommt, dass die Überlassung eines Buchs auf einem materiellen Träger und die Überlassung eines E-Books schon in wirtschaftlicher und funktioneller Hinsicht nicht vergleichbar seien,[479] so ist dies in seiner Pauschalität nicht überzeugend.

bb) Rechtsfortbildungsauftrag des EuGH

Durch das Internet ermöglichte neue Vertriebsformen haben in vielen Bereichen zu einer Digitalisierung unseres Umfeldes geführt. Die Rechtsordnung kann sich dieser Entwicklung nicht verschließen,[480] sie ist zu ihrem dauerhaften Bestand auf eine allgemeine gesellschaftliche Akzeptanz angewiesen. Angekommen in der digitalen Lebenswirklichkeit des Jahres 2021,[481] ist die RL 2001/29/EG inzwischen zwanzig Jahre alt.[482] Angesichts der Geschwindigkeit des digitalen Wandels eine enorme Zeitspanne, in der die digitale Entwicklung entsprechend des Moore'schen Gesetzes[483] deutlich vorangeschritten ist. Schon dieser Umstand spricht dafür, dass die auf Art. 2001/29/EG gestützte Tom Kabinet-Entscheidung ungeachtet des Rechtsfortbildungsauftrages des EuGH den seither erfolgten digitalen Wandel nicht angemessen nachvollzieht. So fällt auf, dass sich der EuGH in seiner Tom Kabinet-Entscheidung nicht ansatzweise mit der RL 2019/770/EU beziehungsweise deren zugrunde liegenden gesetzgeberischen Gedanken auseinandersetzt, obwohl dies in Anbetracht der kompetenziellen

---

477 Vgl. ähnlich auch *Specht*, in: Bräutigam/Rücker, E-Commerce, 2017, 6. Teil, G., Rn. 68 unter Bezugnahme auf eine wirtschaftlich-funktionale Identität.

478 Vgl. *Kuschel*, Erwerb digitaler Werkexemplare, 2019, S. 55.

479 Vgl. EuGH, Urteil v. 19.12.2019, Az. C-263/18 (Tom Kabinet), MMR 2020, S. 167 ff. (Rn. 58).

480 Vgl. *Redeker*, CR 2014, S. 73, 73.

481 Zu den Entwicklungen und dem Stand des Urheberrechts im Jahr 2021 vgl. *Hofmann*, GRUR 2021, S. 895 ff.; *Grünberger*, ZUM 2021, S. 257 ff.; vgl. auch *Metzger/Timm*, ZUM 2021, S. 288 ff.

482 Vgl. *Hofmann*, GRUR 2021, S. 895, 895; Vgl. auch *Conrad/Nolte*, ZUM 2021, S. 111 ff.

483 Zum Moore'schen Gesetz vgl. bereits Darstellungspunkt § 1 III. 2. a).

Befugnis des EuGH, als „Motor“[484] des europäischen Integrationsprozesses auch rechtsfortbildend zu wirken, nahegelegen hätte. Bei Erlass der RL 2001/29/EG im Jahr 2001 hat der europäische Gesetzgeber die heute als selbstverständlich empfundenen Gegebenheiten der Internetökonomie noch nicht absehen und entsprechend rechtlich erfassen können.[485] Der den Rechtsschutzauftrag des EuGH definierende Art. 19 Abs. 1 S. 2 EUV spricht angesichts seiner Differenzierung zwischen „Recht“ und „Verträgen“ – gemeint sind die unionskonstituierenden Verträge i.S.d. Art. 1 Abs. 3 S. 1 EUV (EUV, AEUV und EGRC) – für die Legitimation des EuGH, über das geschriebene Recht hinaus schöpferisch tätig zu werden und richterrechtlich allgemeine Rechtsgrundsätze zu entwickeln.[486] Vor diesem Hintergrund bestand für den EuGH schon in der Tom Kabinet-Entscheidung Veranlassung, angesichts des Standes der digitalen Entwicklung, der deutlich gestiegenen Akzeptanz digitaler Inhalte und des rechtspraktischen Bedürfnisses nach einer dementsprechenden Eingrenzung Grundsätze zu entwickeln, an denen sich der digitale Vertrieb urheberrechtlich geschützter Inhalte orientieren kann. Stattdessen wurden die im UsedSoft-Urteil aufgestellten Grundsätze unter Berufung auf die dargelegte formaljuristische Argumentation anhand der Rechtssystematik jedenfalls im Hinblick auf E-Books nicht weiter ausgeführt. Dies führt insgesamt zu dem Schluss, dass der EuGH dem ihm obliegenden Rechtsfortbildungsauftrag bisher allein durch die – wie dargelegt weiterhin gültigen – in seiner UsedSoft-Entscheidung formulierten Grundsätze und damit insgesamt nicht hinreichend nachgekommen ist. Das Ziel, zur Rechtssicherheit im Markt der digitalen Güter und seiner Funktionsfähigkeit beizutragen, wurde verfehlt.

cc) Maßgeblichkeit der Erlangung der Verfügungsgewalt

Da sowohl Art. 4 Abs. 2 RL 2009/24/EG als auch § 69c Nr. 3 S. 2 UrhG für den Eintritt der Erschöpfungswirkung ein bestimmtes wirtschaftliches Ergebnis des Erstverkaufs beziehungsweise der Erstveräußerung verlangen, ist insoweit richtigerweise das beim Ersterwerber eintretende Ergebnis der Erlangung der Verfügungsgewalt entscheidend. Unabhängig davon, ob der Ersterwerber ein körperliches Exemplar des urheberrechtlich geschützten Werkes erhält

484 Vgl. *Classen*, in: Schulze/Janssen/Kadelbach, Europarecht, 2020, § 4, Rn. 13; Zur Rechtsprechung des EuGH zum Urheberrecht und zu den verwandten Schutzrechten im Jahr 2020 vgl. *v. Ungern-Sternberg*, GRUR 2021, S. 1 ff.

485 Vgl. *Ganzhorn*, CR 2014, S. 492, 494; *Hartmann*, GRUR Int 2012, S. 980, 984.

486 Vgl. *Classen*, in: Schulze/Janssen/Kadelbach, Europarecht, 2020, § 4, Rn. 13.

oder ob dieses unkörperlich übermittelt wird, kommt es darauf an, ob er im Ergebnis jederzeit ohne die Mitwirkung des Rechtsinhabers auf den bestimmungsgemäßen Verwendungsnutzen des urheberrechtlich geschützten Werkes zugreifen kann.

dd) Vollständige Entlassung aus der Herrschaftssphäre des Rechtsinhabers

Aufgrund der genannten Voraussetzung kommt es wie dargelegt nicht zur Erschöpfung, wenn der Ersterwerber selbst nach Vollendung des Rechtserwerbs auf eine technische Mitwirkungshandlung des Rechtsinhabers angewiesen ist, etwa weil der urheberrechtlich geschützte Gegenstand im Rahmen eines Cloud Computing-Modells auf einem zentralen Server des Rechtsinhabers gespeichert ist und – etwa im Rahmen eines Software as a Service-Vertrages (SaaS)[487] – ausschließlich von diesem Server abgerufen werden kann, sodass dem Rechtsinhaber selbst nach der Vollendung des Rechtserwerbs Möglichkeiten verbleiben, den Zugriff auf das urheberrechtlich geschützte Werk zu verweigern.[488]

Die für das Cloud Computing typischen SaaS-Lösungen ermöglichen dem Anwender, Software benutzerdefiniert über einen Internetbrowser zu nutzen. Die Speicherung erfolgt nicht mehr auf dem Rechner des Nutzers, sondern im Rechenzentrum des Anbieters, wo sie von jedem Berechtigten ortsungebunden abgerufen und genutzt werden können. Unter diesen Voraussetzungen fehlt es regelmäßig an der zum Erschöpfungseintritt erforderlichen vollständigen Entlassung aus dem Herrschaftsbereich des Rechtsinhabers.

Unter den genannten Voraussetzungen kann zudem nicht von einer dauerhaften Rechtsübertragung, sondern allenfalls von einer temporären Gebrauchsüberlassung ausgegangen werden, wie es typischerweise bei einem Mietvertrag i.S.d. § 535 ff. BGB oder einem Dienstleistungsvertrag i.S.d. § 611 ff. BGB der Fall ist. Dies gilt unabhängig von der Rechtsnatur des zugrunde liegenden schuldrechtlichen Rechtsgeschäfts, denn allein entscheidend ist insoweit, ob bei wirtschaftlicher Betrachtung ein endgültiger Austausch von Leistungen angestrebt ist.[489] Auch die von den Vertragsparteien gewählte Bezeichnung ist – im Einklang mit dem Grundsatz „falsa demonstratio non nocet" – nicht maßgeblich.[490]

---

487 Zu SaaS vgl. *Peintinger*, MMR 2016, S. 3 ff.; *Pohle/Ammann*, K&R 2009, S. 625 ff.; *Schuster/Reichl*, CR 2010, S. 38 ff.

488 Zur Einordnung von „Fernnutzungsrechten" in das System der urheberrechtlichen Nutzungs- und Verwertungsrechte vgl. *Grützmacher*, CR 2015, S. 779 ff.

489 Vgl. *Marly*, Softwarerecht, 2018, Rn. 186.

490 Vgl. *Druschel/Oehmichen*, CR 2015, S. 233, 235; *Marly*, Softwarerecht, 2018, Rn. 185.

In seiner UsedSoft-Entscheidung hebt der EuGH hervor, dass die praktische Wirksamkeit des Erschöpfungsgrundsatzes nicht dadurch beeinträchtigt werden darf, dass der Softwarehersteller den Vertrag lediglich als Lizenzvertrag statt – zutreffend – als Kaufvertrag einstufe, um die Erschöpfungsregel zu umgehen und gegenstandslos zu machen.[491]

ee) Entscheidungsoffenheit der UsedSoft-Entscheidung für weitere digitale Güter und Begrenzung durch die Tom Kabinet-Entscheidung

Die bisherige Darstellung hat gezeigt, dass es ungeachtet der UsedSoft-Entscheidung des EuGH insbesondere angesichts der sprachlichen Fassung der gesetzlichen Kodifikationen des Erschöpfungsgrundsatzes im deutschen Urheberrecht nicht unumstritten war, ob sich das Verbreitungsrecht i.S.d. §§ 69c Nr. 3 S. 1, 17 Abs. 1 UrhG auch dann erschöpft, wenn das in Verkehr gebrachte Werkexemplar nicht auf einem materiellen Träger verkörpert, sondern in unkörperlicher Form übermittelt, also beispielsweise von der Internetseite des Rechtsinhabers heruntergeladen wurde.

Die genannten, den Leitideen der UsedSoft-Rechtsprechung folgenden Schlussfolgerungen lassen sich zwar im Sinne von Grundsätzen für die zukünftige Gestaltung des Urheberrechts unter den Bedingungen der Digitalisierung interpretieren, es stellt sich aber bereits ungeachtet der ergangenen Tom Kabinet-Entscheidung die Frage, inwieweit diese auf andere digitale Medien wie E-Books oder Hörbücher übertragen werden können. Obwohl der EuGH in seiner UsedSoft-Entscheidung hervorhebt, dass körperliche und unkörperliche Programmkopien im Rahmen der RL 2009/24/EG grundsätzlich gleich zu behandeln seien, hat er die Frage der Anwendbarkeit der von ihm entwickelten Grundsätze auf andere digitale Güter hier nicht ausdrücklich beantwortet.[492] Er hatte hierdurch einen Meinungsstreit entfacht, welche digitalen Güter der Erschöpfung unterliegen,[493] auch weil die von ihm getätigten teleologischen

---

491 EuGH, Urteil v. 03.07.2012, Az. C-128/11 (UsedSoft), MMR 2012, S. 586 ff. (Rn. 49).

492 Vgl. *Specht*, in: Bräutigam/Rücker, E-Commerce, 2017, 6. Teil, G., Rn. 59.

493 Für eine Anwendbarkeit des Erschöpfungsgrundsatzes auf andere digitale Güter als Computerprogramme etwa *Dreier*, in: Dreier/Schulze, UrhG, 2018, § 69c, Rn. 24b; *Ganzhorn*, CR 2014, S. 492 ff.; *Hartmann*, GRUR Int 2012, S. 980 ff.; *Hoeren/Försterling*, MMR 2012, S. 642 ff.; *Hoeren/Jakopp*, MMR 2014, S. 646 ff.; *Kubach*, CR 2013, S. 279 ff.; *Malevanny*, CR 2013, S. 422 ff.; *Peifer*, AfP 2013, S. 89 ff.; *Peter*, ZUM 2019, S. 490 ff.; *Redeker*, CR 2014, S. 73 ff.; *Schneider/Spindler*, CR 2012, S. 489 ff.; *Terhaag/Telle*, K&R 2013, S. 549 ff.; Gegen eine Anwendbarkeit des Erschöpfungsgrundsatzes auf andere digitale Güter als Computerprogramme demgegenüber etwa *Hansen*,

Erwägungen an sich nicht lediglich Computerprogramme betreffen, sondern vor allem solche von „werkartübergreifender Natur" sind.[494]

Mit dem Ziel, den Anwendungsbereich des urheberrechtlichen Erschöpfungsgrundsatzes und seine Grenzen im digitalen Umfeld zu bestimmen, geht diese Darstellung im Folgenden zunächst der Frage nach, auf welche digitalen Güter der urheberrechtliche Erschöpfungsgrundsatz abgesehen von reiner Software, auch nach dem Ergehen der Tom Kabinet-Entscheidung anzuwenden ist. Auch in Anbetracht des allgemeinen Gleichheitssatzes (Art. 20 EGRC sowie Art. 3 Abs. 1 GG) soll analysiert werden, ob die vorgefundenen Differenzierungsmerkmale von solcher Art und solchem Gewicht sind, als dass sie eine unterschiedliche urheberrechtliche Behandlung von Software und anderen digitalen Gütern rechtfertigen können. Dem kann vorangestellt werden, dass allen digitalen Gütern grundsätzlich deren fehlende Rivalität in der Nutzung, ihre schnelle und ressourcensparende Überlassungsmöglichkeit ohne Eintritt einer Qualitätsverschlechterung und schließlich ihre fehlende endogene Abnutzung infolge ihres bestimmungsgemäßen Gebrauchs gemeinsam ist.[495] Das Zusammentreffen dieser Merkmale bewirkt die Unabhängigkeit des urheberrechtlich geschützten Werkes von seinem Trägermedium.[496] In seiner Tom Kabinet-Entscheidung hat der EuGH die Nichtanwendbarkeit des Erschöpfungsgrundsatzes auf E-Books letztlich inhaltlich insbesondere mit dem oben letztgenannten Merkmal begründet. Wie bereits ausgeführt, ist eine Minderung des Verwendungsnutzens und damit eine Abnutzung aber auch im Bereich digitaler Güter denkbar,[497] hier aufgrund äußerer Einwirkungen wie der Geschwindigkeit der technologischen Entwicklung und der damit verbundenen Alterung der Hardware, veränderten Markt- und Konsumgewohnheiten, der Einstellung von funktionswesentlichen Updates des zur Nutzung erforderlichen Programms oder sogar dessen Inkompatibilität mit aktuellen Betriebssystemen und einer daraus resultierenden Nichtverfügbarkeit.

GRUR 2014, S. 862 ff.; *Jani*, K&R 2012, S. 297 ff.; *Senftleben*, NJW 2012, S. 2924 ff.; *Stieper*, ZUM 2012, S. 668 ff.

494 Vgl. *Leistner*, in: Schricker/Loewenheim, Urheberrecht, 2020, Einl. UrhG, Rn. 104.

495 Vgl. *Specht*, in: E-Commerce, 2017, 6. Teil, G., Rn. 60.

496 Vgl. *Blocher*, in: Walter, Europäisches Urheberrecht, 2001, Software-RL Art. 4, Rn. 29.

497 Vgl. grundsätzlich bejahend auch *Maaß*, E-Books, 2019, S. 118 unter Verweis auf *Hauck*, ZGE 2017, 47, 49.

ff) Dogmatische Schwächen der UsedSoft-Entscheidung

(1) Unzureichende Überprüfung der dogmatischen Begründungsansätze hinsichtlich des Erschöpfungseintritts

Die in Anbetracht der UsedSoft-Rechtsprechung des EuGH und ebenso nach der darauffolgenden UsedSoft-Rechtsprechung des BGH grundsätzlich gebotene Gleichbehandlung von Offline-Vertrieb und Online-Vertrieb von Software war schon angesichts der zunehmenden Akzeptanz des Online-Vertriebs längst überfällig. Vor diesem Hintergrund bietet die UsedSoft-Rechtsprechung für sich genommen im Hinblick auf die digitalisierungsbedingten Veränderungen des Vertriebs von Computerprogrammen jedenfalls im Ergebnis klare Vorgaben und trägt damit zur Rechtssicherheit bei.

Allerdings offenbart die UsedSoft-Rechtsprechung des EuGH schon für sich betrachtet dogmatische Schwächen. So wäre angesichts der Bedeutung und Tragweite des Eintritts der Erschöpfungswirkung für den Sekundärmarkt digitaler Güter eine ausführliche Befassung mit dessen dogmatischem Fundament wünschenswert gewesen. Insoweit stellt sich die Frage, ob im Hinblick auf die dogmatische Verwurzelung der Rechtsgrundlagen in der analogen Welt der urheberrechtliche Erschöpfungsgrundsatz i.S.d. Art. 4 Abs. 2 RL 2009/24/EG möglicherweise bereits deshalb überdehnt wurde, weil der EuGH auf jegliches Element der Körperlichkeit verzichtet.

Obwohl Art. 4 Abs. 2 RL 2009/24/EG angesichts seines Wortlauts „Programmkopie“ das Vorliegen eines körperlichen Vervielfältigungsstücks nicht zwingend fordert, wäre es im Hinblick auf die rechtsdogmatische Verwurzelung des Erschöpfungsgrundsatzes aus Erwägungen des Verkehrsschutzes erforderlich gewesen, dass der EuGH die mit der UsedSoft-Entscheidung vorgenommene Gleichstellung von analogem und digitalen Vertrieb dogmatisch grundlegender fundiert hätte.

(2) Überprüfung dogmatischer Begründungsansätze im digitalen Umfeld

(a) Ausgangspunkt

Auch angesichts der zunehmenden praktischen Durchsetzung der Blockchain-Technologie – zukünftig möglicherweise auch im Zusammenhang mit NFT – wird es bald möglich sein, die Echtheit digitaler Güter und Inhalte zu verifizieren und die Verkehrssicherheit als eine der dogmatischen Grundanliegen des Erschöpfungsgrundsatzes auch im digitalen Bereich nochmals deutlich zu stärken. Dennoch lässt sich unter den gegenwärtigen Umständen kaum leugnen, dass das

Anliegen der Verkehrssicherheit im digitalen Umfeld auf grundlegend andere Voraussetzungen trifft als beim Warenerwerb im klassischen Ladengeschäft.[498]

Die UsedSoft-Entscheidung des EuGH lässt insoweit eine Auseinandersetzung mit der Frage vermissen, inwieweit die herkömmlichen dogmatischen Begründungsansätze des urheberrechtlichen Erschöpfungsgrundsatzes auch im digitalen Umfeld eine tragfähige Erklärung dafür bieten, dass der Rechtsinhaber mit dem erstmaligen Inverkehrbringen des urheberrechtlich geschützten Gutes sein Verbreitungsrecht verlieren soll. Dies gilt jedenfalls für die Belohnungstheorie und die Verkehrssicherungstheorie, während die Eigentumstheorie hingegen – wie dargelegt – bereits an sich abzulehnen ist.[499]

Im Folgenden soll daher die Validität der herkömmlichen dogmatischen Begründungsansätze des urheberrechtlichen Erschöpfungsgrundsatzes im digitalen Umfeld verifiziert werden. Diese Betrachtung ist einerseits erforderlich, um die Übertragbarkeit der UsedSoft-Rechtsprechung auf andere digitale Güter zu überprüfen und erscheint andererseits geboten, weil die Tom Kabinet-Entscheidung jedenfalls in Bezug auf E-Books möglicherweise statuiert, dass sich nicht alle digitalen Güter gleich behandeln lassen sollen, sondern eine differenzierte Betrachtung nach Art des digitalen Gutes vorzunehmen wäre.

In seinen Ursprüngen entstammt der urheberrechtliche Erschöpfungsgrundsatz der Ideenwelt des 19. Jahrhunderts. Es ist davon auszugehen, dass seine Schöpfer nicht in Betracht gezogen haben, dass über einhundert Jahre später ein Online-Erwerb von Waren möglich sein würde, die dem Erwerber per Datenübertragung ausgeliefert werden, sondern dass sie lediglich auf die vorgefundene historische Umgebung reagiert haben. Um so mehr stellt sich die Frage, ob der urheberrechtliche Erschöpfungsgrundsatz im digitalen Umfeld ein Update braucht: Zu hinterfragen ist, ob ein Gesetz, das aus einer längst vergangenen Epoche stammt, noch Lösungen für die Herausforderungen von heute bereithalten kann.[500]

---

498 Zur Fortgeltung der traditionellen dogmatischen Begründungsansätze des Erschöpfungsgrundsatzes im digitalen Umfeld vgl. *Durantaye/Kuschel*, ZGE 2016, S. 195 ff.; *Kerber*, ZGE 2016, S. 149 ff.; *Specht*, ZGE 2016, S. 289 ff.

499 Zu den dogmatischen Begründungsansätzen des Erschöpfungsgrundsatzes vgl. bereits Darstellungspunkt § 2 II. 2. c).

500 Formulierung in Anlehnung an *Faust*, in: Verhandlungen des 71. Deutschen Juristentages, 2016, A 1.

(b) Überprüfung der dogmatischen Begründungsansätze im Einzelnen

(aa) Überprüfung der Verkehrssicherungstheorie

(aaa) Inbezugnahme des dogmatischen Ansatzes in der konkretisierenden Rechtsprechung des BGH

Sehr viel stärker als in seiner UsedSoft II-Entscheidung stellt der BGH in seiner UsedSoft III-Entscheidung unter anderem auf das Kriterium der Verkehrsfähigkeit als dogmatisches Fundament des Erschöpfungsgrundsatzes ab. So sieht der BGH den freien Warenverkehr als in nicht hinzunehmender Weise beeinträchtigt, wenn der Rechtsinhaber, der das Werkstück verkauft oder seine Zustimmung zur Veräußerung gegeben hat, nach erfolgter Erstveräußerung noch in dessen weiteren Vertrieb eingreifen, ihn untersagen oder von Bedingungen abhängig machen könnte.[501] Die urheberrechtliche Erschöpfung entfalte eine Rechtswirkung gegenüber jedermann und führe dazu, dass die in Verkehr gebrachten Werkexemplare im Interesse der Verwerter und der Allgemeinheit an einem freien Warenverkehr für jede Weiterverbreitung frei werden.[502] Die absolute Wirkung der Erschöpfung könne auch dann nicht relativiert werden, wenn sich der Ersterwerber oder ein Nacherwerber der entsprechenden Programmkopien rechtsmissbräuchlich verhalten hat.[503]

Der BGH ergänzt seine mit Erwägungen des Verkehrsschutzes begründete Argumentation mit einem Hinweis darauf, dass das dem Zweiterwerber einer „erschöpften“ Kopie eines Computerprogramms auf Grundlage von Art. 5 Abs. 1 RL 2009/24/EG und des diesen im deutschen Urheberrecht umsetzenden § 69d Abs. 1 UrhG vermittelte Recht zu dessen bestimmungsgemäßer Nutzung nicht durch vertragliche Bestimmungen eingegrenzt werden könne, die die Verkehrsfähigkeit des Computerprogramms beeinträchtigen.[504]

(bbb) Überprüfung unter dem Gesichtspunkt der Verkehrsfähigkeit

Art. 4 Abs. 2 RL 2009/24/EG beziehungsweise § 69c Nr. 3 S. 2 UrhG implizieren durch die Verwendung eines qualifizierten bestimmten Artikels („dieser“

---

501 BGH, Urteil v. 11.12.2014, Az. I ZR 8/13 (UsedSoft III), MMR 2015, S. 530 ff. (Rn. 36); unter Bezugnahme auf BGH, Urteil v. 06.07.2000, Az. I ZR 244/97 (OEM-Version), BGHZ 145, S. 7, 10–13).

502 BGH, Urteil v. 11.12.2014, Az. I ZR 8/13 (UsedSoft III), MMR 2015, S. 530 ff. (Rn. 51).

503 BGH, Urteil v. 11.12.2014, Az. I ZR 8/13 (UsedSoft III), MMR 2015, S. 530 ff. (Rn. 51).

504 BGH, Urteil v. 11.12.2014, Az. I ZR 8/13 (UsedSoft III), MMR 2015, S. 530 ff. (Rn. 62).

beziehungsweise „dieses“) die Kongruenz zwischen dem vom Rechtsinhaber in den Verkehr gebrachten Vervielfältigungsstücks und dem erworbenen Werkexemplar, somit dessen Echtheit.[505] In Bezug auf die – bereits dargestellte –[506] Verkehrssicherungstheorie als dogmatisches Fundament des Erschöpfungsgrundsatzes ließe sich insoweit im vorliegenden Kontext schlussfolgern, dass sich der Zweiterwerber ohne nennenswerten Aufwand von der Echtheit des Vervielfältigungsstücks beziehungsweise der Programmkopie überzeugen können muss. Jedenfalls im Regelfall ist diese Überzeugungsbildung bei körperlichen Werkstücken einfacher möglich als bei unkörperlich übermittelten Werkexemplaren. Lässt sich die Echtheit einer digitalen Programmkopie aus der insoweit maßgeblichen Empfängerperspektive (§§ 133, 157 BGB) nicht ohne Weiteres oder überhaupt nicht verifizieren, ließe sich daraus folgern, dass die Verkehrssicherungstheorie im digitalen Umfeld auf grundlegend andere Voraussetzungen als im analogen Umfeld treffe.[507] Es ließe sich auf das Anliegen des für das UrhG maßgeblichen BGB verweisen, die Zügigkeit und Rechtssicherheit rechtsgeschäftlicher Transaktionen zu bewirken. Demzufolge sind Verkehrsschutz und Verkehrssicherheit darauf angewiesen, dass der Erwerber die Rechtmäßigkeit einer Transaktion ebenso zeitnah wie verlässlich beurteilen kann. Eine entsprechende Beurteilung an sich gestaltet sich bei digitalen Gütern jedenfalls anspruchsvoller als bei körperlichen Werkexemplaren. So wird vertreten, dass während sich Original und Fälschung bei körperlichen Werkexemplaren aus der Perspektive des Nutzers ohne Weiteres abgrenzen lassen, es bezüglich digitaler Werkexemplare unmöglich sei, dementsprechend zu unterscheiden.[508] Selbst wenn hiernach die Gefahr eines illegalen Handels bei digitalen Exemplaren größer wäre, weil der Nutzer aus dem Werkexemplar an sich möglicherweise schwieriger erkennen kann, ob er eine rechtskonforme Kopie erhält,[509] lässt sich dem jedoch entgegnen, dass es nicht Aufgabe des Erschöpfungsgrundsatzes ist, Urheberrechtsverletzungen zu vermeiden. Dessen Zielsetzung lässt sich unter dem Gesichtspunkt der Verkehrssicherung bei verständiger Würdigung

505 Zur Verkehrsfähigkeit digitaler Güter sowie der Übertragbarkeit der herkömmlichen dogmatischen Begründungsansätze auf die digitale Welt vgl. *Berger*, ZGE 2016, S. 170 ff.; *Hauck/Hofmann/Zech*, ZGE 2016, S. 141 ff.

506 Zur Verkehrssicherungstheorie vgl. bereits Darstellungspunkt § 2 II. 2. c) bb).

507 Vgl. die Darstellung bei *Durantaye/Kuschel*, ZGE 2016, S. 195, 200.

508 Vgl. *Becker*, UFITA 2015, S. 687, 697.

509 Vgl. *Kuschel*, Erwerb digitaler Werkexemplare, 2019, S. 51 (Darstellung der These unter Bezugnahme auf die Rechtsprechung des *LG Bielefeld* und Nennung weiterer Vertreter).

vielmehr dahingehend ableiten, dass dem Rechtsinhaber nur zugunsten der Verkehrsfähigkeit die Möglichkeit bezüglich einer übermäßigen wirtschaftlichen Verwertung entzogen werden soll.[510] Wenn es demnach also dem Rechtsinhaber obliegt, Urheberrechtsverletzungen mit den ihm verfügbaren Mitteln zu unterbinden, so lässt sich feststellen, dass etwa mit dem Einsatz von Wasserzeichen, Echtheitszertifikaten, digitalen Signaturen oder – jedenfalls in Zukunft – der Blockchain-Technologie, auch etwa in Form von NFT, hinsichtlich einer Echtheitsverifikation bei Computerprogrammen und anderen digitalen Gütern weitergehendere Möglichkeiten gegeben sind als in der analogen Welt.

Die Verkehrssicherungstheorie steht damit einer Fortschreibung des urheberrechtlichen Erschöpfungsgrundsatzes im digitalen Umfeld anknüpfend an die Kategorien Ware/Dienstleistung und bezugnehmend auf virtuelles Vervielfältigungsstück nicht entgegen. Es lässt sich vielmehr nach alledem feststellen, dass deren zentrales Anliegen, die Verkehrsfähigkeit des betreffenden Werkes zu erhalten und den freien und ungehinderten Warenverkehr gegenüber sachlich nicht gerechtfertigten Restriktionen hinsichtlich der freien Weiterverbreitung von Werkexemplaren, die mit Zustimmung des Rechtsinhabers in den Verkehr gelangt sind, zu schützen, seinen Geltungsanspruch auch unter den Bedingungen der Digitalisierung nicht verloren hat.

(bb) Überprüfung der Belohnungstheorie

(aaa) Inbezugnahme des dogmatischen Ansatzes in der konkretisierenden Rechtsprechung des BGH

Unter ausdrücklicher Bezugnahme auf die UsedSoft-Rechtsprechung des EuGH begründet der BGH in seiner UsedSoft II-Entscheidung den Erschöpfungseintritt damit, der Urheber habe bei der Erstveräußerung des urheberrechtlich geschützten Werkes die Möglichkeit gehabt, eine dem wirtschaftlichen Wert der Kopie seines Werkes entsprechende Vergütung zu erzielen, und bestätigt damit die – bereits dargelegte –[511] Belohnungstheorie als dogmatisches Fundament des Erschöpfungsgrundsatzes.[512] In diesem Zusammenhang bekräftigt der BGH, dass es für den Eintritt der Erschöpfungswirkung darauf ankommt, dass der

510 So auch *Terhaag/Telle*, K&R 2013, S. 549, 552 unter Bezugnahme auf *Sack*, GRUR Int 2000, S. 610, 611 sowie *Mand*, GRUR 2004, S. 395, 399.

511 Zur Belohnungstheorie vgl. bereits Darstellungspunkt § 2 II. 2. c) dd).

512 BGH, Urteil v. 17.07.2013, Az. I ZR 129/08 (UsedSoft II), MMR 2014, S. 232 ff. (Rn. 62, 64).

Rechtsinhaber die Möglichkeit im Sinne eines faktischen Könnens hatte, beim Erstverkauf der betreffenden Kopie eine angemessene Vergütung zu erhalten.[513]

Ebenso wie in der UsedSoft II-Entscheidung stellt der BGH auch in seiner UsedSoft III-Entscheidung auf die Belohnungstheorie ab. Entscheidendes Ereignis für den Erschöpfungseintritt sei hiernach die Möglichkeit des Rechtsinhabers, eine dem wirtschaftlichen Wert der Kopie des ihm gehörenden Werkes entsprechende Vergütung zu erzielen.[514] Im Lichte des Gleichbehandlungsgrundsatzes komme es für die Erschöpfung des Verbreitungsrechts nicht darauf an, ob ein Computerprogramm durch Aushändigen eines materiellen Datenträgers oder durch Herunterladen aus dem Internet veräußert werde.[515] Beide Arten seiner Veräußerung seien wirtschaftlich gesehen vergleichbar, das Herunterladen aus dem Internet entspreche funktionell der Aushändigung eines Datenträgers.[516] Nicht anders zu beurteilen sei der Fall, wenn der Rechtsinhaber dem Herunterladen einer Kopie des Computerprogramms und dem Anfertigen weiterer Kopien von dieser Kopie zugestimmt hat, dieser Vertriebsweg unterscheide sich hinsichtlich der Erschöpfung des Verbreitungsrechts rechtlich nicht davon, dass der Rechtsinhaber der Veräußerung einer entsprechenden Anzahl körperlicher Datenträger zugestimmt hat.[517]

(bbb) Überprüfung unter dem Gesichtspunkt der Flatratefunktion und Nutzungsbeschränkung

Da der Eintritt der Erschöpfungswirkung wie dargelegt voraussetzt, dass der Rechtsinhaber die Möglichkeit zur Realisierung einer i.S.d. § 11 S. 2 UrhG angemessenen Vergütung hatte, müssen die Fortschreibung des urheberrechtlichen Erschöpfungsgrundsatzes und die Validität seines dogmatischen Fundaments auch im Hinblick auf die Belohnungstheorie hinterfragt werden.[518] Hinsichtlich ihrer wertungsmäßigen Rechtfertigung begründet die Belohnungstheorie die

---

513 BGH, Urteil v. 17.07.2013, Az. I ZR 129/08 (UsedSoft II), MMR 2014, S. 232 ff. (Rn. 64).

514 BGH, Urteil v. 11.12.2014, Az. I ZR 8/13 (UsedSoft III), MMR 2015, S. 530 ff. (Rn. 29, 40, 42) unter Bezugnahme auf die Rechtsprechung des EuGH (EuGH, Urteil v. 03.07.2012, Az. C-128/11 (UsedSoft), MMR 2012, S. 586 ff. (Rn. 29)).

515 BGH, Urteil v. 11.12.2014, Az. I ZR 8/13 (UsedSoft III), MMR 2015, S. 530 ff. (Rn. 34).

516 BGH, Urteil v. 11.12.2014, Az. I ZR 8/13 (UsedSoft III), MMR 2015, S. 530 ff. (Rn. 34).

517 BGH, Urteil v. 11.12.2014, Az. I ZR 8/13 (UsedSoft III), MMR 2015, S. 530 ff. (Rn. 35); a.A. *Haberstrumpf*, in: Büscher/Dittmer/Schiwy, Urheberrecht, 2015, Kap. 10, § 69c, Rn. 8.

518 Zur Belohnungstheorie vgl. bereits Darstellungspunkt § 2 II. 2. c) dd).

Zumutbarkeit der Erschöpfung aus der Perspektive des Urhebers: Ohne Erhalt einer Belohnung wäre der Erschöpfungseintritt für den Urheber unzumutbar.[519] Läge es demgegenüber in der Macht des Rechtsinhabers, die Weiterveräußerung des Computerprogramms oder sonstigen digitalen Gutes zu unterbinden, obwohl er im Rahmen der Erstveräußerung jedenfalls die Möglichkeit hatte, eine angemessene Vergütung zu erzielen, würde er über Gebühr geschützt und jene Angemessenheit verfehlt, die § 11 S. 2 UrhG im Sinne eines Leitbilds des urheberrechtlichen Verwertungsrechts vorgibt.[520]

Der Erwerber eines analogen Gutes kann dieses mit der Entrichtung des Kaufpreises für dessen Lebensdauer nach seiner Wahl nutzen. Er kann es nach Belieben konsumieren, sodass entsprechende Werkexemplare zunächst eine Flatratefunktion aufweisen, soweit ihre Nutzung nicht durch technische Schutzmaßnahmen i.S.d. § 95a UrhG eingeschränkt ist.[521] Körperliche Werkstücke sind insoweit allerdings hinsichtlich ihrer erreichbaren maximalen Nutzungsdauer beschränkt.[522] Dies beruht auf der Tatsache, dass auf einem materiellen Träger wie CDs, DVDs und Blu-ray Discs verkörperte Werkexemplare einem endogenen physischen Werteverzehr infolge ihrer bestimmungsgemäßen Nutzung unterliegen, der ihre Lebensdauer und demzufolge die Amortisation des entrichteten Kaufpreises auf einen Zeitraum von 10 bis 20 Jahren[523] limitiert. Ist der erzielbare Werkgenuss eines analogen Gutes also durch seine erreichbare zeitliche Lebensdauer begrenzt, so hat der Rechtsinhaber dadurch eine hinreichend verlässliche Grundlage, die i.S.d. § 11 S. 2 UrhG angemessene Vergütung zu quantifizieren.

Digitale Güter unterliegen keinem endogenen Werteverzehr, wohl aber wie dargestellt einer exogenen Minderung ihrer Verwendungsmöglichkeiten. Diese resultiert etwa aus Überalterung infolge technologischen Fortschritts oder Einstellung herstellerseitiger Updates. Vor diesem Hintergrund wird die Lebensdauer digitaler Güter – auch unter Einbeziehung der infolge von Updates

519 Vgl. *Becker*, UFITA 2015, S. 687, 689.

520 Vgl. *Durantaye/Kuschel*, ZGE 2016, S. 195, 202 unter Bezugnahme auf die UsedSoft-Rechtsprechung des EuGH.

521 Vgl. *Becker*, UFITA 2015, S. 687, 695; *Durantaye/Kuschel*, ZGE 2016, S. 195, 201; Zum Geoblocking als technische Schutzmaßnahme und den Konsequenzen für Nutzer und Rechtsinhaber vgl. *Martiny*, MMR 2016, S. 579 ff.; Allgemein zur Beschränkung der Verkehrsfähigkeit digitaler Güter durch technische Schutzmaßnahmen vgl. *Specht*, ZGE 2016, S. 289 ff.

522 Vgl. *Becker*, UFITA 2015, S. 687, 696.

523 Vgl. *Becker*, UFITA 2015, S. 687, 696.

entstehenden Versionen des urheberrechtlich geschützten Werkes – durch Veränderungen ihres digitalen Umfeldes bestimmt. Die maßgeblichen Faktoren wie Updates und Angebot von Pflegeleistungen sind durch den Rechtsinhaber mittelbar zu steuern. Angesichts der Innovationsgeschwindigkeit auf dem Gebiet der digitalen Medien ist die Möglichkeit einer entsprechenden Quantifizierung einer i.S.d. § 11 S. 2 UrhG angemessenen Vergütung nach alledem auch hinsichtlich digitaler Güter zu bejahen.

(ccc) Überprüfung unter dem Gesichtspunkt der Abrechnungsfunktion

Im Sinne einer Abrechnungsfunktion trägt die einmalige Vergütung bezüglich des in Verkehr gebrachten Werkexemplars dazu bei, dass der Urheber einen kalkulierbaren Betrag als Vorleistung für die genannte Flatratefunktion erhält, d.h. für den künftigen im Einzelnen noch ungewissen Konsum. Die dementsprechende Abrechnungsfunktion ist nicht an eine bestimmte Werkfassung gebunden, d.h. sie liegt bei materiellen Werkkopien ebenso vor wie bei digitalen Werkexemplaren.[524]

(ddd) Verfolgbarkeit weiteren Werkgenusses

Ein weiterer Umstand, der bei der Fortschreibung des Erschöpfungsgrundsatzes im digitalen Umfeld zu berücksichtigen ist, ist – insbesondere vor dem Hintergrund des durch die DSGVO[525] harmonisierten europäischen Datenschutzrechts – der des Datenschutzes.[526] Dem Erwerber eines gedruckten Buchs ist es ohne Weiteres möglich, dessen weitere Verwendung unter Ausschluss jeglicher technischer Verfolgbarkeit seitens des Rechtsinhabers vorzunehmen, sogar kann die Bezahlung hier in bar erfolgen.

Anders verhält es sich bei der Verbreitung eines digitalen Gutes. Der Erwerber eines E-Books muss von Anfang an damit rechnen, dass Art, Zeit und Umfang seines Werkgenusses jederzeit vom Rechtsinhaber erfasst werden. Letzterer hat i.d.R. ein wirtschaftliches Interesse daran, seinen Datenbestand zu maximieren.

---

524 Vgl. *Becker*, UFITA 2015, S. 687, 695.

525 Verordnung (EU) 2016/679 des Europäischen Parlaments und des Rates v. 27.04.2016 zum Schutz natürlicher Personen bei der Verarbeitung personenbezogener Daten, zum freien Datenverkehr und zur Aufhebung der Richtlinie 95/46/EG (Datenschutz-Grundverordnung), ABl. EU Nr. L 119 v. 04.05.2016, S. 1.

526 Zur Harmonisierung des europäischen Datenschutzrechts vgl. *Bieker/Hansen/Friedewald*, RDV 2016, S. 188 ff.; *Franck*, RDV 2016, S. 111, 111; Zum Datenschutz durch Technikgestaltung in der Vertragspraxis vgl. *Pohle*, K&R 2021, S. 374 ff.

Insbesondere der Einsatz bestimmter Abrechnungsmodelle ermöglicht es dem Rechtsinhaber, die jeweilige Nutzungsintensität in ihrer konkreten Gestalt exakt nachzuverfolgen.[527] Die Digitalisierung hat Geschäftsmodelle wie das Data-Mining[528] beziehungsweise Big Data[529] hervorgebracht. Ein Unternehmen ist unter diesen Bedingungen umso erfolgreicher, über je mehr Daten es verfügen kann. Längst haben sich Daten zum „Rohstoff des 21. Jahrhunderts" entwickelt.[530]

Auf dem 71. Deutschen Juristentag wurde vor dargestelltem Hintergrund darüber diskutiert, Daten angesichts der ihnen unter den Bedingungen der Digitalisierung zukommenden Werthaltigkeit in den Vorschriften des BGB stärker im Sinne eines Entgelts zu berücksichtigen.[531] Beispielsweise muss der Nutzer einer im Internet angebotenen Leistung für diese anstelle einer unmittelbaren finanziellen Vergütung personenbezogene Daten eingeben, wobei sich der Anbieter der Leistung im Gegenzug das Recht einräumen lässt, diese Daten etwa zu Werbezwecken zu verwenden.[532] Insbesondere personenbezogenen Daten kommt ein Wert zu, der dem einer unmittelbaren finanziellen Gegenleistung kaum nachsteht. Angesichts dieser Entwicklung relativiert sich der Einwand, der Rechtsinhaber werde im Fall des Online-Vertriebs urheberrechtlich geschützter Inhalte bei undifferenzierter Fortschreibung des Erschöpfungsgrundsatzes beziehungsweise der diesem dogmatisch zugrunde liegenden Belohnungstheorie wirtschaftlich schlechter gestellt als beim Offline-Vertrieb analoger Güter.[533]

(c) Zwischenergebnis

Nach Betrachtung der Validität der dogmatischen Begründungsansätze des urheberrechtlichen Erschöpfungsgrundsatzes im digitalen Umfeld lässt sich einerseits feststellen, dass der durch die UsedSoft-Rechtsprechung konkretisierte Erschöpfungsgrundsatz dessen zentrale – und auch unter den Bedingungen

---

527 Vgl. *Hauck/Hofmann/Zech*, ZGE 2016, S. 141, 147.

528 Zum Data-Mining vgl. *Meinicke*, K&R 2015, S. 377 ff.

529 Zu Big Data vgl. *Meinicke*, K&R 2015, S. 377 ff.

530 So *Angela Merkel*, Rede beim Jahrestreffen des World Economic Forum am 24. Januar 2018 in Davos, veröffentlicht unter https://www.bundesregierung.de/breg-de/service/bulletin/rede-von-bundeskanzlerin-dr-angela-merkel-799516; zuletzt abgerufen am 28.12.2021; Zur Hergabe personenbezogener Daten für digitale Inhalte vgl. *Graf von Westphalen/Wendehorst*, BB 2016, S. 2179 ff.

531 Vgl. *Faust*, in: Verhandlungen des 71. Deutschen Juristentages, 2016, A 16 ff.

532 Vgl. *Faust*, in: Verhandlungen des 71. Deutschen Juristentages, 2016, A 16.

533 Zur Belohnungstheorie vgl. bereits Darstellungspunkt § 2 II. 2. c) dd).

der Digitalisierung ihren Geltungsanspruch bewahrende – Anliegen, nämlich die Vermittlung von Anreizen im Sinne der Belohnungstheorie und den Erhalt der Verkehrsfähigkeit des urheberrechtlich geschützten Werkes, insbesondere gemessen an seiner ökonomischen Zielrichtung, grundsätzlich sachgerecht bedient. Andererseits ist zu betonen, dass es sich bei den soeben dargestellten Erwägungen um solche allgemeingültiger Art handelt, die ungeachtet der zwischenzeitlich ergangenen Tom Kabinet-Entscheidung grundsätzlich weiterhin Geltung für sich beanspruchen dürften. Nach alledem sprechen die bisherigen Ergebnisse dieser Darstellung angesichts des Standes der digitalen Entwicklung für die Notwendigkeit einer sachgerechten urheberrechtlichen Erfassung digitaler Güter durch eine entsprechende Kodifikation des urheberrechtlichen Erschöpfungsgrundsatzes.

§ 4 Anwendbarkeit des urheberrechtlichen Erschöpfungsgrundsatzes auf andere digitale Güter

I. Die Tom Kabinet-Entscheidung des EuGH als Richtungsgeber?

In seiner Tom Kabinet-Entscheidung hat sich der EuGH wie dargelegt mit einer speziellen Konstellation des Vertriebs von E-Books befasst und mittels einer letztlich rein formaljuristischen Argumentation anhand der Rechtssystematik den Eintritt einer Erschöpfungswirkung in dem der Entscheidung zugrunde liegenden Sachverhalt verneint. Genannte formaljuristische Argumentation bestand im Kern darin, die Anwendbarkeit der RL 2009/24/EG abzulehnen und somit den Weg zu einer Anwendung der RL 2001/29/EG zu eröffnen. Seine zum Vertrieb von Software ergangene erschöpfungsbejahende UsedSoft-Entscheidung hatte der EuGH auf die gegenüber der RL 2001/29/EG spezialgesetzlich vorrangige RL 2009/24/EG gestützt.[534] Wenn auch – wie bereits dargestellt – die formaljuristische Argumentationsgrundlage dieser Weichenstellung bei genauerer Betrachtung nicht überzeugt, hat der EuGH es damit letztlich jedenfalls im vorliegend entschiedenen Fall unterlassen, die in seinem UsedSoft-Urteil getätigten Erwägungen hinsichtlich der Anpassung des Erschöpfungsgrundsatzes an den digitalen Wandel auf E-Books zu übertragen.

Die in der Tom Kabinet-Entscheidung vorgetragene Argumentationslinie – auch wenn diese wie angedeutet nicht überzeugt – fortgedacht, mit dem Ziel, die

534 Vgl. *Grützmacher*, in: Schuster/Grützmacher, IT-Recht, 2020, UrhG § 17, Rn. 27.

zukünftige Entscheidungsfindung des EuGH zu antizipieren, scheinen die Ausführungen des EuGH damit möglicherweise zu einem insgesamt zweigeteilten System im Hinblick auf den Eintritt der Erschöpfungswirkung beim Vertrieb digitaler Güter zu führen. Auch wenn die Tom Kabinet-Entscheidung bisher ausdrücklich nur für den Vertrieb von E-Books – in einer speziellen Konstellation – ergangen ist, führt der EuGH Argumente ins Feld, die bei Anwendung auf andere Güter wegen einer dann folgenden Einordnung unter RL 2001/29/EG möglicherweise die Verneinung der Erschöpfungswirkung zur Folge hätten. So nimmt der EuGH insbesondere eine bewusste Entscheidung seitens des Unionsgesetzgebers bei Erlass der RL 2001/29/EG dahingehend an, dass eine Gleichstellung von körperlichen und nicht körperlichen Kopien urheberrechtlich geschützter Werke für die einschlägigen Bestimmungen der Richtlinie gerade nicht gewollt sei,[535] und damit bezüglich der der RL 2001/29/EG unterfallenden Sachverhalte hinsichtlich unkörperlicher Güter ein Erschöpfungseintritt bewusst ausgeschlossen worden sei.

Hinsichtlich E-Books führt der EuGH aus, dass das darin enthaltene Computerprogramm lediglich akzessorischen Charakter habe, sodass dieser Umstand eines enthaltenen Computerprogramms hier nicht zur Anwendung der spezifischen Bestimmungen der RL 2009/24/EG führen könne.[536] Angesichts dieser Argumentation scheint der EuGH nach seiner Tom Kabinet-Entscheidung möglicherweise bei der rechtlichen Qualifizierung des digitalen Gutes und der hiernach zu stellenden Frage, ob es der RL 2001/29/EG oder der RL 2009/24/EG unterfällt und damit letztlich – nach der Argumentationslinie des EuGH – dem urheberrechtlichen Erschöpfungsgrundsatz unterliegt, eine Abgrenzung nach dem Schwerpunkt des digitalen Gutes vornehmen zu wollen.[537] Diesem Ansatz auf Grundlage der Schwerpunktbetrachtung[538] folgend, wäre nach den Andeutungen des EuGH möglicherweise danach zu entscheiden, ob ein Computerprogramm im dargelegten Sinne[539] den Schwerpunkt des urheberrechtlich geschützten Werkes ausmacht. In diesem Fall wären die Entscheidungsgrundsätze

535 Vgl. EuGH, Urteil v. 19.12.2019, Az. C-263/18 (Tom Kabinet), MMR 2020, S. 167 ff. (Rn. 56).

536 Vgl. EuGH, Urteil v. 19.12.2019, Az. C-263/18 (Tom Kabinet), MMR 2020, S. 167 ff. (Rn. 59).

537 Vgl. auch *Grützmacher*, CR 2020, S. 154, 156 ff.

538 Vgl. zunächst nur *Grützmacher*, in: Schuster/Grützmacher, IT-Recht, 2020, UrhG § 17, Rn. 14.

539 Zum Begriff des Computerprogramms vgl. bereits Darstellungspunkte § 3 I. 1.; § 2 II. 1. a) aa) (3).

der UsedSoft-Entscheidung einschlägig.[540] Sofern dies aber zu verneinen ist, würden möglicherweise die Grundsätze der Tom Kabinet-Entscheidung herangezogen werden.[541] Der EuGH stellt sodann in seiner Tom-Kabinet-Entscheidung maßgeblich darauf ab, inwieweit sich der wirtschaftliche Charakter des Werkes äquivalent zu dem eines Computerprogramms verhält.[542]

Die aus der Tom-Kabinet-Entscheidung abzuleitende Argumentationslinie ist allerdings auch insoweit nicht völlig eindeutig, als dass in dem der Entscheidung zugrunde liegenden Sachverhalt der Vertrieb der betroffenen E-Books im Wege eines spezifischen Modells erfolgte. In dessen Rahmen wurde dem Leser als Mitglied eines Leseclubs die Möglichkeit gegeben, das E-Book zu erwerben, aber auch, dieses später an den Betreiber zurückzuverkaufen.[543] Hierzu war der Leser durch eine entsprechende Gestaltung des Mitgliedsbeitrags beziehungsweise ein System von Guthabenpunkten, die zum Erhalt eines E-Books erforderlich waren,[544] faktisch auch angehalten. Ähnlich einem Mietmodell intendierte die vom EuGH behandelte Vertriebsgestaltung also von vornherein die Rückgabe des überlassenen E-Books. Inwieweit dieser Umstand maßgeblichen Einfluss auf eine Einordnung der in Frage stehenden Überlassungshandlungen als öffentliche Zugänglichmachung i.S.d. Art. 3 Abs. 1 RL 2001/29/EG seitens des EuGH hatte, bleibt unklar. Außerdem führt der EuGH aus, dass es an einer technischen Maßnahme fehle, die garantieren könne, dass nur eine Kopie eines Werkes während des Zeitraums, in dem der Nutzer eines Werkes tatsächlich Zugang zu diesem hat, heruntergeladen werden kann.[545] Nach den Feststellungen des EuGH wäre es demnach also im vorliegenden Sachverhalt angesichts des dort gegebenen Vertriebsmodells faktisch sogar möglich, dass mehreren Mitgliedern des Leseclubs parallel der Zugang zum Werkexemplar vermittelt wird. Die im Rahmen dieser Darstellung geäußerte Kritik an den im weiteren seitens des EuGH aus Anlass des Einzelfalls geäußerten Erwägungen bleibt von diesen Fragen jedoch unberührt.

---

540 Vgl. *Grützmacher*, CR 2020, S. 154, 157.

541 Vgl. *Grützmacher*, CR 2020, S. 154, 157.

542 Vgl. *Grützmacher*, CR 2020, S. 154, 157.

543 Vgl. EuGH, Urteil v. 19.12.2019, Az. C-263/18 (Tom Kabinet), MMR 2020, S. 167 ff. (Rn. 25, 26).

544 Vgl. EuGH, Urteil v. 19.12.2019, Az. C-263/18 (Tom Kabinet), MMR 2020, S. 167 ff. (Rn. 25, 26).

545 Vgl. EuGH, Urteil v. 19.12.2019, Az. C-263/18 (Tom Kabinet), MMR 2020, S. 167 ff. (Rn. 69).

Insgesamt hat damit die Tom-Kabinet-Rechtsprechung die in der Praxis beim Vertrieb digitaler Güter bestehenden Rechtsunsicherheiten bedenklich vergrößert. Die Rechtsunsicherheiten wiegen vor allem auch angesichts der Tatsache schwer, dass allein der Bereich der Kultur- und Kreativwirtschaft seit dem Jahr 2014 nochmals deutliche Zuwachsraten verzeichnen kann: Im Referenzzeitraum des Jahres 2018 steuerte sie einen Anteil von 2,6 % zum Gesamtumsatz deutscher Unternehmen bei.[546] Auch weil die Digitalisierung mit deutlichen Skalen- und Effizienzvorteilen verbunden ist, ist sie eine allgegenwärtige Entwicklung, die den EuGH angesichts seines Rechtsfortbildungsauftrages verpflichtet, seine Rechtsprechung an den realen Bedürfnissen der praktischen Lebenswirklichkeit auszurichten. Die digitalisierungsbedingten Skalen- und Effizienzvorteile kommen vor allem marktmächtigen[547] Anbietern zugute. Das Kräfteverhältnis zwischen Anbietern und Nutzern digitaler Güter hat sich mit fortschreitender Digitalisierung nicht zuletzt auch deshalb zugunsten der Anbieterseite verschoben. Der EuGH hat angesichts seiner dargelegten Rolle dem veränderten Kräfteverhältnis Rechnung zu tragen und gegebenenfalls Ausgleichsmechanismen zu schaffen, im Urheber- und Urhebervertragsrecht auch über eine dementsprechende Auslegung der urheberrechtlichen Schranken. Dies gilt insbesondere auch für den Erschöpfungsgrundsatz.

Formaljuristisch betrachtet mag die Abkehr von der Idee einer allgemeinen Geltung des Erschöpfungsgrundsatzes für digitale Güter, wie sie der EuGH mit seiner Tom Kabinet-Entscheidung jedenfalls angesichts des Vertriebs von E-Books in einer speziellen Konstellation angedeutet hat, wie bereits dargelegt unter rechtssystematischen Gesichtspunkten zwar nicht zu beanstanden sein. Auch inhaltlich mag auf den ersten Blick das insoweit vorgetragene Argument eines ansonsten drohenden Sekundärmarkts, dessen Entstehung das wirtschaftliche Verwertungsinteresse des Urhebers unverhältnismäßig beeinträchtigen könnte,[548] dafür anzuführen sein, E-Books aus dem Anwendungsbereich des

546 Vgl. den Monitoringbericht Kultur- und Kreativwirtschaft 2019 im Auftrag des Bundesministeriums für Wirtschaft und Energie, S. 14; veröffentlicht unter https://www.bundesregierung.de/breg-de/service/publikationen/monitoringbericht-kultur-und-kreativwirtschaft-2019-1706750; zuletzt abgerufen am 28.12.2021.

547 Die Marktmacht eines Anbieters lässt sich definieren als dessen Fähigkeit, das Preisniveau unabhängig vom Verhalten von Wettbewerbern beeinflussen zu können, also den Preis für ein Gut oder eine Leistung für einen maßgeblichen Zeitraum oberhalb oder unterhalb des Wettbewerbspreises zu halten; vgl. *Barth/Budde*, BB 2011, S. 1859, 1860.

548 Vgl. EuGH, Urteil v. 19.12.2019, Az. C-263/18 (Tom Kabinet), MMR 2020, S. 167 ff. (Rn. 58).

Erschöpfungsgrundsatzes auszuklammern. Jedoch widerspricht sie schon bei oberflächlicher Betrachtung wie ausgeführt den Anforderungen des digitalen Zeitalters.

Ihre Unzulänglichkeiten beginnen damit, dass sie in der Praxis keine Grundlage für eine sichere Rechtsberatung bietet, als eine „Entscheidung aus dem Bauch heraus“[549] allenfalls Einzelfallgerechtigkeit schafft und nicht nur zur UsedSoft-Rechtsprechung, sondern – wie sogleich noch zu zeigen sein wird – auch zu anderen einschlägigen Entscheidungen des EuGH in Widerspruch steht.[550] Insbesondere resultieren Rechtsunsicherheiten für Güter, die außer einem Computerprogramm noch andere urheberrechtlich geschützte Werke enthalten, was mit voranschreitender Digitalisierung zunehmend dem Regelfall entsprechen dürfte.[551] Obwohl das Urheberrecht schon immer auf technische Entwicklungen reagiert hat,[552] ist unter den für seine Weiterentwicklung bedeutsamen Innovationen seit seiner Kodifizierung keine ersichtlich, die einen so großen Einfluss genommen hat wie das Internet, die Digitalisierung und die damit verbundenen Möglichkeiten, urheberrechtlich geschützte Werke herzustellen und zu verbreiten.[553]

Die Unzulänglichkeiten der Tom Kabinet-Entscheidung setzen sich darin fort, dass der EuGH seine Argumentation, ohne eine etwaige Änderung seiner Rechtsprechung ausdrücklich kenntlich zu machen, auf Argumente stützt, die er bislang gerade verworfen hatte.[554] Vorzuwerfen ist dem EuGH damit gleichzeitig eine Durchbrechung des Gebots einer folgerichtigen Rechtsprechung, das sich aus seiner Bindung an das Rechtsstaatsprinzip (Art. 2 S. 1 Var. 5 EUV) herleiten lässt. Insbesondere seine Entscheidung „Vereniging Openbare Bibliotheken“ ließ noch darauf schließen, dass der EuGH den Erschöpfungsgrundsatz über Computerprogramme hinaus auch für andere digitale Güter angewandt wissen will.[555] Wenn der EuGH in seiner Tom Kabinet-Entscheidung den lediglich akzessorischen Charakter hervorhebt, der einem in einem E-Book enthaltenen

549 Vgl. *Grützmacher*, CR 2020, S. 154, 154.
550 Vgl. *Grützmacher*, CR 2020, S. 154, 154.
551 Vgl. *Grützmacher*, CR 2020, S. 154, 156.
552 Vgl. *Dreier*, in: Dreier/Schulze, UrhG, 2018, Einl., Rn. 11.
553 Vgl. *Heckmann/Paschke*, in: Heckmann/Paschke, jurisPK-Internetrecht, 2021, Kap. 3.1, Rn. 1; *Ohly*, in: Verhandlungen des 70. Deutschen Juristentages, 2014, F 9.
554 Vgl. *Grützmacher*, CR 2020, S. 154, 154.
555 Vgl. EuGH, Urteil v. 10.11.2016, Az. C-174/15 (Vereniging Openbare Bibliotheken), NJW 2017, S. 261 ff.

Computerprogramm zukomme,[556] kann dies zumindest als Anhaltspunkt dafür gewertet werden, dass er den Bruch seiner Tom Kabinet-Entscheidung mit seiner bisherigen Rechtsprechungslinie im Hinblick auf die UsedSoft-Entscheidung zwar gesehen hat,[557] aber nicht auflösen konnte. In seiner Nintendo-Entscheidung qualifiziert der EuGH Videospiele als komplexe Güter, die nicht lediglich Computerprogramme umfassen, sondern auch grafische und klangliche Bestandteile mit eigenständigem schöpferischem Wert aufweisen, der auch bei der Codierung in einer Computersprache nicht auf die Codierung beschränkt sei, und unterstellt diese Bestandteile zusammen mit dem Gesamtwerk, also auch dem Computerprogramm, dem Schutz der RL 2001/29/EG.[558] Hierbei hat der EuGH die urheberrechtliche Qualifizierung eines hybriden Werkes und damit die Zuordnung zu den für die urheberrechtliche Behandlung maßgeblichen Vorschriften nach dem Ansatz des Schwerpunktes des hybriden Werkes gerade verneint,[559] die er nun im Rahmen der Tom Kabinet-Entscheidung wiederum wie dargelegt anscheinend befürwortet.

In Anbetracht der europäischen Grundfreiheiten und um die Kohärenz[560] der europäischen Urheberrechtsordnung zu stärken, hätte es auch im Fall der Tom Kabinet-Entscheidung nahegelegen, den urheberrechtlichen Erschöpfungsgrundsatz auch auf andere Werke zu erstrecken.[561] Für eine Allgemeingültigkeit der der UsedSoft-Entscheidung zugrunde liegenden Erwägungen spricht der Umstand, dass die an den Erfordernissen des europäischen Binnenmarkts ausgerichtete Argumentation des EuGH auch für andere digitale Güter gilt und eine differenzierende Behandlung von Computerprogrammen und anderen digitalen Gütern Inkongruenzen zur Folge haben würde.[562] Weite Teile des Schrifttums haben wie dargelegt der UsedSoft-Entscheidung eine präjudizielle Bedeutung für das gesamte Urheberrecht zugesprochen, und sich demzufolge

556 Vgl. EuGH, Urteil v. 19.12.2019, Az. C-263/18 (Tom Kabinet), MMR 2020, S. 167 ff. (Rn. 59).

557 Vgl. *Grützmacher*, CR 2020, S. 154, 156.

558 Vgl. EuGH, Urteil v. 23.01.2014, Az. C-355/12 (Nintendo), MMR 2014, S. 401 ff. (Rn. 23).

559 Vgl. *Grützmacher*, CR 2020, S. 154, 157.

560 Zum Kohärenzgebot vgl. bereits Darstellungspunkt § 2 II. 1. c) bb).

561 Vgl. *Grützmacher*, CR 2020, S. 154, 155.

562 Vgl. die Darstellung bei *Druschel/Engert*, ZUM 2018, S. 97, 101.

für eine Anwendung des Erschöpfungsgrundsatzes auch auf andere digitale Güter ausgesprochen.[563]

Die mit der Tom Kabinet-Entscheidung jedenfalls in deren Rahmen erfolgte Ablehnung der Übertragung dieser Erwägungen ist nach alledem im Hinblick auf eine möglicherweise resultierende Rechtsprechungslinie unklar, steht jedenfalls in mehrfacher Hinsicht im Widerspruch zur weiteren Rechtsprechung des EuGH, sogar, aber nicht ausschließlich bezogen auf die UsedSoft-Rechtsprechung selbst, und kann angesichts der vorgetragenen Argumentation nach alledem – dies lässt sich nach den bisherigen Ausführungen bereits an dieser Stelle feststellen – nicht überzeugen. Erforderlich ist vielmehr eine vertiefte inhaltliche Beschäftigung mit der urheberrechtlich sachgerechten Bewertung der zugrunde liegenden Vorgänge hinsichtlich der dem Erschöpfungsgrundsatz zugrunde liegenden Interessenlage, der sich der EuGH aber in seiner Tom Kabinet-Entscheidung durch die dargelegte Feststellung hinsichtlich der Erwägungen des Gesetzgebers aus dem Jahr 2001 weitgehend entzogen hat. Insoweit ist zu klären, ob im Hinblick auf die dem Erschöpfungsgrundsatz zugrunde liegende Interessenabwägung sachliche Gründe ersichtlich sind, die eine unterschiedliche Behandlung von Computerprogrammen und sonstigen digitalen Gütern rechtfertigen.

Im Folgenden ist eine entsprechende Betrachtung vorzunehmen, in deren Rahmen neben einer Bewertung der vom EuGH gefundenen Ergebnisse gegebenenfalls auch aufzuzeigen ist, welche Aspekte bei einer möglicherweise vorzunehmenden Korrektur der urheberrechtlichen Behandlung digitaler Güter hinsichtlich des Erschöpfungsgrundsatzes durch den EuGH beziehungsweise den Gesetzgeber angesichts deren Rolle im Hinblick auf die Anpassung der Rechtsordnung an den digitalen Wandel berücksichtigt werden sollten.

---

563 Vgl. *Dreier*, in: Dreier/Schulze, UrhG, 2018, § 69c, Rn. 24b; *Ganzhorn*, CR 2014, S. 492 ff.; *Hartmann*, GRUR Int 2012, S. 980 ff.; *Hoeren/Försterling*, MMR 2012, S. 642 ff.; *Hoeren/Jakopp*, MMR 2014, S. 646 ff.; *Kubach*, CR 2013, S. 279 ff.; *Malevanny*, CR 2013, S. 422 ff.; *Peifer*, AfP 2013, S. 89 ff.; *Peter*, ZUM 2019, S. 490 ff.; *Redeker*, CR 2014, S. 73 ff.; *Schneider/Spindler*, CR 2012, S. 489 ff.; *Terhaag/Telle*, K&R 2013, S. 549 ff.

II. Der universelle Geltungsanspruch des Erschöpfungsgrundsatzes im digitalen Umfeld

1. Verändertes Kräfteverhältnis zwischen Urhebern und Nutzern

Ihre nichtrivalisierende Natur[564] und ihre im Vergleich zu verkörperten Werkexemplaren in der Regel geringeren Vertriebskosten ermöglichen es dem Urheber, digitale Güter wie Computerprogramme, E-Books oder hybride Werke in deutlich stärkerem Umfang zu kommerzialisieren, als dies bei körperlichen Werkexemplaren der Fall ist. Diese verbesserte Kommerzialisierung verschafft den Anbietern eine Möglichkeit, potenzielle Einnahmeeinbußen aus der Entstehung von Sekundärmärkten ansatzweise zu neutralisieren. Zudem ermöglichen es die nach § 95a UrhG gesetzlich ausdrücklich zulässigen technischen Maßnahmen wie etwa DRM-Systeme sowie die von Anbietern zur Interessenanalyse der Nutzer ihrer Vertriebsservices und Internetseiten eingesetzten Cookies, Vertrieb und Nutzung urheberrechtlich geschützter Inhalte detailliert nachzuverfolgen. Sowohl der Einsatz von DRM- und Micro-Targeting-Systemen (MTS) als auch von Cookies dient nicht nur dem Anliegen, mögliche Rechtsverletzungen zu identifizieren, sondern auch dazu, den Nutzer im Rahmen des Produktmarketings individualisiert und gezielt anzusprechen, um so Marketing- und Vertriebskosten senken zu können.

In Anbetracht der dargestellten Inkohärenzen zwischen der UsedSoft- und der Tom Kabinet-Rechtsprechung des EuGH sollen vorliegend allgemeingültige Grundsätze für den Vertrieb digitaler Güter und die Anwendbarkeit des Erschöpfungsgrundsatzes gefunden werden, die über Computerprogramme und E-Books hinaus Geltung für alle digitalen Güter beanspruchen können. Hierbei ist der digitalisierungsbedingten Veränderung des Kräfteverhältnisses zwischen den Anbietern und Nutzern urheberrechtlich geschützter digitaler Güter Rechnung zu tragen. Rechnung zu tragen ist ihr vor allem im Hinblick auf das im Rahmen der Tom Kabinet-Entscheidung in inhaltlicher Hinsicht vorgetragene Argument, die fehlende Abnutzbarkeit von E-Books als typisches Merkmal digitaler Güter begünstige die Entstehung eines Sekundärmarkts, der das legitime wirtschaftliche Verwertungsinteresse der Rechtsinhaber unzumutbar beeinträchtige. Aufgrund der Gleichwertigkeit des neuen und des „gebrauchten" Werkexemplars resultiere ein Sekundärmarkt, der die Wertschöpfung der Rechtsinhaber weitaus stärker beeinträchtige als dies bei körperlichen

564 Zur Nichtrivalität digitaler Güter in ihrer Nutzung vgl. bereits Darstellungspunkt § 1 III. 2. b).

Gegenständen – also klassischen Büchern – der Fall sei.[565] Im Hinblick auf die ratio legis des Urheberrechts, dem Urheber eine angemessene Vergütung für die Werknutzung sicherzustellen, mag der Tom Kabinet-Entscheidung insoweit zuzustimmen sein, als dass die wirtschaftlichen Auswirkungen des Zweitmarkts auf den Erstmarkt für die Entscheidung, ob es beim Vertrieb digitaler Werkexemplare zur Erschöpfung kommt, von erheblicher Bedeutung sind.[566]

2. Höhere Profitabilität des Online-Vertriebs

Dass die in der UsedSoft-Rechtsprechung vom EuGH vorgebrachten Argumente in Anbetracht der dargestellten Erwägungen inhaltlich als allgemeingültig hinsichtlich digitaler Güter anzusehen sind, ergibt sich auch daraus, dass der Online-Vertrieb von Software – ebenso wie derjenige anderer digitaler Güter – für den Anbieter wie dargelegt im Allgemeinen mit geringeren Kosten für Infrastruktur und Transaktionskosten verbunden ist. Ebenso wie die Lagerkosten entfallen, die beim Vertrieb körperlicher Werkexemplare entstehen können, dürften die Herstellungskosten eines digitalen Gutes gegen null tendieren.[567] Insbesondere die Erwägungsgründe Nr. 42 („nichtkörperlichen […]"), 45 („dauerhaft nutzbar […]"), 46 („Eigentum an der Kopie des […] Computerprogramms […]") und 48 („Erstverkauf einer Programmkopie […]") der UsedSoft-Entscheidung des EuGH sprechen in diesem Zusammenhang dafür, diese auch bei der Veräußerung anderer digitaler Güter nicht unberücksichtigt zu lassen. Insoweit lässt sich auch darauf verweisen, dass auch Art. 4 Abs. 2 RL 2001/24/EG den Eintritt der Erschöpfungswirkung an einen Erstverkauf knüpft.[568]

Als deutliches Indiz dafür, dass der Veräußerer eines digitalen Gutes die Möglichkeit hat, bereits mit dem Erstverkauf eine i.S.d. §§ 11 S. 2, 32 UrhG angemessene Vergütung zu erzielen, lassen sich auch die vergleichbaren Preiskonditionen eines entsprechenden körperlichen Werkexemplars wie etwa einer CD heranziehen.[569] Insoweit ist der Online-Erwerb unkörperlicher Werkexemplare als bloße Verlagerung einer in der Offline-Welt üblichen Transaktion in die Online-Welt anzusehen.[570] Demnach kann es wie dargelegt nicht überzeugen, entsprechende

565 Vgl. EuGH, Urteil v. 19.12.2019, Az. C-263/18 (Tom Kabinet), MMR 2020, S. 167 ff. (Rn. 58).

566 Vgl. *Matzner*, IPRB 2020, S. 96, 99.

567 Vgl. *Hauck/Hofmann/Zech*, ZGE 2016, S. 141, 147.

568 Vgl. *Kubach/Schuster*, CR 2014, S. 504, 505.

569 Vgl. *Kubach/Schuster*, CR 2014, S. 504, 505.

570 Vgl. *Kubach/Schuster*, CR 2014, S. 504, 505.

Erwerbsvorgänge nach den Erwägungen der Tom Kabinet-Entscheidung des EuGH undifferenziert unter das Recht der öffentlichen Zugänglichmachung zu subsumieren.[571] Ausschließlich der Besitzsphärenwechsel des Verkaufsgegenstandes erfolgt unkörperlich,[572] am Ende des Vorgangs steht im Hinblick auf die dem Erschöpfungsgrundsatz zugrunde liegende Interessenlage ein gegen Vergütung dauerhaft überlassenes Werkstück auf Seiten des Erwerbers.

3. *Nachverfolgbarkeit des Nutzerverhaltens als zusätzliche Einnahmequelle*

In inhaltlicher Hinsicht trägt der EuGH in der Tom Kabinet-Entscheidung das Argument vor, die Nichtanwendbarkeit des Erschöpfungsgrundsatzes beim Vertrieb von E-Books sei zur Abwendung unverhältnismäßiger Nachteile bei einem ansonsten drohenden Sekundärmarkt geboten. Dem ist unter anderem entgegenzuhalten, dass sich der Vertrieb urheberrechtlich geschützter Werke mit fortschreitender Digitalisierung zunehmend vom klassischen Vertrieb körperlicher Gegenstände über oft kostenintensive Ladengeschäfte zum Vertrieb unkörperlicher digitaler Güter über elektronische Wege verlagert. Diese Verlagerung der Vertriebswege ist angesichts der Skalen- und Effizienzvorteile des digitalen Vertriebs für die Anbieterseite nicht nur mit Nachteilen verbunden. Insbesondere bringt sie den Anbietern erhebliche Kosteneinsparungen und ermöglicht es zudem, die Vertriebsströme mittels DRM, Cookies und MTS detailliert nachzuvollziehen. Diese technischen Möglichkeiten erlauben es den Anbietern, detaillierte Informationen über das Nutzungsverhalten der Erwerber zu erhalten, beispielsweise zu den Nutzungszeiten und der Nutzungshäufigkeit digitaler Güter. Die aus der Bereitstellung eines digitalen Gutes über das Internet resultierende Vergütung des Urhebers besteht demnach in vielen Fällen nicht nur aus dem vertraglich vereinbarten Entgelt.

Die beschriebenen Daten haben schon deshalb einen wirtschaftlichen Wert, weil die Anbieter sie beispielsweise an Werbe- und Marketingunternehmen veräußern und dadurch eine Vergütung realisieren können, die das vertraglich geschuldete Entgelt übersteigt. Diese digitalisierungsbedingten Veränderungen unterstreichen, dass sich das Kräfteverhältnis[573] zwischen Urhebern und Nutzern – also der Angebots- und Nachfrageseite urheberrechtlich geschützter

571 Vgl. auch *Kubach/Schuster*, CR 2014, S. 504, 505.
572 Vgl. *Kubach/Schuster*, CR 2014, S. 504, 505.
573 Zur digitalisierungsbedingten Verschiebung des Kräfteverhältnisses vgl. bereits Darstellungspunkt § 4 II. 1.

Güter – im digitalen Zeitalter grundlegend verändert hat. Dem liegt das Entstehen einer Datenökonomie und die Erkenntnis zugrunde, dass Nutzerdaten sich im Informationszeitalter zum „Rohstoff des 21. Jahrhunderts" entwickelt haben,[574] weil die Erhebung des Nutzungsverhaltens der Erwerber dem Anbieter eine fortdauernde Einnahmequelle bietet. Nicht zuletzt die COVID-19-Pandemie und die wiederholte pandemiebedingte Schließung der Ladengeschäfte haben die dargestellte Entwicklung nochmals deutlich beschleunigt.

4. *Preisgabe von Anonymität und Transparenz*

Für die Nutzer ist die digitalisierungsbedingte Verlagerung der Vertriebswege demgegenüber mit der Preisgabe von Anonymität und einer Zunahme von Intransparenz verbunden. So kommunizieren etwa Anbieter von Computerprogrammen oft nicht vollumfänglich, welche Veränderungen mit Updates[575] bewirkt werden. Ohne dass Updates zwingend eine Funktionserweiterung beinhalten, zielen sie auch darauf ab, insbesondere professionelle Nutzer fortlaufend zum Erwerb der neusten Softwareversion zu bewegen, wodurch die Anbieter Ertragseinbußen zu kompensieren versuchen, die aus der Erschöpfung ihres Verbreitungsrechts resultieren.[576]

Bei Einkäufen im Ladengeschäft ist es dem Erwerber möglich, eine Geldschuld im Wege der Barzahlung und damit anonym zu begleichen. Eine Barzahlung beim Erwerb von digitalen Gütern mittels Download aus dem Internet ist demgegenüber praktisch nicht denkbar. Die im E-Commerce gängigen Zahlungsmittel wie etwa die Kreditkartenzahlung ermöglichen vielmehr ebenfalls die Erstellung eines Nutzerprofils von finanziellem Wert.

Die für den Anbieter aus der Digitalisierung resultierenden Vorteile setzen sich schließlich darin fort, dass die Bereitstellung von Software zunehmend zum Cloud-basierten Service wird und eine mietrechtliche, den Erschöpfungseintritt ausschließende Qualifizierung naheliegt.[577] Nach dem Demokratieprinzip

---

574 Zu Daten als „Rohstoff des 21. Jahrhunderts" vgl. *Angela Merkel*, Rede beim Jahrestreffen des World Economic Forum am 24. Januar 2018 in Davos, veröffentlicht unter https://www.bundesregierung.de/breg-de/service/bulletin/rede-von-bundeskanzlerin-dr-angela-merkel-799516; zuletzt abgerufen am 28.12.2021; Zur Hergabe personenbezogener Daten für digitale Inhalte vgl. *Graf von Westphalen/Wendehorst,* BB 2016, S. 2179 ff.

575 Vgl. *Oechsler*, Urheberrecht, 2020, S. 51.

576 Vgl. *Oechsler*, Urheberrecht, 2020, S. 51.

577 Vgl. *Schneider*, WRP 2021, S. 293, 294.

(Art. 20 Abs. 2 S. 1 GG) kommt dem Gesetzgeber verfassungsrechtlich die Aufgabe eines unabhängigen Mittlers gegenläufiger zu schützender Interessen zu. Im Fall einer möglichen Gefahr des Unterlaufens der dem Erschöpfungsgrundsatz zugrunde liegenden Wertungen ist es daher seine Aufgabe, eine daraus resultierende schleichende Entmachtung des Erschöpfungsgrundsatzes zu verhindern. Es liegt beim Gesetzgeber, das Interesse des Urhebers an Sicherstellung angemessener Verwertungsmöglichkeiten seines Werkes mit dem allgemeinen Interesse an seiner freien Zirkulation in praktisch konkordanter Weise miteinander in Einklang zu bringen.

5. Das Urheberrecht als die „Magna Charta der Informationsgesellschaft"

Angesichts der Allgemeingültigkeit der dargestellten digitalisierungsbedingten Veränderungen der Lebenswirklichkeit ist kein Grund ersichtlich, den urheberrechtlichen Erschöpfungsgrundsatz auf bestimmte digitale Güter einzuengen. Es liegt beim Gesetzgeber, das Urheberrecht als „Magna Charta der Informationsgesellschaft"[578] zu verteidigen und seiner verfassungsrechtlich zugewiesenen Aufgabe als unabhängiger Mittler gegenläufiger zu schützender Interessen nachzukommen. Auch angesichts der digitalisierungsbedingten erweiterten Einnahmemöglichkeiten der Anbieterseite besteht jedenfalls kein Bedürfnis, den Schutz des Urhebers dadurch auszuweiten, dass die Anwendbarkeit des Erschöpfungsgrundsatzes auf Computerprogramme i.S.d. RL 2009/24/EG beschränkt wird. Gesetzgeber und Gerichte sind vielmehr wie dargelegt verpflichtet, das Urheberrecht beständig der digitalen Lebenswirklichkeit anzupassen.

III. Auflösung des Konflikts

1. Rechtsfortbildungsauftrag des EuGH

Die Tom Kabinet-Entscheidung des EuGH ist wie dargelegt rein formaljuristisch nicht zu beanstanden und mag insoweit hinsichtlich der Erwägungen der Rechtssystematik nachvollziehbar sein. Die rechtssystematische ist allerdings nur eine von mehreren Auslegungsmethoden der zugrunde liegenden rechtlichen Bestimmungen. Auch hat im Zweifel die Rechts- und Gesetzesauslegung angesichts des Demokratieprinzips (Art. 2 S. 1 Var. 3 EUV) sicherzustellen, dass

---

578 Vgl. *Heckmann/Paschke*, in: Heckmann/Paschke, jurisPK-Internetrecht, 2021, Kap. 3.1, Rn. 1 unter Verweis auf *Hoeren*, MMR 2000, S. 3, 3.

die der jeweiligen Norm zugrunde liegenden gesetzgeberischen Wertungen zur größtmöglichen praktischen Wirksamkeit (effet utile)[579] gelangen. Argumente im Hinblick auf eine teleologische sowie historische Betrachtung und einer solchen des Wortlauts wurden bereits vorgetragen. Darüber hinaus greift es aber selbst im Hinblick auf die rechtsystematische Auslegung angesichts der allgemeinen Kollisionsregel des lex posterior derogat legi priori bei genauer Betrachtung zu kurz, wenn der EuGH den Rechtsanwendungsanwendungskonflikt in seiner Tom Kabinet-Entscheidung allein mit der Kollisionsregel des lex specialis derogat legi generali bewältigen will.[580] So ist zu berücksichtigen, dass bei früheren Richtlinien, entsprechend dem Grundsatz des lex posterior derogat legi priori, mit Blick auf später ergangene Richtlinien eine veränderte Auslegung geboten sein kann.[581] Zwischen dem Inkrafttreten der beiden in Frage stehenden Richtlinien liegen annähernd acht Jahre – ein Zeitraum, der angesichts der Geschwindigkeit des digitalen Wandels auch im Hinblick auf das Moore'sche Gesetz[582] als bedeutsam anzusehen ist.

In Anbetracht der kompetenziellen Befugnis des EuGH, als „Motor"[583] des europäischen Integrationsprozesses auch rechtsfortbildend zu wirken, obliegt ihm auch die Aufgabe, grundlegenden Veränderungen der Lebenswirklichkeit, die sich seit dem Inkrafttreten einer gesetzlichen Regelung ergeben haben, im Rahmen der Rechts- und Gesetzesauslegung Rechnung zu tragen. Dies muss insbesondere dann gelten, wenn der europäische Gesetzgeber es übersehen hat, eine Regelung zu statuieren, die der digitalen Lebenswirklichkeit angemessen Rechnung trägt. Demnach liegt es auch beim EuGH, im Rahmen der Rechts- und Gesetzesauslegung ein entsprechendes Korrektiv zu schaffen. Ein solches Korrektiv könnte darin bestehen, dass der EuGH im Wege der richterrechtlichen Rechtsfortbildung übergeordnete Kriterien formuliert, bei deren Eingreifen ein digitales Gut der urheberrechtlichen Erschöpfung unterliegt, ohne an der Kollisionsnorm des lex specialis derogat legi generali zu verhaften. Angesichts der

579 Zum Gebot der Verwirklichung einer größtmöglichen praktischen Wirksamkeit vgl. bereits Darstellungspunkt § 2 II. 1. c) bb).

580 So aber letztlich EuGH, Urteil v. 19.12.2019, Az. C-263/18 (Tom Kabinet), MMR 2020, S. 167 ff. (Rn. 54 f.).

581 Vgl. *Walter/Von Lewinski*, in: Walter/Von Lewinski, European Copyright Law, 2010, Rn. 11.1.3.

582 Zum Moore'schen Gesetz vgl. bereits Darstellungspunkt § 1 III. 2. a).

583 Vgl. *Classen*, in: Schulze/Janssen/Kadelbach, Europarecht, 2020, § 4, Rn. 13; Zur Rechtsprechung des EuGH zum Urheberrecht und zu den verwandten Schutzrechten im Jahr 2020 vgl. *v. Ungern-Sternberg*, GRUR 2021, S. 1 ff.

Entwicklungen der Digitalisierung fordert dies letztlich schon die Rechtssicherheit. Vor diesem Hintergrund sollen vorliegend Handlungsempfehlungen formuliert werden, die sich sowohl an den EuGH als auch den Gesetzgeber richten und die den Entwicklungen der Digitalisierung angemessen Rechnung tragen.

2. *Rechtsfortentwicklungspflicht des Gesetzgebers*

Auch und gerade im digitalen Zeitalter ist es Aufgabe des Gesetzgebers, bei der Ausgestaltung des Urheberrechts die diesem zugrunde liegenden geschützten Interessen zu einem sachgerechten Ausgleich zu bringen. Der Gesetzgeber muss den Konflikt bewältigen, dass einerseits der technologische Fortschritt blockiert werden kann und dem Urheberrecht demzufolge ein allgemeiner Akzeptanzverlust droht, wenn die Interessen der Rechtsinhaber zu extensiven Schutz genießen, andererseits den Urhebern Anreize zum Werkschaffen genommen werden können, wenn deren Interessen zu wenig geschützt werden.[584] Ein zu schwacher Schutz kann darauf hinauslaufen, dass das Urheberrecht gegenüber der technologischen Entwicklung kapituliert und seine Regelungsziele in der digitalen Welt preisgegeben werden.[585]

Das Urheberrecht am Werk ist i.S.d. Art. 17 Abs. 2 EGRC geschützt, jede Einschränkung der grundrechtsgeschützten Freiheiten muss gesetzlich bestimmt sein, und ihren Wesensgehalt achten (Art. 52 Abs. 1 EGRC).[586] Der diesen grundrechtsgeschützten Interessen unterliegende Gesetzgeber hat hierbei grundsätzlich einen weiten politischen Gestaltungsspielraum. Mit den innerstaatlichen Behörden und Gerichten obliegt es ihm, ein angemessenes Gleichgewicht zwischen den gegenläufigen grundrechtsgeschützten Positionen und Interessen sicherzustellen.[587] Nach seiner ratio legis dient der Erschöpfungsgrundsatz in erster Linie der Verkehrsfähigkeit urheberrechtlich geschützter Werke. Der zur Ausgestaltung des Urheberrechts berufene Gesetzgeber kann entweder das allgemeine Interesse an der freien Zirkulation eines urheberrechtlich geschützten Werkes, das allgemeine Informationszugangsinteresse oder das wirtschaftliche Verwertungsinteresse des Urhebers stärker betonen, das wie dargelegt Anreize schaffen soll, neue urheberrechtsschutzfähige Werke hervorzubringen.

---

584 Vgl. *Heckmann/Paschke*, in: Heckmann/Paschke, jurisPK-Internetrecht, 2021, Kap. 3.1, Rn. 4; *Ohly*, in: Verhandlungen des 70. Deutschen Juristentages, 2014, F 10.

585 Vgl. *Heckmann/Paschke*, in: Heckmann/Paschke, jurisPK-Internetrecht, 2021, Kap. 3.1, Rn. 4; *Ohly*, in: Verhandlungen des 70. Deutschen Juristentages, 2014, F 11.

586 Vgl. *v. Ungern-Sternberg*, in: Schricker/Loewenheim, Urheberrecht, 2020, § 15, Rn. 43.

587 Vgl. *v. Ungern-Sternberg*, in: Schricker/Loewenheim, Urheberrecht, 2020, § 15, Rn. 43.

Der Gesetzgeber ist an zentrale urheberrechtliche Wertungen gebunden und unterliegt der Verpflichtung zum sachgerechten Ausgleich der geschützten gegenläufigen Interessen sowie derjenigen zur Wahrung des Grundsatzes der Verhältnismäßigkeit. Nach alledem würde er den ihm obliegenden Gestaltungsspielraum zur Ausgestaltung des Urheberrechts und seiner Anpassung an den digitalen Wandel überschreiten, sofern er – etwa entsprechend den vom EuGH angedeuteten Erwägungen in der Tom Kabinet-Entscheidung – den urheberrechtlichen Erschöpfungsgrundsatz i.S.d. Art. 4 Abs. 2 RL 2009/24/EG, § 69c Nr. 3 S. 2 UrhG beziehungsweise Art. 4 Abs. 2 RL 2001/29/EG, § 17 Abs. 2 UrhG insgesamt auf Computerprogramme beschränken würde. Es ist zwar Eigenschaft digitaler Güter, dass sie sich zueinander nicht rivalisierend verhalten und keiner Abnutzung infolge ihres bestimmungsgemäßen Gebrauchs unterliegen. Diese Wesensmerkmale dürfen in Anbetracht der fortschreitenden Digitalisierung aus den dargelegten Erwägungen aber nicht dazu führen, die dem Erschöpfungsgrundsatz zugrunde liegende Interessenabwägung aufzugeben und in der analogen Welt zurückzulassen.

Die mehr als 50 Jahre nach dem Inkrafttreten des UrhG weit vorangeschrittene Digitalisierung sollte vom Gesetzgeber zum Anlass genommen werden, seine historischen Erwägungen zu überprüfen. Insbesondere erscheint es angesichts des Standes der digitalen Entwicklung geboten, die veraltet wirkende Differenzierung von körperlicher und unkörperlicher Verwertung zu überdenken, schon deshalb, weil eine Verbreitung i.S.d. Art. 4 RL 2009/24/EG letztlich nicht mehr allein in körperlicher, sondern in unkörperlicher Form möglich ist.[588] Es gilt insoweit zu analysieren, ob nicht eine grundlegende, digitalisierungskonforme Novellierung des Urheberrechts überfällig ist.

3. *Für die Rechtsfortbildung maßgebliche Kriterien*

a) *Unterbindung veränderten Kräfteverhältnisses*

Die dargestellte Verschiebung des Kräfteverhältnisses[589] zwischen Anbietern und Nutzern urheberrechtlich geschützter Werke würde sich im Hinblick auf die zugrunde liegenden Interessen (Verwertungsinteresse des Urhebers gegenüber allgemeinem Interesse an Zugänglichkeit und Zirkulation) bei einer

---

588 Zur Einordnung einer unkörperlichen Handlung als Verbreitungshandlung durch die UsedSoft-Entscheidung des EuGH vgl. bereits Darstellungspunkt § 3 I. 2. b); Vgl. auch *Ganzhorn*, CR 2015, S. 525, 526.

589 Zur digitalisierungsbedingten Verschiebung des Kräfteverhältnisses vgl. bereits Darstellungspunkt § 4 II. 1.

undifferenzierten Anwendbarkeit des Erschöpfungsgrundsatzes auf verkörperte Werkstücke bei seiner gleichzeitigen Nichtanwendbarkeit auf digitale Werkexemplare weiter verschärfen. In Anbetracht der genannten Schranken, die dem Gesetzgeber bei der Ausgestaltung des Urheberrechts gezogen sind, bedürfte eine unausgewogene Interessengewichtung einer besonderen sachlichen Rechtfertigung. Zwar haben sich Anwendung und Auslegung des geltenden Urheberrechts einschließlich des Erschöpfungsgrundsatzes an der übergeordneten Zielsetzung auszurichten, den Urheber wirtschaftlich angemessen an der Verwertung seines Werkes zu beteiligen (vgl. auch § 11 S. 2 UrhG). Jedoch hätte es jedenfalls ein Ungleichgewicht zu seinen Gunsten zur Folge, wenn er an sämtlichen Weiterverkäufen beteiligt werden müsste und würde weit über dasjenige hinausgehen, was zur Wahrung der ihm hinsichtlich des spezifischen Gegenstands gewährten Schutzrechte tatsächlich geboten ist.[590] Allein der Umstand, dass sich ein digitales Werkexemplar leichter vervielfältigen lassen mag als ein analoges, genügt für sich genommen nicht, um eine Besserstellung des Urhebers in der digitalen Welt zu rechtfertigen.[591] In Anbetracht ihrer organisatorischen Ressourcen wird es den Anbietern digitaler Werkexemplare bei lebensnaher Betrachtung sehr viel leichterfallen als dem Nutzer, von den digitalisierungsbedingten Skalen- und Effizienzvorteilen nachhaltig zu profitieren.

b) Wirklichkeitsgetreue Abbildung der digitalen Realität

Die häufig als Argument gegen die Übertragbarkeit der UsedSoft-Rechtsprechung des EuGH auf andere digitale Werkexemplare herangezogenen Erwägungsgründe Nr. 28 und Nr. 29 zur RL 2001/29/EG erwachsen nicht in normativer Kraft und haben damit keinen rechtsverbindlichen Charakter.[592] Bei der Anpassung des Urheberrechts an den digitalen Wandel ist wie dargelegt der Umstand zu berücksichtigen, dass die RL 2001/29/EG aus einer Zeit stammt, in der der Vertrieb digitaler Güter über das Internet noch nicht verbreitet war.[593] Vor diesem Hintergrund kann eine auf den Willen des Gesetzgebers abstellende historische Gesetzesinterpretation bei der hier vorzunehmenden Bewertung nicht ergiebig sein. Der Gesetzgeber konnte die Entwicklung auf dem Gebiet der digitalen Medien seinerzeit noch gar nicht voraussehen.[594] Schließlich ist

---

590 Vgl. *Hartmann*, GRUR Int 2012, S. 980, 981; *Peifer*, AfP 2013, S. 89, 91.

591 Vgl. *Druschel/Oehmichen*, CR 2015, S. 233, 237.

592 Vgl. *Hartmann*, GRUR Int 2012, S. 980, 982; *Ganzhorn*, CR 2014, S. 492, 494.

593 Vgl. *Hartmann*, GRUR Int 2012, S. 980, 982; *Ganzhorn*, CR 2014, S. 492, 494.

594 Vgl. *Ganzhorn*, CR 2014, S. 492, 495.

zu berücksichtigen, dass frühere Richtlinien entsprechend dem Grundsatz lex posterior derogat legi priori, mit Blick auf später ergangene Richtlinien eine veränderte Auslegung erfahren können.[595]

IV. Anpassung des Erschöpfungsgrundsatzes an die Besonderheiten des digitalen Zeitalters

1. Ware gegenüber Dienstleistung

Die Digitalisierung erfasst viele unserer Lebensbereiche, lässt die Grenzen zwischen realer und virtueller Welt verschwimmen und verändert die Art und Weise, wie wir unsere Umwelt wahrnehmen.[596] Das traditionelle Bild einer strikten Trennung zwischen körperlicher und unkörperlicher Verwertung entspricht im digitalen Zeitalter nicht mehr der Lebenswirklichkeit, mit voranschreitender Digitalisierung verwischen zunehmend die Grenzen zwischen körperlicher und unkörperlicher Nutzung.[597] Das Urheberrecht kann an dieser Entwicklung nicht vorbeigehen. Stattdessen muss es Lösungen anbieten, die den veränderten Nutzungsgewohnheiten und Entwicklungen angemessen Rechnung tragen, um eine größtmögliche Kohärenz zwischen Regulierung und Praxis zu erreichen. Ohne entsprechende Lösungen könnte dem Urheberrecht ein nachhaltiger Akzeptanzverlust drohen, insbesondere wenn es zu sehr in der analogen Welt verhaftet und keine sachgerechten Antworten auf entstandene Entwicklungen liefern kann, sondern vielmehr immer weiter hinter der Lebenswirklichkeit und den zu regelnden Sachverhalten zurückbleibt.

In Anbetracht der dargelegten Erwägungen könnte ein erster wegweisender Schritt darin bestehen, von der angesichts der dargestellten Entwicklung nicht mehr zeitgemäß wirkenden strengen Differenzierung zwischen körperlicher und unkörperlicher Werkverwertung abzurücken, wie es auch in der UsedSoft-Entscheidung seitens des EuGH geschehen ist, um den Sachverhalt einer wie dargelegt sachgerechten Lösung zuführen zu können. Auch um eine größtmögliche Kohärenz der europäischen Digitalrechtsordnung zu erreichen und den

---

595 Vgl. *Walter/Von Lewinski*, in: Walter/Von Lewinski, European Copyright Law, 2010, Rn. 11.1.3.

596 Zu den digitalisierungsbedingten Veränderungen unserer Umwelt sowie den dadurch bedingten Veränderungen unserer Wahrnehmung vgl. *Brauck/Jung/Nezik/Schulz*, DER SPIEGEL v. 14.08.2015, S. 8 ff.

597 Vgl. *Ganzhorn*, CR 2015, S. 525, 526 unter Bezugnahme auf *Hoeren*, CR 1996, S. 517, 519.

Vertrieb digitaler Güter auf eine allgemeine rechtssichere Grundlage zu stellen, könnte insoweit von den Kategorien der digitalen Ware sowie der digitalen Dienstleistung Gebrauch gemacht werden.

2. *Maßgeblichkeit wirtschaftlich-funktionaler Äquivalenz*

Der wirtschaftliche Wert des urheberrechtlich geschützten Werkes wird nicht von der Beschaffenheit seines Datenträgers, sondern von seinem Inhalt bestimmt. Schon dieser Umstand spricht dafür, dass es unter den Bedingungen der Digitalisierung nicht länger nur auf die Körperlichkeit und Identität des konkret veräußerten Werkexemplars auf Veräußerer- und Erwerberseite ankommen kann. Vor allem führt das Kriterium der Körperlichkeit und Identität, wie das Beispiel der Computerprogramme gezeigt hat, nicht zu sachgerechten Ergebnissen der rechtlichen Bewertung im Hinblick auf die Anwendung des Erschöpfungsgrundsatzes im digitalen Bereich. So musste der EuGH, um den entscheidungsrelevanten Sachverhalt einer wie dargelegt sachgerechten rechtlichen Bewertung zuführen zu können, die nach dieser Differenzierung erfolgte Zuordnung der Verwertungshandlung in seiner UsedSoft-Entscheidung wie beschrieben korrigieren.[598] Es fragt sich, warum diese schon im UsedSoft-Urteil allgemein auf RL 2001/29/EG im Lichte des Art. 6 Abs. 1 WCT gestützte Erwägung nicht auch hinsichtlich anderer digitaler Güter gelten soll. Auch bei diesen ist aufgrund der durch die Digitalisierung und den technologischen Fortschritt eingetretenen Veränderungen die gleiche Entkoppelung des Werkes von seinem Träger hinsichtlich der technischen Gegebenheiten des Übertragungsvorganges vorzufinden. Das Kriterium der Körperlichkeit und Identität des veräußerten und erworbenen Werkexemplars ist im Bereich klassischer analoger Güter ein taugliches Abgrenzungskriterium. Angesichts des digitalen Wandels verhaftet ein undifferenziertes Abstellen auf dieses Kriterium aber in der analogen Welt und wird der digitalen Lebenswirklichkeit schon deshalb nicht gerecht, weil es sich in seinen Anwendungsergebnissen zu einseitig an den Interessen des Rechtsinhabers orientiert. So bildet die Tom Kabinet-Entscheidung des EuGH nicht nur einen Bruch zu seiner bisherigen Rechtsprechungslinie. Angesichts der weit vorangeschrittenen Digitalisierung erscheint es als „aus der Zeit gefallen", wenn der EuGH unter Verweis auf die vereinbarten Erklärungen zu Art. 6 und 7 WCT – gerade im Widerspruch zu seinen gegenläufigen Ausführungen hinsichtlich

598 Zur Einordnung einer unkörperlichen Handlung als Verbreitungshandlung durch die UsedSoft-Entscheidung des EuGH vgl. bereits Darstellungspunkt § 3 I. 2. b).

eines entsprechenden Erfordernisses im Rahmen des Art. 6 Abs. 1 WCT in seiner UsedSoft-Entscheidung, in der er auf das Erfordernis einer Verkörperung zur Annahme einer Verbreitung i.S.d. Art. 6 Abs. 1 WCT verzichtet –[599] zu dem Schluss kommt, dass allein Vervielfältigungsstücke, die als körperliche Gegenstände in den Verkehr gebracht werden können, dem Verbreitungsrecht unterlägen.[600] Der WCT stammt aus dem Jahr 1996 und somit aus einer Zeit, zu der das Internet gerade erst aufgekommen war, was die Eignung des WCT als maßgeblichem Auslegungsmaßstab für die sich in der heutigen Zeit angesichts der digitalen Entwicklung stellenden Fragen deutlich vermindert. Auch die unter Berufung auf dieselbe Norm – aber wie dargelegt gerade mit gegensätzlichem Ergebnis – erfolgte Auslegung des EuGH in der UsedSoft beziehungsweise Tom Kabinet-Entscheidung belegt anschaulich, dass eine alleinige Auslegung anhand des WCT zu keinem eindeutigen Ergebnis führt. Vorzugswürdig ist es nach alledem, auf das Kriterium eines wirtschaftlich-funktional identischen Äquivalents[601] abzustellen. Den Anbietern ist es schließlich – etwa mittels der dargestellten technischen Maßnahmen wie DRM, MTS und dem Einsatz von Cookies – ohne Weiteres möglich, die weitere Verwendung des Äquivalents nachzuverfolgen und seinen vertragswidrigen Gebrauch in der Folge zu unterbinden. Würden der Vertrieb körperlicher Werkexemplare und der Vertrieb unkörperlicher Werkkopien ungleich behandelt, käme es zu einem Lenkungseffekt durch das Urheberrecht, der als wettbewerbswidrig einzustufen wäre.[602] Das Urheberrecht würde letztlich eine Erhöhung der Kosten einer Vertriebsart (des Offline-Vertriebs) zugunsten der anderen Vertriebsart (dem Online-Vertrieb) bewirken,[603] ohne dass ein sachlicher Grund hierfür bestünde. Die Nutzer würden durch die Belastung der Vertriebsformen mit unterschiedlichen Kosten hin zu derjenigen Vertriebsart gelenkt werden, die einer geringeren Kostenbelastung ausgesetzt ist.[604]

---

599 Vgl. EuGH, Urteil v. 03.07.2012, Az. C-128/11 (UsedSoft), MMR 2012, S. 586 ff. (Rn. 52); vgl. auch *Grützmacher*, CR 2020, S. 154, 155.

600 Vgl. EuGH, Urteil v. 19.12.2019, Az. C-263/18 (Tom Kabinet), MMR 2020, S. 167 ff. (Rn. 40).

601 Zum Kriterium der wirtschaftlich-funktionalen Äquivalenz vgl. bereits Darstellungspunkt § 3 III. 2. c) aa).

602 Vgl. *Oechsler*, Urheberrecht, 2020, S. 48, 49.

603 Vgl. *Oechsler*, Urheberrecht, 2020, S. 48, 49.

604 Vgl. *Oechsler*, Urheberrecht, 2020, S. 48, 49.

3. *Anwendbarkeit des Erschöpfungsgrundsatzes auf andere digitale Güter*

a) *Werkübergreifende Erwägungen*

aa) *Funktion von Computerprogrammen*

Im Hinblick auf die Frage, inwieweit der urheberrechtliche Erschöpfungsgrundsatz auf andere digitale Güter anzuwenden ist, wird das Wesen und die Bedeutung eines Computerprogramms für digitale Güter und ihre Funktionsfähigkeit zu beachten sein. Zwar ist die ein Computerprogramm prägende Verknüpfung maschinenlesbarer Befehle und sein Binärcode, der aus den Zeichen 0 und 1 besteht, nicht unmittelbar zur Rezeption durch einen Menschen bestimmt. Als Kern eines digitalen Gutes entfaltet ein Computerprogramm aber eine entscheidende Funktion bei der Steuerung digitaler Güter wie etwa E-Books oder Computerspielen. Typischerweise setzt deren bestimmungsgemäße Funktionsweise die Existenz eines Computerprogramms zwingend voraus. Erst die Existenz einer entsprechenden Software oder Plattform macht es möglich, den Inhalt des digitalen Gutes zu rezipieren oder auf andere Weise wahrzunehmen.[605] So wie ein E-Book ohne die Existenz eines Computerprogramms nicht denkbar ist, setzt auch die Funktionsfähigkeit der meisten digitalen Werkexemplare die Existenz eines Computerprogramms notwendig voraus.

bb) *Warenverkehrsfreiheit digitaler Güter*

Gegen eine restriktive Auslegung und Anwendung des urheberrechtlichen Erschöpfungsgrundsatzes lassen sich insbesondere die gesetzlichen Regelungen des Unionsrechts über den freien Warenverkehr (Art. 28–37 AEUV) anführen, vor allem das Verbot mengenmäßiger Beschränkungen zwischen den Mitgliedstaaten (Art. 34, 36 AEUV). Infolge der EuGH-Entscheidungen Cassis de Dijon[606] und Keck[607] hat sich der allgemeine Grundsatz herausgebildet, dass Handels- und marktbezogene Zugangsschranken grundsätzlich restriktiv zu verstehen sind.[608]

Beim Handel mit gebrauchten E-Books, Musikinhalten und vergleichbaren digitalen Gütern ist zu berücksichtigen, dass die Kunden sie jedenfalls in den meisten Fällen nicht im Sinne einer Dienstleistung selbst wieder öffentlich

605 Vgl. *Terhaag/Telle*, K&R 2013, S. 549, 549.
606 EuGH, Urteil v. 20.02.1979, Az. C-120/78 (Cassis de Dijon), Slg. 1979, S. 649 ff.
607 EuGH, Urteil v. 24.11.1993, Az. C-267/91 (Keck), Slg. 1993, S. I-6097.
608 Vgl. *Graef*, E-Books, 2016, S. 97.

zugänglich machen, sondern vielmehr als materielles Gut nutzen wollen. Deshalb steht insbesondere der bereits darlegte 29. Erwägungsgrund zur RL 2001/29/EG bei konsolidierter Betrachtung seiner Erwägungen einer Übertragung der in der UsedSoft-Entscheidung getätigten Erwägungen auf die RL 2001/29/EG nicht entgegen.[609] Der aus dem 29. Erwägungsgrund zur RL 2001/29/EG herleitbare spezialgesetzliche Vorrang der RL 2009/24/EG ist insoweit nur eine von mehreren möglichen Begründungen, um den Eintritt der Erschöpfung bei der unkörperlichen Übertragung von Computerprogrammen herzuleiten.[610] Für den Eintritt der Erschöpfungswirkung kommt es entscheidend auf die berechtigte Erwartungshaltung des Erwerbers und darauf an, ob dem jeweiligen Angebot eine Dienstleistung oder ein verkaufsähnlicher Vorgang zugrunde liegt.[611] Eine Ausweitung der in der UsedSoft-Entscheidung seitens des EuGH getätigten Erwägungen über den Bereich der Computerprogramme hinaus auf andere digitale Güter ist somit selbst nach der RL 2001/29/EG richtigerweise nicht ausgeschlossen.[612]

Nach der Rechtsprechung des BVerfG, das im Rahmen seiner Befassung mit der urheberrechtlichen Zulässigkeit des Sampling auch Aussagen zum Verständnis der RL 2001/29/EG getroffen hat, ist unter mehreren möglichen Deutungen, die bei der Anwendung und Auslegung einfachgesetzlicher Normen möglich sind, diejenige vorzugswürdig, die den Wertentscheidungen der Verfassung – einschließlich der Aussagen der EGRC –[613] am ehesten entspricht (effet utile)[614] und die die Grundrechte der Betroffenen möglichst weitgehend in praktischer Konkordanz zur Geltung bringt.[615]

Im Hinblick auf eine Wortlautauslegung ist zudem zu berücksichtigen, dass selbst wenn sich die vorliegend maßgeblichen EU-Richtlinien hinsichtlich ihres Wortlauts („Vervielfältigungsstück" i.S.d. Art. 4 Abs. 2 RL 2001/29/EG gegenüber „Programmkopie" i.S.d. Art. 4 Abs. 2 RL 2009/24/EG) in sprachlichen Nuancen unterscheiden, diese Inkohärenz für sich genommen noch nicht darauf

609 Vgl. *Roder*, EuGH im Urheberrecht, 2016, S. 125.
610 Vgl. *Roder*, EuGH im Urheberrecht, 2016, S. 140.
611 Vgl. *Neuber*, WRP 2014, S. 1274, 1276; *Roder*, EuGH im Urheberrecht, 2016, S. 125.
612 So auch *Neuber*, WRP 2014, S. 1274, 1276; *Roder*, EuGH im Urheberrecht, 2016, S. 125.
613 Vgl. *Jarass*, in: Jarass/Pieroth, Grundgesetz, 2020, Art. 1, Rn. 28.
614 Zum Gebot der Verwirklichung einer größtmöglichen praktischen Wirksamkeit vgl. bereits Darstellungspunkt § 2 II. 1. c) bb).
615 BVerfG, Urteil v. 31.05.2016, Az. 1 BvR 1585/13 (Metall auf Metall), GRUR 2016, S. 690 ff. (Rn. 82).

schließen lässt, dass andere digitale Werkexemplare als Computerprogramme nicht der Erschöpfung unterliegen sollen.[616] Soweit die genannten Richtlinien in Nuancen voneinander abweichen ist zu berücksichtigen, dass EU-rechtliche Normen, verglichen etwa mit dem Standard des BGB, oft geringe Präzision und Transparenz aufweisen und die in verschiedenen Richtlinien verwendeten Begriffe häufig nicht kohärent sind.[617]

Der Weiterverkauf digitaler Güter trägt dazu bei, das allgemein bestehende Preisniveau entweder abzusenken oder jedenfalls zu stabilisieren, was letztlich die Zugänglichkeit kultureller Güter nicht nur über den Zweitmarkt, sondern insbesondere auch durch Gedächtnisinstitutionen wie Bibliotheken, Museen und Archive verbessern kann.[618] Zudem kann der Erschöpfungsgrundsatz als Mechanismus entscheidend dazu beitragen, Handelshemmnisse zu überwinden, die aus der Territorialität des Urheberrechts innerhalb der EU resultieren – ein Argument, das richtigerweise nicht nur bei Computerprogrammen, sondern ebenso bei anderen digitalen Gütern greift.[619] Schließlich trägt es dem zentralen Anliegen der Europäischen Kommission Rechnung, das diese in ihrer Mitteilung vom 09.12.2015 „Towards a modern, more European copyright framework" zum Ausdruck gebracht hat, welches darin besteht, einen unionsweiten digitalen Binnenmarkt zu verwirklichen und zur Erreichung dieses Ziels eine entsprechende Modernisierung des europäischen Urheberrechts vorzunehmen.[620]

cc) Kriterium des endgültigen und dauerhaften Erwerbs

Nach alledem ist im Hinblick auf die dem Erschöpfungsgrundsatz zugrunde liegende Interessenabwägung maßgeblich darauf abzustellen, ob der Erwerber das digitale Gut nach der geschlossenen vertraglichen Vereinbarung endgültig und dauerhaft behalten soll. Für die Frage des endgültigen und dauerhaften Erwerbs

616 Vgl. *Hartmann*, GRUR Int 2012, S. 980, 982; *Peifer*, AfP 2013, S. 89, 91.

617 Vgl. *Grüneberg*, in: Palandt, BGB, 2021, Einleitung, Rn. 7.

618 Vgl. *Durantaye/Kuschel*, ZGE 2016, S. 195, 199.

619 Vgl. *Durantaye/Kuschel*, ZGE 2016, S. 195, 202, 203.

620 Mitteilung der Kommission an das Europäische Parlament, den Rat, den Europäischen Wirtschafts- und Sozialausschuss und den Ausschuss der Regionen v. 09.12.2015, Towards a modern, more European copyright framework, COM(2015) 626 final; Anknüpfend an die Mitteilung der Kommission an das Europäische Parlament, den Rat, den Europäischen Wirtschafts- und Sozialausschuss und den Ausschuss der Regionen v. 06.05.2015, A Digital Single Market Strategy for Europe, COM(2015) 192 final; Zu diesem Kommissionsansatz vgl. *Obergfell*, MMR 2016, S. 289 f.

kann es insoweit auch auf die fehlende Kündbarkeit des Vertrages ankommen.[621] Wie bereits dargestellt, muss es sich in diesem Zusammenhang nicht zwingend um einen Kaufvertrag handeln. Indiziell ist hierbei auf die Vergütungsstruktur abzustellen. So kann die Vereinbarung eines regelmäßig wiederkehrenden, jedenfalls für einen Mindestzeitraum gleich hohen Entgelts dafür sprechen, dass der Veräußerer die Kontrolle über das digitale Gut nicht endgültig und vollständig aus der Hand geben will. Entscheidend ist lediglich, welche Vergütung vereinbart ist, ohne dass sie tatsächlich geflossen sein muss.

b) Werkspezifische Erwägungen

aa) Die Anwendbarkeit des Erschöpfungsgrundsatzes bei hybriden Werken im Allgemeinen

(1) Problemstellung

Wie bereits ausgeführt, sind digitale Güter typischerweise funktionsnotwendig auf die Existenz eines Computerprogramms angewiesen. Das geltende Urheberrecht verlangt hinsichtlich der Schutzfähigkeit von Computerprogrammen keine besondere schöpferische Gestaltungshöhe, sondern stellt vorrangig auf das Kriterium einer individuellen Schöpfung ab, es verlangt damit insbesondere auch im Rahmen des § 69c Nr. 3 S. 2 UrhG kein qualitatives oder ästhetisches Minimum, sondern schützt gerade auch die „kleine Münze".[622] Der Art. 4 Abs. 2 RL 2009/24/EG umsetzende § 69c Nr. 3 S. 2 UrhG knüpft insoweit an eine niedrigere Schwelle an, als der Schutz sonstiger urheberrechtlich geschützter Werke, insbesondere um der im Allgemeinen leichten Kopierbarkeit von Computerprogrammen und den oft hohen Investitionen Rechnung zu tragen, die mit der Erstellung von Software verbunden sind.[623] Entsprechend setzt nach der Rechtsprechung des EuGH der urheberrechtliche Werkschutz im Sinne von Originalität nur das Vorliegen einer eigenen geistigen Schöpfung, die Ausdruck

---

621 Vgl. *Schneider*, WRP 2021, S. 293, 295.

622 Das geltende Urheberrecht lässt angesichts der Voraussetzung einer individuellen geistigen Schöpfung lediglich die einfache, routinemäßige Programmierleistung, die jeder Programmierer auf dieselbe oder ähnliche Weise erbringen würde, schutzlos; angesichts dieser Rechtsprechung greift bei komplexen Computerprogrammen eine tatsächliche Vermutung für eine hinreichende Individualität der Programmgestaltung; vgl. BGH, Urteil v. 03.03.2005, Az. I ZR 111/02 (Fash 2000); MMR 2005, S. 845 ff. (Rn. 17); so auch *Spindler*, in: Schricker/Loewenheim, Urheberrecht, 2020, § 69a, Rn. 19; Vgl. auch *Dreier*, in: Dreier/Schulze, UrhG, 2018, § 69a, Rn. 26 ff.

623 Vgl. *Haedicke*, in: Schulze/Janssen/Kadelbach, Europarecht, 2020, § 22, Rn. 37.

einer freien kreativen Gestaltung ist und eine „persönliche Note" hat, sowie die Nutzung eines gewissen Gestaltungsspielraums voraus.[624]

Etwa bei Computer- und Videospielen treffen unterschiedliche bildliche, akustische und gegebenenfalls haptische Gestaltungselemente zusammen – beispielsweise grafische Gestaltung, Charaktere, Story –[625], an denen neben dem Softwareprogrammierer oft eine Vielzahl spezialisierter Urheber mitwirken, von denen nach §§ 11 S. 2, 32, 32a UrhG grundsätzlich jeder eine angemessene Vergütung beanspruchen kann. Bei hybriden Werken stellt sich dementsprechend die Frage, ob sich das jeweilige Werk in seiner Gesamtheit noch als Computerprogramm i.S.d. §§ 69a Abs. 1, 2 Abs. 1 Nr. 1 Var. 4 UrhG qualifizieren lässt und ob es damit – de lege lata der UsedSoft-Rechtsprechung folgend – bei seinem erstmaligen Inverkehrbringen der Erschöpfung i.S.d. Art. 4 Abs. 2 RL 2009/24/EG beziehungsweise § 69c Nr. 3 S. 2 UrhG unterliegt. Andererseits könnten seine weiteren gestalterischen Elemente als so dominierend anzusehen sein, dass eine abweichende urheberrechtliche Qualifizierung etwa als Filmwerk i.S.d. § 2 Abs. 1 Nr. 6 UrhG geboten sein könnte.[626] Jedenfalls die audiovisuellen Gestaltungselemente eines Computer- und Videospiels sind i.d.R. als Filmwerke i.S.d. § 2 Abs. 1 Nr. 6 UrhG zu qualifizieren oder sie unterliegen, soweit sie die nach geltendem Urheberrecht vorausgesetzte Gestaltungshöhe nicht erreichen, dem Laufbandschutz i.S.d. § 95 UrhG.

Insbesondere Computer- und Videospiele sind längst keine Randerscheinungen mehr, sondern in der Mitte unserer Gesellschaft angelangt.[627] Sie gelten inzwischen als Kunst- und Kulturform und bringen zugleich den Anbietern wirtschaftliche Erträge in Höhe mehrerer Milliarden Euro ein.[628] Über ihre generelle urheberrechtliche Schutzfähigkeit herrscht angesichts der gesetzlich ausdrücklich genannten Werkkategorien des § 2 Abs. 1 Nr. 1 Var. 4 UrhG (Computerprogramm) und des § 2 Abs. 1 Nr. 6 UrhG (Filmwerk) zwar Einigkeit. Jedoch bestehen hinsichtlich der Einordnung von Computerspielen und

---

624 EuGH, Urteil v. 01.12.2011, Az. C-145/10 (Painer), GRUR 2012, S. 166 ff.

625 Zu Computerspielen vgl. *Brüggemann*, CR 2015, S. 697 ff.; *Bullinger/Czychowski*, GRUR 2011, S. 19 ff.; *Graef*, E-Books, 2016, S. 10, 101 ff.; *Hilgert*, CR 2014, S. 354 ff.; *Katko/Maier*, MMR 2009, S. 306 ff.; *Kreutzer*, CR 2007, S. 1 ff.

626 Zur weiteren angemessenen Beteiligung von Kameraleuten als Miturheber des geschützten Werkes vgl. BGH, Urteil v. 01.04.2021, Az. I ZR 9/18, GRUR 2021, S. 955 ff., BGH, Urteil v. 20.02.2020, Az. I ZR 176/18, GRUR 2020, S. 611 ff; *Flechsig*, ZUM 2016, S. 786 f.; *Castendyk*, ZUM 2016, S. 314 ff.

627 Vgl. *Brüggemann*, CR 2015, S. 697, 697.

628 Vgl. *Brüggemann*, CR 2015, S. 697, 697.

anderen hybriden Werken in der Praxis erhebliche Rechtsunsicherheiten, die aus ihrer künstlerisch-technischen Doppelnatur resultieren.[629] Das geltende Urheberrecht hält insoweit keine passgenaue Werkkategorie bereit. Die bestehenden, bereits dargelegten Widersprüche innerhalb der Rechtsprechung des EuGH können diesbezüglich nicht als förderlich angesehen werden.

(2) Analyse

Als Ansatz der urheberrechtlichen Qualifizierung hybrider Güter bieten sich angesichts des Zusammentreffens unterschiedlicher gestalterischer Elemente eine segmentierende, eine Schwerpunkt- oder eine Einzelfallbetrachtung an. Die segmentierende Betrachtung vollzieht eine getrennte Würdigung einerseits der technischen Elemente und andererseits der künstlerischen Elemente, wodurch jedes für sich abgrenzbare gestalterische Element einer eigenständigen Werkkategorie zugeordnet wird und sie damit zu einer parallelen Anwendung verschiedenartiger Schutzregime gelangt.[630] Nach der Schwerpunktbetrachtung soll demgegenüber das Schutzregime des gestalterischen Elementes greifen, das dem in Verkehr gebrachten Gesamtwerk sein entscheidendes gestalterisches Gepräge gibt.[631] Nach der Einzelfallbetrachtung sind – ohne dass diese Lösung sich eindeutig für den einen oder anderen Ansatz ausspricht – etwaige Kollisionsfälle danach aufzulösen, welche Regelung im konkret zu entscheidenden Einzelfall zu interessengerechteren Ergebnissen führt oder – subsidiär – im Rahmen einer einzelfallbezogenen Interessenabwägung beizulegen.[632]

Eine Entscheidung für einen der genannten Lösungsansätze als Grundlage der rechtssicheren urheberrechtlichen Einordnung hybrider Werke ist jedenfalls de lege lata schon deshalb geboten, weil nach dem Wortlaut des § 69c Nr. 3 S. 2 UrhG beziehungsweise Art. 4 Abs. 2 RL 2009/24/EG ausschließlich Computerprogramme beziehungsweise deren Programmkopien der hierin niedergelegten spezialgesetzlich vorrangigen Erschöpfung unterliegen. Eine nach deren Schwerpunkt differenzierende urheberrechtliche Betrachtung von Computerspielen, Videospielen und anderen hybriden Anwendungen wäre im Hinblick auf den urheberrechtlichen Erschöpfungsgrundsatz mit dem Vorteil verbunden, die rechtliche wie wirtschaftliche Verkehrstauglichkeit des digitalen Endproduktes

---

629 Vgl. *Brüggemann*, CR 2015, S. 697, 697.

630 Vgl. *Brüggemann*, CR 2015, S. 697, 697; *Bullinger/Czychowski*, GRUR 2011, S. 19, 21; *Katko/Maier*, MMR 2009, S. 306, 306.

631 Vgl. *Kreutzer*, CR 2007, S. 1, 5.

632 Vgl. *Bullinger/Czychowski*, GRUR 2011, S. 19, 21; *Katko/Maier*, MMR 2009, S. 306, 308.

deutlich zu erhöhen.[633] Führt eine Schwerpunktbetrachtung zu dem Ergebnis, dass die weiteren gestalterischen Elemente so dominierend sind, dass eine Einordnung des gestalterischen Gesamtwerkes als Computerprogramm i.S.d. §§ 69a Abs. 1, 2 Abs. 1 Nr. 1 Var. 4 UrhG nicht mehr in Betracht kommt, unterläge es bei seinem erstmaligen Inverkehrbringen allenfalls der allgemeinen Erschöpfungsregel i.S.d. § 17 Abs. 2 UrhG beziehungsweise Art. 4 Abs. 2 RL 2001/29/EG, soweit § 69c Nr. 3 S. 2 UrhG beziehungsweise Art. 4 Abs. 2 RL 2009/24/EG nicht aufgrund seiner Spezialgesetzlichkeit eine Sperrwirkung entfaltet.

Bei der Entscheidung des genannten Theorienstreits ist nicht zuletzt zu berücksichtigen, dass beispielsweise ein funktionsfähiges Computer- oder Videospiel der übergeordneten Leistung eines Programmierers bedarf, die die unterschiedlichen gestalterischen, künstlerischen wie technischen Elemente zu einem verwendbaren Endprodukt zusammenführt und ohne die das Anwendungserlebnis nicht denkbar wäre, selbst wenn das Gewicht der unterschiedlichen gestalterischen Elemente im Einzelfall divergieren sollte.[634] Da auch bei einem Computer- und Videospiel beziehungsweise bei einem vergleichbaren hybriden Gut unterschiedlichste audiovisuelle Elemente in den Programmcode integriert und kompiliert werden, spricht jedenfalls bei einer summarischen Betrachtung einiges dafür, sie de lege lata dem Regelungsregime der §§ 69a ff. UrhG beziehungsweise RL 2009/24/EG zu unterwerfen. Die einzelfallbezogene Betrachtung schließlich mag vordergründig eine höhere situationsbezogene Flexibilität bieten, erkauft diesen Vorteil aber auf Kosten der Rechtssicherheit. Bei Anwendung des urheberrechtlichen Schutzprinzips hätte sie zur Folge, dass auf Kosten der Nutzer schließlich das strengere Regelungsregime zur Anwendung käme.[635]

(3) Zwischenergebnis

Schon der Wortlaut des Art. 1 Abs. 2 RL 2009/24/EG beziehungsweise § 69a Abs. 2 S. 1 UrhG („alle Ausdrucksformen") spricht für eine extensive Auslegung der Regelungen. Eine isolierte Betrachtung der unterschiedlichen urheberrechtsrelevanten Gestaltungselemente entspräche zudem weder den Interessen des Urhebers an einer möglichst störungsfreien wirtschaftlichen Verwertung noch denjenigen des Nutzers insbesondere hinsichtlich der Reichweite des Privilegierungsschutzes durch § 69d Abs. 1 UrhG. Nach alledem ist eine urheberrechtliche Qualifizierung hybrider Güter anhand der Schwerpunktbetrachtung

---

633 Vgl. *Brüggemann*, CR 2015, S. 697, 697.
634 Vgl. *Brüggemann*, CR 2015, S. 697, 698.
635 Vgl. *Brüggemann*, CR 2015, S. 697, 700.

vorzugswürdig. Demgegenüber hätte es der Urheber bei einer segmentierenden Betrachtung in einem sachlich nicht zu rechtfertigenden Umfang in der Hand, den Eintritt der Erschöpfungswirkung nach seinem Belieben zu steuern. Angesichts der digitalisierungsbedingten Verschiebung des Kräfteverhältnisses[636] zwischen Anbietern und Nutzern urheberrechtlich geschützter Werke wäre dies nicht hinnehmbar und würde zu Lasten der allgemeinen Akzeptanz des Urheberrechts als „Magna Charta der Informationsgesellschaft" gehen.

bb) Die Anwendbarkeit des Erschöpfungsgrundsatzes bei Computerspielen angesichts spezieller Vertriebsmodelle im Besonderen

(1) Problemstellung

Im Zusammenhang mit der Verbreitung von Computerspielen stellt sich angesichts der Möglichkeit zum Einsatz nutzerkontenbasierter Vertriebsmodelle die Frage, ob sich das Verbreitungsrecht i.S.d. § 69c Nr. 3 S. 1, 17 Abs. 1 UrhG gegebenenfalls selbst dann erschöpft, wenn der Nutzer mit der Entrichtung des vertraglich geschuldeten Entgelts lediglich eine „Eintrittskarte" zu einem Computerspiel erwirbt, dessen betriebsnotwendige Bestandteile sich nicht dezentral auf einem Computer oder sonstigen digitalen Endgerät des Nutzers, sondern auf einem zentralen Server des Anbieters befinden, insbesondere wenn der Anbieter nach erstmaliger Einräumung der Spielnutzungsmöglichkeit erhebliche weitere Pflege-, Wartungs- und Leistungen infrastruktureller Art erbringt.[637] Ein Computerspiel im dargelegten Sinne, an dem in einem Multiplayer-Modus mehrere Nutzer gleichzeitig teilnehmen können, ist systembedingt auf das Vorhandensein einer steuernden Software angewiesen, ohne die sein Ablauf nicht vorstellbar wäre. Der bereits dargelegten Schwerpunktbetrachtung folgend[638] lassen sich entsprechende Computerspiele, abhängig von ihrer konkreten Ausgestaltung, deshalb als Computerprogramm i.S.d. § 69a Abs. 1, 2 Abs. 1 Nr. 1 Var. 4 UrhG qualifizieren.

Einer Erschöpfung des Verbreitungsrechts könnte unter den genannten Voraussetzungen entgegenstehen, dass der Nutzer bei einem mit Nutzerkonto versehenen Computerspiel möglicherweise keine selbstständig aus sich heraus

---

636 Zur digitalisierungsbedingten Verschiebung des Kräfteverhältnisses vgl. bereits Darstellungspunkt § 4 II. 1.

637 Zum eintrittskartengebundenem Spielbetrieb vgl. BGH, Urteil v. 11.02.2010, Az. I ZR 178/08 (Half-Life 2), MMR 2010, S. 771 ff. (Rn. 8).

638 Zur Schwerpunktbetrachtung vgl. soeben Darstellungspunkt § 4 IV. 3. b) aa) (2).

funktionsfähige Programmkopie erwirbt, auf die er jederzeit nach seinem Belieben unter Ausschluss anderer Nutzer zugreifen könnte, sondern lediglich eine zugangsermöglichende Komponente eines Systems, von dessen Teilnahme ihn der Anbieter jederzeit ausschließen könnte. Dies gilt unabhängig davon, ob die nutzungsermöglichende „Eintrittskarte" auf einem materiellen Trägermedium wie einer DVD oder mittels Download aus dem Internet erworben wird.

(2) Analyse

In dem der Half-Life 2-Entscheidung des BGH zugrunde liegenden Sachverhalt konnte das über Server des Anbieters betriebene Computerspiel erst unter der technischen Voraussetzung genutzt werden, dass eine Internetverbindung zu Servern der Beklagten hergestellt und für den Spieler nach Eingabe einer ihm zugewiesenen individuellen Nutzerkennung ein Konto (Account)[639] eingerichtet worden war, wozu der Nutzer einmalig eine DVD zu erwerben hatte.[640] Erst der Account ermöglichte es – insbesondere im Multiplayer-Modus – über das Internet an dem Computerspiel teilzunehmen, Zugang zu kostenlosen Weiterentwicklungen (Upgrades) zu erhalten und in diesem Zusammenhang unterschiedliche weitere Leistungen in Anspruch nehmen zu können.[641]

Insoweit lässt sich argumentieren, dass der Nutzer mit der zur Teilnahme am Computerspielbetrieb erforderlichen DVD, die als „Eintrittskarte" dient, kein offline nutzbares Computerprogramm erhält, sondern lediglich eines von mehreren Elementen, die zum bestimmungsgemäßen Spielbetrieb erforderlich sind.[642] Der Erschöpfungsgrundsatz sei nach seiner ratio legis unter diesen Voraussetzungen nicht anzuwenden, weil kein vollständiges, in sich abgeschlossenes Computerprogramm in den Verkehr gebracht werde.[643] Der Urheber habe seine Zustimmung zur Veräußerung lediglich für einen für sich genommen nicht nutzbaren Teil eines komplexen Produkts erteilt.[644]

---

639 Zum Account oder Benutzerkonto vgl. *Marly*, Softwarerecht, 2018, Rn. 227.

640 Vgl. BGH, Urteil v. 11.02.2010, Az. I ZR 178/08 (Half-Life 2), MMR 2010, S. 771 ff. (Rn. 2).

641 Vgl. BGH, Urteil v. 11.02.2010, Az. I ZR 178/08 (Half-Life 2), MMR 2010, S. 771 ff. (Rn. 2).

642 Vgl. BGH, Urteil v. 11.02.2010, Az. I ZR 178/08 (Half-Life 2), MMR 2010, S. 771 ff. (Rn. 11).

643 Vgl. BGH, Urteil v. 11.02.2010, Az. I ZR 178/08 (Half-Life 2), MMR 2010, S. 771 ff. (Rn. 11).

644 Vgl. BGH, Urteil v. 11.02.2010, Az. I ZR 178/08 (Half-Life 2), MMR 2010, S. 771 ff. (Rn. 11).

Die der Half-Life 2-Entscheidung des BGH zugrunde liegende Konstellation lässt sich vergleichend betrachten zu derjenigen, die Gegenstand einer Entscheidung des LG und KG Berlin war.[645] Bei der letztgenannten Konstellation treten im Rahmen eines Online-Spiels eine Vielzahl von Spielern mit vergleichbarem Fertigkeitsniveau im Multiplayer-Modus miteinander oder gegeneinander an, ein beim Spieleanbieter zentralisierter Server dient hierbei als Kommunikationszentrale, die Aktionen der Spieler werden an diesen geschickt und von dort an alle mitwirkenden Spieler gleichzeitig weitergeleitet.[646]

Solche Multiplayer-Konstellationen sind nach Ansicht des LG Berlin von dem üblichen Fall zu unterscheiden, bei der die erworbene Software ausschließlich lokal auf einem Computer des Nutzers abläuft, ohne auf einen kontinuierlichen Datenaustausch mit den Servern des Anbieters angewiesen zu sein, auf dem sich für den Spielbetrieb wesentliche Programmteile befinden.[647] Unter diesen Voraussetzungen bewirke der kontinuierliche Datenaustausch, dass dem Anbieter des Computerspiels fortwährend zusätzliche Betriebskosten entstehen und eine kontinuierliche Leistungsverpflichtung mit dienstvertraglichen und mietvertraglichen Elementen begründet werde.[648] Der Anbieter halte unter diesen Voraussetzungen erhebliche Infrastrukturen vor.[649] Zudem sei ein Computerspiel im Multiplayer-Modus systembedingt darauf angewiesen, dass es sich bei allen Nutzern übereinstimmend auf einem aktuellen Stand befinde, sodass das Spiel jeweils nach Herstellung einer Verbindung zum Server des Anbieters durch Updates aktualisiert werden müsse.[650] Folgerichtig sei von einer eigenständigen Leistung auszugehen, die für den laufenden Spielbetrieb erforderlich sei und damit über einen bloßen Wartungsvertrag hinausgehe.[651]

---

645 Vgl. LG Berlin, Urteil v. 21.01.2014, Az. 15 O 56/13, CR 2014, S. 400 ff.; KG Berlin, Beschluss v. 10.08.2015, Az. 23 U 42/14, MMR 2016, S. 340 ff.

646 Vgl. LG Berlin, Urteil v. 21.01.2014, Az. 15 O 56/13, CR 2014, S. 400 ff. (Tz. II. 2. a) aa) bbb)).

647 Vgl. LG Berlin, Urteil v. 21.01.2014, Az. 15 O 56/13, CR 2014, S. 400 ff. (Tz. II. 2. a) aa) bbb)).

648 Vgl. LG Berlin, Urteil v. 21.01.2014, Az. 15 O 56/13, CR 2014, S. 400 ff. (Tz. II. 2. a) aa) bbb)).

649 Vgl. LG Berlin, Urteil v. 21.01.2014, Az. 15 O 56/13, CR 2014, S. 400 ff. (Tz. II. 2. a) aa) bbb)).

650 Vgl. LG Berlin, Urteil v. 21.01.2014, Az. 15 O 56/13, CR 2014, S. 400 ff. (Tz. II. 2. a) aa) bbb)).

651 Vgl. LG Berlin, Urteil v. 21.01.2014, Az. 15 O 56/13, CR 2014, S. 400 ff. (Tz. II. 2. a) aa) bbb)).

Richtigerweise erlangt der Nutzer, sofern er keine vollständige lauffähige Programmkopie des Computerspiels von den Servern des Anbieters herunterlädt und das Computerspiel nicht ohne eine zusätzliche und systembedingt kontinuierlich erforderliche Leistung nutzen kann, etwa weil der Urheber den Programmcode nicht vollständig in Verkehr bringt, sodass der auf einem Computer des Nutzers installierte Programmcode ohne Online-Zugriff auf die Server des Anbieters nicht selbstständig lauffähig ist, weil ein Teil des zur Nutzung erforderlichen Programmcodes durchgehend auf den Servern des Anbieters verbleibt und dem Nutzer lediglich aufgrund der konkreten vertraglichen Abrede verfügbar gemacht wird – anders als in dem in der UsedSoft-Entscheidung des EuGH zu entscheidenden Fall – von vornherein keine eigentümerähnliche Stellung, sodass es an einem Verkauf im Sinne von Art. 4 Abs. 2 RL 2009/24/EG fehlt.[652] Ohne Vornahme der systembedingt erforderlichen Mitwirkungshandlungen seitens des Spielanbieters ist der einzelne Spielteilnehmer nicht imstande, von dem im Computerspiel verkörperten Verwendungsmöglichkeiten Gebrauch zu machen, die Nutzer haben also unter diesen Voraussetzungen keine Möglichkeit, das Computerspiel isoliert zu erwerben, ohne auf die vom Spieleanbieter angebotenen Zusatzdienste zurückzugreifen.[653]

Zu bedenken ist insoweit, dass die Rechtsfolge der Erschöpfung nach den Ausführungen des BGH in seiner Half-Life 2-Entscheidung nur dazu beitragen soll, Behinderungen des Warenverkehrs infolge der Ausübung des Verbreitungsrechts i.S.d. § 69c Nr. 3 S. 1 UrhG zu begrenzen.[654] Einschränkungen der rechtlichen oder tatsächlichen Verkehrsfähigkeit der Programmkopie, die sich nicht aus dem Verbreitungsrecht des Urhebers als solchem ergeben, sondern auf anderen Umständen wie ihrer spezifischen Gestaltung beruhen, sollen den Erschöpfungsgrundsatz demnach unberührt lassen.[655] Folglich ist es urheberrechtlich unbedenklich, wenn der Urheber Werkstücke, die sein Werk verkörpern so gestaltet, dass diese nur auf bestimmte Weise nutzbar sind, und er

652 So zutreffend KG Berlin, Beschluss v. 10.08.2015, Az. 23 U 42/14, MMR 2016, S. 340 ff. (Tz. 2. b)).

653 Vgl. auch KG Berlin, Beschluss v. 10.08.2015, Az. 23 U 42/14, MMR 2016, S. 340 ff. (Tz. 2. b)).

654 Vgl. BGH, Urteil v. 11.02.2010, Az. I ZR 178/08 (Half-Life 2), MMR 2010, S. 771 ff. (Rn. 21); KG Berlin, Beschluss v. 10.08.2015, Az. 23 U 42/14, MMR 2016, S. 340 ff. (Tz. 1).

655 Vgl. BGH, Urteil v. 11.02.2010, Az. I ZR 178/08 (Half-Life 2), MMR 2010, S. 771 ff. (Rn. 21); KG Berlin, Beschluss v. 10.08.2015, Az. 23 U 42/14, MMR 2016, S. 340 ff. (Tz. 1).

die Weiterveräußerung des von ihm in Verkehr gebrachten Werkstücks durch dessen konkrete Ausgestaltung beschränkt oder vollständig unterbindet, weil etwaige Zweiterwerber wegen der beschränkten Nutzungsmöglichkeiten kein nennenswertes Erwerbsinteresse haben.[656]

Festzustellen ist nach alledem, dass jedenfalls bei Computerspielen, die unter den soeben beschriebenen technischen Gegebenheiten im Multiplayer-Modus betrieben werden, der Nutzer mit der Entrichtung des vertraglich geschuldeten Entgelts gegen Erwerb der Zugangsmöglichkeit keine eigentümerähnliche Stellung erlangt. Diese ist typischerweise durch die Position geprägt, den konkreten Vermögensgegenstand nach Belieben nutzen zu können und andere von dessen Nutzung auszuschließen. Einer solchen Position steht es entgegen, wenn der Anbieter nach Vermittlung der erstmaligen Zugangsmöglichkeit zur tatsächlichen Nutzung fortdauernd erhebliche, mit der Entrichtung des ursprünglich geschuldeten Entgelts noch nicht abgegoltene Dienstleistungen infrastruktureller und anderer Art erbringt. Die rechtliche Stellung des Nutzers ist dann vielmehr mit der eines Mieters i.S.d. § 535 ff. BGB beziehungsweise eines Dienstleistungsnehmers i.S.d. § 611 ff. BGB vergleichbar, also mit der bei einem Dauerschuldverhältnis und nicht mit der bei einem dem Erschöpfungsgrundsatz unterfallenden Kauf vorliegenden Rechtsposition. Gestaltungen wie die vorliegend beschriebene der Erschöpfungswirkung zu unterwerfen, würde letztlich bedeuten, den Rechtsinhaber zu verpflichten, auch die Benutzerkonten, die den Zugang zur zusätzlichen, über den Datenträger- beziehungsweise Zugangserwerb hinausgehenden Leistung – etwa in Form der ständigen Rechenleistung und des Datenaustausches – ermöglichen, frei übertragbar auszugestalten. Dies wäre ein im Hinblick auf das Angemessenheitsgebot i.S.d. § 11 S. 2 UrhG nicht hinnehmbares Ergebnis.

Gemäß der ausdrücklichen gesetzlichen Klarstellung des § 69c Nr. 3 S. 2 UrhG lässt der Erschöpfungseintritt das Recht des Urhebers unberührt, das Vervielfältigungsstück des Computerprogramms zu vermieten oder mietähnlich zu überlassen. Selbiges lässt sich entsprechend der Belohnungstheorie[657] aus der ratio legis des Erschöpfungsgrundsatzes ableiten, dem Urheber jedenfalls die Möglichkeit der Erzielung eines seiner Werkschöpfung angemessenen Entgelts zu vermitteln. Unter diesen Voraussetzungen ist es ihm richtigerweise auch

656 Vgl. BGH, Urteil v. 11.02.2010, Az. I ZR 178/08 (Half-Life 2), MMR 2010, S. 771 ff. (Rn. 21).

657 Zur Belohnungstheorie vgl. bereits Darstellungspunkt § 2 II. 2. c) dd).

unbenommen, eine weitere Vergütung für entsprechende zusätzliche Dienstleistungen zu verlangen und diese individuell zu gestalten.[658]

(3) Zwischenergebnis und Konsequenz

Abhängig von der konkreten Art und Weise der Nutzungsüberlassung kann der Erschöpfungseintritt jedenfalls bei einem im Multiplayermodus betriebenen nutzerkontengebundenen Computerspiel zu verneinen sein. Jedenfalls im Rahmen einer Überlassungsgestaltung wie der vorliegend beschriebenen, fehlt es an der selbstständigen, von einer technischen Mitwirkung des Urhebers unabhängigen Programmnutzungsmöglichkeit. Die Einräumung der Nutzungsmöglichkeit an dem Computerspiel vollzieht sich hier vielmehr im Sinne eines kontinuierlichen Leistungsaustausches und nicht im Sinne einer einmaligen vollständigen Überlassung desselben.

Vertragliche Klauseln, die dem Ersterwerber die Weiterveräußerung eines nutzerkontengebundenen Computerspiels zu untersagen versuchen, werden angesichts der dargelegten Erwägungen i.d.R. weder wegen eines Verstoßes gegen das Transparenzgebot des § 307 Abs. 1 S. 2 BGB noch wegen Verstoßes gegen die Vertragszweckklausel i.S.d. § 307 Abs. 2 Nr. 2 BGB unwirksam sein. Eine Verletzung des Transparenzgebotes ist jedenfalls dann zu verneinen, wenn die entsprechende Klausel ebenso klar wie verständlich zum Ausdruck bringt, dass der einmal eröffnete Account lediglich zum individuellen Betrieb durch den Erstanmelder zugelassen und jede Weitergabe des Accounts untersagt ist.[659] Auch eine Vertragszweckverletzung i.S.d. § 307 Abs. 2 Nr. 2 BGB durch eine entsprechende Klausel wird im Regelfall zu verneinen sein. Jedenfalls in der genannten Konstellation der Überlassung eines Computerspiels besteht der vorrangige Vertragszweck nicht darin, einer beliebigen Person die Spielteilnahme zu ermöglichen. Rechte und Pflichten aus dem Vertragsverhältnis sollen vielmehr ausschließlich inter partes begründet werden, sodass die Übertragung des Benutzerkontos auf einen Dritten als Änderung des Vertragsverhältnisses zu qualifizieren wäre, die nach § 311 Abs. 1 BGB zulässigerweise ausschließlich mit Zustimmung des urheberrechtlichen Rechtsinhabers erfolgen kann.[660]

---

658 So auch LG Berlin, Urteil v. 21.01.2014, Az. 15 O 56/13, CR 2014, S. 400 ff. (Tz. II. 2. a) aa) bbb)).

659 Vgl. BGH, Urteil v. 11.02.2010, Az. I ZR 178/08 (Half-Life 2), MMR 2010, S. 771 ff. (Rn. 23).

660 Vgl. BGH, Urteil v. 11.02.2010, Az. I ZR 178/08 (Half-Life 2), MMR 2010, S. 771 ff. (Rn. 24); LG Berlin, Urteil v. 21.01.2014, Az. 15 O 56/13, CR 2014, S. 400 ff. (Tz. II. 2. a) bb)).

Dass sich das urheberrechtliche Verbreitungsrecht i.S.d. § 69c Nr. 3 S. 1 UrhG jedenfalls hinsichtlich eines nutzerkontengebundenen Computerspiels bei einem über den Server des Anbieters in der oben dargestellten Art erfolgenden Spielbetrieb nicht erschöpft, überzeugt nach alledem, weil es dem Urheber ansonsten unzumutbar erschwert würde, eine angemessene Vergütung i.S.d. § 11 S. 2 UrhG zu realisieren.

cc) Die Anwendbarkeit des Erschöpfungsgrundsatzes bei Musikwerken

Anders als der Nutzen eines Computerprogramms besteht der bestimmungsgemäße Nutzen digitaler Musikinhalte nicht in der Steuerung eines IT-Systems. Das typische Interesse des Nutzers wird vielmehr oft darin liegen, die in einer Datei gespeicherte Musik wiederzugeben und unmittelbar zu rezipieren. Es stellt sich die Frage, ob das insoweit unterschiedliche Interesse des Nutzers digitaler Musikinhalte gegenüber dem Interesse des Nutzers eines Computerprogramms, das gegebenenfalls völlig ohne menschliche Rezeption ablaufen kann, vor dem Hintergrund der dem Erschöpfungsgrundsatz zugrunde liegenden Interessenabwägung ein sachlicher Grund ist, der eine differenzierte Behandlung gegenüber Computerprogrammen i.S.d. §§ 69a Abs. 1, 2 Abs. 1 Nr. 1 Var. 4 UrhG im Hinblick auf den urheberrechtlichen Erschöpfungsgrundsatz rechtfertigt.

Digitale Musikinhalte bilden jedenfalls ein eigenständiges Marktsegment, das anderen Gesetzmäßigkeiten folgt als das Segment der Computerprogramme. Wie bereits dargelegt, soll der Erschöpfungsgrundsatz i.S.d. §§ 69c Nr. 3 S. 2, 17 Abs. 2 UrhG unter anderem dazu beitragen, das übergeordnete, durch § 11 S. 2 UrhG kodifizierte und auch angesichts des digitalen Wandels weiterhin legitime gesetzliche Leitbild des Urheberrechts zu verwirklichen, eine angemessene Vergütung für die Nutzung des urheberrechtlich geschützten Werkes sicherzustellen. Die Sicherstellung der angemessenen Vergütung i.S.d. § 11 S. 2 UrhG unterliegt infolge der Digitalisierung wie bereits erörtert anderen Rahmenbedingungen als bei Inkrafttreten des UrhG im Jahr 1965 beziehungsweise 1966. Dies zeigt sich auch darin, dass sich der Markt für Musikwerke infolge gewandelter Produktionsbedingungen und der angesichts der digitalisierungsbedingten Möglichkeiten deutlich erhöhten Veröffentlichungsfrequenz stark verdichtet hat. Die dargelegten Umstände mögen dazu beigetragen haben, dass sich eine Entwicklung der Nutzergewohnheiten vom „Haben", also dem dauerhaften Erwerb eines Musikwerkes, zu seinem „Nutzen" feststellen lässt.

Musikwerke wurden in § 2 Abs. 1 Nr. 2 UrhG eigenständig als Werkkategorie benannt. Zu fragen ist nach alledem, ob digitale Musikinhalte erschöpfungsrechtlich anders zu behandeln sind als Computerprogramme. Hinsichtlich der maßgeblichen, die ausgleichende Intention des Erschöpfungsgrundsatzes auslösende Interessenlage ist zunächst die vom EuGH im Rahmen der Tom Kabinet-Entscheidung vorgebrachte und zur Begründung der Nichtanwendbarkeit des Erschöpfungsgrundsatzes auf E-Books herangezogene Argumentation zu betrachten. Diese besagt wie dargelegt, dass ein gebrauchtes E-Book infolge der Nichtabnutzbarkeit digitaler Güter nicht von einem neuen E-Book zu unterscheiden sei und ein paralleler Zweitmarkt die Interessen der Rechtsinhaber, für ihre Werke eine angemessene Vergütung zu erhalten, daher weitaus stärker zu beeinträchtigen drohe als der Zweitmarkt für körperliche Gegenstände.[661] Auch wenn sich der EuGH nicht ausdrücklich in dieser Richtung äußert, ließe sich dieses Argument im Sinne einer allgemeingültigen Erwägung auch als Beleg für eine nicht hinnehmbare Beeinträchtigung der Vergütungsinteressen des Urhebers bei unkörperlich übermittelten Musikwerken anführen und damit einem diesbezüglichen Erschöpfungseintritt entgegenhalten.

Eine solche Argumentation ist im Hinblick auf die Angemessenheit der Vergütung jedoch inhaltlich wie dargelegt nicht überzeugend. Sie verkennt unter anderem, dass digitale Güter zwar keiner endogenen Abnutzung unterliegen, wohl aber eine exogene Wertminderung erfahren. Während körperliche Werkstücke einem endogenen physischen Werteverzehr infolge ihrer bestimmungsgemäßen Nutzung unterliegen und damit hinsichtlich ihrer erreichbaren maximalen Nutzungsdauer beschränkt sind, unterliegen digitale Güter wie ausgeführt einer exogenen Minderung ihrer Verwendungsmöglichkeiten. Diese exogene Minderung ergibt sich infolge des technologischen Fortschritts, auch im Fall von digitalen Musikinhalten resultierend aus Veränderungen ihres digitalen Umfeldes wie etwa der Software- oder Hardwareseitigen Überalterung hinsichtlich der Wiedergabeplattform. Digitale Güter unterliegen damit im Ergebnis ebenso einer Begrenzung ihrer Lebensdauer.[662] Angesichts der mittelbaren Steuerbarkeit der hierfür maßgeblichen Faktoren durch den Anbieter führt dieser Umstand in mindestens gleichem Maße zu einer hinreichend verlässlichen Grundlage des Urhebers, auch hinsichtlich des digitalen Gutes die i.S.d. § 11 S. 2 UrhG angemessene Vergütung zu quantifizieren.

Demnach ist das vom EuGH im Rahmen seiner Tom Kabinet-Rechtsprechung in inhaltlicher Hinsicht vorgebrachte, auf Musikwerke möglicherweise

661 Vgl. EuGH, Urteil v. 19.12.2019, Az. C-263/18 (Tom Kabinet), MMR 2020, S. 167 ff. (Rn. 58).

662 Zur exogenen Abnutzung digitaler Güter vgl. bereits Darstellungspunkt § 3 III. 2. c) ee) sowie § 3 III. 2. c) ff) (2) (b) (bb) (bbb).

übertragbare Argument widerlegt. Somit ist zur Klärung der aufgeworfenen Frage auch hinsichtlich Musikwerken nunmehr eine Betrachtung der Interessenlage unter Beachtung des vom Erschöpfungsgrundsatz intendierten Ausgleichs unter den gewandelten Bedingungen der Digitalisierung vorzunehmen. Insoweit hinsichtlich des digitalen Wandels allein aus einer Verlagerung vom Erwerb von Musikwerken hin zu ihrer bloßen Nutzung zu schlussfolgern, der urheberrechtliche Erschöpfungsgrundsatz i.S.d. §§ 69c Nr. 3 S. 2, 17 Abs. 2 UrhG könnte sich bei Musikwerken, die in einer digitalen Datei abgelegt sind, ohne weitere Differenzierung erledigt haben, griffe zu kurz. Zwar muss ein Werk, das dem Nutzer jederzeit mittels Streaming zugänglich ist, nicht mehr zwingend käuflich zur dauerhaften Verfügbarkeit erworben werden. So mag die Übermittlung von Musikwerken im Rahmen von Streaming-Angeboten[663] zur bloßen unmittelbaren Rezeption dazu führen, dass die zwischen den Parteien vereinbarte, gegen Zahlung des Entgelts zu erbringende Leistung den Charakter einer bloßen Dienstleistung erhält. Sofern aber der Nutzer die ihm im Rahmen der generellen Vertragsfreiheit – oft sogar im Rahmen derselben Angebotsplattform – offerierte Wahlmöglichkeit nutzt, und sich eines Geschäftsmodells bedient, dessen Gegenstand der dauerhafte Erwerb eines digitalen Exemplars des Musikwerkes gegen einmalige Zahlung eines entsprechend bemessenen Entgeltes ist, so steht nicht mehr der bloße punktuelle Genuss des digitalen, über das Internet vertriebenen Werkes im Vordergrund. Vielmehr entspricht der Erwerb im Hinblick auf die erschöpfungsrelevante Interessenlage derjenigen beim Erwerb verkörperter Werke in der analogen Welt, abgesehen von der Art der Übermittlung des erworbenen Inhaltes an den Erwerber – letzterer erfolgt angesichts des digitalen Wandels technisch bedingt nunmehr auf unkörperlichem Wege.

Wie bereits dargelegt, soll das Urheberrecht als objektiv geltendes Recht unter anderem einen angemessenen Ausgleich schaffen zwischen dem individuellen Interesse des Urhebers, sein Werk wirtschaftlich zu verwerten und dem Interesse der Allgemeinheit an Zugänglichkeit und Zirkulation urheberrechtlich geschützter Werke. Angesichts der dargelegten zugrunde liegenden Vorgaben an Gesetzgebung und Rechtsprechung sowie im Hinblick auf seine allgemeine Akzeptanz ist der insoweit zu leistende Interessenausgleich technologieneutral zu gewährleisten. Der durch eine Anpassung des Urheberrechts an den digitalen Wandel nach alledem zu leistende Interessenausgleich wäre nachhaltig gefährdet, würde man den urheberrechtlichen Erschöpfungsgrundsatz im vom digitalen Wandel erzeugten Umfeld pauschal für hinfällig erklären. Gerade in diese Richtung weist

663 Zum Streaming vgl. bereits Darstellungspunkt § 1 III. 3. b) aa).

aber die vom EuGH im Rahmen seiner Tom Kabinet-Entscheidung vorgetragene Argumentationslinie, in deren Rahmen der EuGH unter Rückgriff auf tradierte Kriterien letztlich allein aus dem Umstand der Unkörperlichkeit der Weitergabe des Werkes darauf schließt, dass nur eine öffentliche Zugänglichmachung gegeben sein könne, die einer Erschöpfung eben nicht unterliegt. Wie dargelegt solle insoweit nach der kritikwürdigen Argumentation des EuGH – verweisend auf den unionsgesetzgeberischen Willen, abgelesen anhand der Erwägungen aus dem Jahr 2001 – jede öffentliche Wiedergabe eines Werks, die nicht die Verbreitung materieller Vervielfältigungsstücke desselben ist, als öffentliche Wiedergabe i.S.d. Art. 3 Abs. 1 RL 2001/29/EG zu qualifizieren sein.[664]

Bei der vielmehr gebotenen vertieften Betrachtung und interessenorientierten Bewertung der durch den digitalen Wandel hervorgerufenen Veränderungen des Markts für Musikwerke ist der Überlegung Rechnung zu tragen, dass sich die Legitimation des urheberrechtlichen Erschöpfungsgrundsatzes nicht darauf verkürzen lässt, dem Urheber die Möglichkeit einer angemessenen Vergütung zu verschaffen.[665] Es geht vielmehr auch darum, die Verkehrsfähigkeit urheberrechtlich geschützter Werke auch unter den Bedingungen der Digitalisierung zu schützen und sie vor dem Hintergrund der Zielsetzung eines digitalen Binnenmarkts zu stärken. In Anbetracht des Moore'schen Gesetzes[666] und der sich aus dem gebotenen demokratischen Prozess ergebenden Erlassdauer gesetzlicher Regelungen kann der Gesetzgeber auf technologische Innovationen oft nur reagieren. Hierdurch kann es gerade im Urheberrecht zu Regelungslücken und Rechtsunsicherheiten kommen, die den zu gewährenden Schutz der Interessen der beteiligten Parteien zu unterlaufen drohen. Gefährdet ist insoweit auch die sicherzustellende Verkehrsfähigkeit urheberrechtlich geschützter Werke. Im Rahmen seiner UsedSoft-Rechtsprechung hat der EuGH diesem Umstand Rechnung getragen und, um den entscheidungsrelevanten Sachverhalt einer sachgerechten rechtlichen Bewertung zuführen zu können, wie dargelegt die nach dem tradierten Abgrenzungskriterium der Körperlichkeit oder Unkörperlichkeit des überlassenen Werkexemplars erfolgte Zuordnung der Verwertungshandlung korrigiert.[667] Er hat auch gewisse unkörperliche Vorgänge

---

664 Vgl. EuGH, Urteil v. 19.12.2019, Az. C-263/18 (Tom Kabinet), MMR 2020, S. 167 ff. (Rn. 45).

665 Zu den dogmatischen Begründungsansätzen des Erschöpfungsgrundsatzes vgl. bereits Darstellungspunkt § 2 II. 2. c).

666 Zum Moore'schen Gesetz vgl. bereits Darstellungspunkt § 1 III. 2. a).

667 Zur Einordnung einer unkörperlichen Handlung als Verbreitungshandlung durch die UsedSoft-Entscheidung des EuGH vgl. bereits Darstellungspunkt § 3 I. 2. b).

dem erschöpfungsauslösenden Verbreitungsrecht unterstellt. Nichts anderes ist in Bezug auf den Vertrieb von Musikwerken vor dem Hintergrund des digitalen Wandels geboten. Auch insoweit ist bei auf dauerhaften Erwerb eines digitalen Exemplars des Musikwerkes gegen einmalige Zahlung gerichteten Vertriebsgestaltungen ein der interessenausgleichenden Intention des Erschöpfungsgrundsatzes unterfallender Sachverhalt gegeben.

Schließlich griffe es auch deshalb zu kurz, dem Erschöpfungsgrundsatz im vom digitalen Wandel hervorgerufenen Umfeld hinsichtlich des Vertriebs von Musikwerken seine Bedeutung abzuerkennen, weil es marktmächtigen Rechtsinhabern ansonsten möglich wäre, die Verkehrsfähigkeit und Zirkulation urheberrechtlich geschützter Güter eigenmächtig zu steuern. In Anbetracht wirtschaftlicher Konzentrationsbewegungen und der geschilderten zunehmenden Bedeutung der Plattformökonomie handelt es sich insoweit um ein nicht zu vernachlässigendes Szenario. Der Urheberrechtsgesetzgeber würde seinem gesetzlichen Auftrag, für einen Ausgleich der zu schützenden Interessen zu sorgen, nicht gerecht werden, wenn er die Deutungshoheit über das Urheberrecht ausschließlich marktmächtigen Plattformunternehmen überlassen würde.

Angesichts der dargelegten Erwägungen ist seitens des EuGH und des Gesetzgebers auch im Bereich der Musikwerke de lege lata klarzustellen und de lege ferenda sicherzustellen, dass digitale Musikinhalte beziehungsweise unkörperlich übermittelte Musikwerke dann dem urheberrechtlichen Erschöpfungsgrundsatz i.S.d. §§ 69c Nr. 3 S. 2, 17 Abs. 2 UrhG unterfallen, wenn eine auf dauerhaften Erwerb eines digitalen Exemplars des Musikwerkes gegen einmalige Zahlung gerichtete Vertriebsgestaltung vorliegt. Zukünftig erscheint es auch insoweit vorzugswürdig, abseits der Kategorien der Körperlichkeit oder Unkörperlichkeit des überlassenen Werkexemplars beziehungsweise der Vertriebsmodalitäten (Offline- gegenüber Online-Vertrieb) auf das bereits dargelegte Kriterium des Erwerbs eines wirtschaftlich-funktional identischen Äquivalents[668] abzustellen. Ein sachgerechter Interessenausgleich wird so auch im Rahmen der Verdichtung des Markts für Musikwerke gewährleistet und die dem Erschöpfungsgrundsatz zugrunde liegenden Zielsetzungen zur größtmöglichen praktischen Wirksamkeit gebracht.

668 Zum Kriterium der wirtschaftlich-funktionalen Äquivalenz vgl. bereits Darstellungspunkt § 3 III. 2. c) aa).

dd) Die Anwendbarkeit des Erschöpfungsgrundsatzes bei Filmwerken

Bei Filmwerken i.S.d. § 2 Abs. 1 Nr. 6 UrhG handelt es sich um eine bewegte Bild- oder Bild-Tonfolge, die durch Aneinanderreihung fotografischer oder fotografieähnlicher Einzelbilder den Eindruck des bewegten Bildes entstehen lässt.[669] Anders als Computerprogramme, die nicht in erster Linie für die menschliche Rezeption bestimmt sind, sondern eine steuernde Funktion erfüllen, dienen Filmwerke in erster Linie dem audiovisuellen Erlebnis. Filmwerke sind durch § 2 Abs. 1 Nr. 6 UrhG als eigenständige Werkkategorie erfasst und unterliegen den in einem eigenständigen Abschnitt kodifizierten besonderen Bestimmungen der §§ 88 ff. UrhG, die insbesondere das Recht des Filmherstellers enthalten, das konkrete Filmwerk zu verbreiten (§ 94 Abs. 1 S. 1 Var. 2 UrhG). Hinsichtlich der Auslösung des vom Erschöpfungsgrundsatz intendierten Interessenausgleichs unter den Bedingungen der Digitalisierung ergeben sich insoweit allerdings keine maßgeblichen Unterscheide gegenüber anderen digitalen Gütern wie etwa Musikwerken, zur Vermeidung von Wiederholungen wird daher auf die diesbezüglichen Ausführungen verwiesen.[670]

ee) Die Anwendbarkeit des Erschöpfungsgrundsatzes bei Non-Fungible Token

(1) Problemstellung

Obwohl ihre Herstellung, ebenso wie die der Kryptowährung Bitcoin, in Anbetracht der hierzu erforderlichen Rechenleistung überdurchschnittlich energieintensiv und teuer ist, könnte insbesondere den bereits erläuterten NFT[671] zukünftig eine maßgebliche Bedeutung für die Schöpfer digitaler Kunstwerke zukommen. So ermöglicht es die Verwendung von NFT, ein solches Kunstwerk zu einer Art „digitalem Original" aufzuwerten, mit einem ähnlichen Rezeptionserlebnis wie dies bei einem analogen, körperlich greifbaren Werk gegeben ist.

---

669 Vgl. *Loewenheim/Leistner*, in: Schricker/Loewenheim, Urheberrecht, 2020, § 2, Rn. 215.

670 Zur Anwendbarkeit des Erschöpfungsgrundsatzes bei Musikwerken vgl. soeben Darstellungspunkt § 4 IV. 3. b) cc).

671 Zu NFT vgl. bereits Darstellungspunkt § 1 III. 3. b) bb); Zu NFT und ihrer urheberrechtlichen Relevanz vgl. auch *Giannopoulou/Quintais/Mezei/Bodó*, Non-Fungible Tokens I, 2021; *Giannopoulou/Quintais/Mezei/Bodó*, Non-Fungible Tokens II, 2021; *Kaulartz/Schmid*, Non-Fungible Token, 2021; *Kaulartz/Schmid*, CB 2021, S. 298 ff.; *Lampmann*, Non Fungible Tokens, 2021; *Lantwin*, NFTs, 2021; *Schwarze*, Digitale Werke, 2021.

Dem schaffenden Künstler eröffnet sich durch den Rückgriff auf NFT damit eine Möglichkeit, dem Verfall der Aura des Kunstwerks im Sinne Walter Benjamins durch seine auf technischer Reproduzierbarkeit beruhende massenweise Reproduktion[672] in der digitalen Welt ein Stück weit entgegenzuwirken. Daran anknüpfend, dass man sich darauf gefasst machen müsse, dass „so große Neuerungen die gesamte Technik der Künste verändern, dadurch die Invention selbst beeinflussen und schließlich vielleicht dazu gelangen werden, den Begriff der Kunst selbst auf die zauberhafteste Art zu verändern"[673] speist sich jene von Benjamin beschriebene Aura eine Kunstwerks aus seiner Einmaligkeit, präziser einer „einmalige[n] Erscheinung einer Ferne, so nah sie sein mag",[674] sowie einer auf seiner Echtheit beruhenden geschichtlichen Zeugenschaft.[675] Der Verfall dieser Aura wird demnach von zwei Umständen verursacht, nämlich dem leidenschaftlichen Anliegen, „die Dinge sich räumlich und menschlich »näherzubringen«"[676] wie auch der „Tendenz einer Überwindung des Einmaligen jeder Gegebenheit durch die Aufnahme von deren Reproduktion".[677] Während bezüglich der Aufhebung der räumlichen Nähe angesichts der Spezifika digitaler Güter und ihrer Verfügbarkeit auch die Verwendung von NFT meist nichts ändert, so wird durch die Erschaffung eines digitalen Originals nebst Einbettung seiner Geschichte in ein NFT doch der Tendenz der Überwindung des Einmaligen durch Rezeption einer Reproduktion ein Stück weit entgegen gewirkt. Der derzeitige Erfolg von NFT mag sich also auch mit dem Wunsch des Künstlers erklären lassen, dem Verfall der Aura seines Kunstwerks durch massenweise Reproduktion entgegenzuwirken.

Als Datensätze mit eindeutiger, nur einmalig vergebener und dank Blockchain-Technologie unveränderlicher ID – also einem eindeutigen Merkmal zur Kennzeichnung eines bestimmten Datensatzes – ermöglichen es die vom urheberrechtlich geschützten Referenzwerk zu unterscheidenden NFT, sowohl die Herkunft des Referenzwerkes als auch seine Authentizität und Echtheit nachzuweisen.[678] Der Gebrauch von NFT ermöglicht die zweifelsfreie

672 Vgl. *Benjamin*, Das Kunstwerk, 1955, S. 366, 371.

673 Vgl. *Valéry*, Pièces sur l'art, Paris 1934, S. 103, 104; Eröffnungszitat von Walter Benjamins dritter Fassung der genannten Abhandlung, vgl. *Benjamin*, Das Kunstwerk, 1955, S. 366, 366.

674 *Benjamin*, Das Kunstwerk, 1955, S. 366, 372, 373.

675 Vgl. *Benjamin*, Das Kunstwerk, 1955, S. 366, 371.

676 *Benjamin*, Das Kunstwerk, 1955, S. 366, 373.

677 *Benjamin*, Das Kunstwerk, 1955, S. 366, 373.

678 Vgl. *Lantwin*, NFTs, 2021; *Schwarze*, Digitale Werke, 2021.

Feststellung der Herkunft des Referenzwerkes, weil sich bei seinem Weiterverkauf einschließlich des NFT alle bisherigen Daten früherer Eigentümer des NFT zertifizieren lassen.[679] Einen entscheidenden Beitrag hierzu leistet die Blockchain-Technologie: Einmal vorgenommene Änderungen sind in der Blockchain irreversibel und lückenlos rückverfolgbar. Mittels der Blockchain wird dem Referenzwerk ein bestimmter Hashwert zugewiesen, der die Gesamtheit der in dem Werk enthaltenen Informationen abbildet und nur einmal existiert.[680] Der Hashwert des Referenzwerkes entsteht dabei durch seine Tokenisierung und dient dazu, die Authentizität des Referenzwerkes nachzuweisen.[681]

(2) Analyse

Die aus dem Einsatz von NFT im hier zu betrachtenden Kontext – der im Rahmen dieser Darstellung maßgeblichen urheberrechtlichen Sicht – entstehenden und bereits aufgeworfenen Fragestellungen[682] sollen im Folgenden näher untersucht werden.

Hinsichtlich der Frage nach der urheberrechtlichen Qualität des NFT lässt sich insoweit feststellen, dass das eigenständig vom Referenzwerk zu betrachtende NFT selbst nicht als urheberrechtlich geschütztes Werk eingeordnet werden kann. Wie dargelegt wird bei der Tokenisierung des Referenzwerks lediglich ein Hashwert erzeugt, das NFT besteht letztlich also lediglich aus einer Zeichenkette, die im Rahmen seiner Erschaffung systemseitig erzeugt wird. Es handelt sich also nicht um ein menschlich erschaffenes Werk, sondern vielmehr um ein seitens einer KI[683] oder algorithmisch erzeugtes Arbeitsergebnis. Schon aufgrund der Voraussetzung menschlichen Schaffens als Grundlage des urheberrechtlichen Schutzes erfüllt das NFT also nicht das für einen Schutz nach dem UrhG erforderliche Merkmal einer individuellen geistigen Schöpfung.[684]

In Bezug auf die zu klärende Frage, ob die Erstellung des NFT eine urheberrechtlich relevante Handlung im Hinblick auf das zugrunde liegende tokenisierte Referenzwerk darstellt – die vorliegende Darstellung unterstellt hierbei,

---

679 Vgl. *Schwarze*, Digitale Werke, 2021.

680 Vgl. *Schwarze*, Digitale Werke, 2021.

681 Vgl. *Schwarze*, Digitale Werke, 2021.

682 Vgl. bereits Darstellungspunkt § 1 III. 3. b) bb).

683 Zum Einsatz von Künstlicher Intelligenz (KI) und ihrer Funktionsweise vgl. *Stiemerling*, in: Kaulartz/Braegelmann, Artificial Intelligence, 2020, Kap. 2.1.

684 Zum Erfordernis einer individuellen geistigen Schöpfung vgl. bereits Darstellungspunkt § 4 IV. 3. b) aa) (1); vgl. auch Darstellungspunkt § 1 I. 2.

dass es sich bei dem zugrunde liegenden Werk um ein dem Urheberrechtsschutz unterfallendes handelt, da sich ansonsten die aufgeworfene Frage von vornherein nicht stellt – ist zu bedenken, dass die in Form des NFT erstellte Zeichenkette gerade keine Kopie des Werkes enthält, demgemäß also keine Vervielfältigung i.S.d. § 16 UrhG erfolgt. Das NFT ist keine Kopie des Werkes sondern hat lediglich eine Verifizierungsfunktion.[685] Die Verifizierung eines konkreten Werkes erlaubt das NFT hierbei durch den Abgleich des Hashwertes.[686] Technisch ausgeschlossen ist es hingegen, den enthaltenen kryptografischen Hashcode in das Werk rückumzuwandeln und dieses damit für die menschlichen Sinne wahrnehmbar zu machen.[687] Auch unter Einbeziehung der Handlungen im Hinblick auf das Referenzwerk ist demnach festzustellen, dass der Erschaffung eines NFT selbst insgesamt keine urheberrechtliche Relevanz zuzuschreiben ist.

Ist demnach also zu klären, auf welche Art und Weise sich ein Urheber schützen kann, wenn eine hierzu unberechtigte Person unter Verwendung des urheberrechtlich geschützten Werkes ein NFT erstellt und in Umlauf bringt, so ergibt sich in diesem Zusammenhang die Antwort wiederum aus der technischen Betrachtung seines Schaffensvorgangs. So muss, um das Referenzwerk tokenisieren zu können, dieses zunächst im Internet hochgeladen werden,[688] wodurch es zu einer urheberrechtsrelevanten Vervielfältigungshandlung i.S.d. § 16 Abs. 1 UrhG kommt. Auch ist es im Rahmen der Vertragsanbahnung zur Übertragung des NFT inzwischen handelsüblich, dass seinem potenziellen Erwerber eine Vorschau des Referenzwerkes gezeigt wird, ein Vorgang, der urheberrechtlich als Handlung der öffentlichen Zugänglichmachung i.S.d. § 19a UrhG zu werten ist.[689] Dieser Umstand ist im Rahmen der vorliegenden Problematik zu berücksichtigen, bietet er doch dem Urheber eine mittelbare rechtliche Handhabe, gegen die Erstellung eines NFT an einem urheberrechtlich geschützten Werk durch hierzu unberechtigte Personen vorzugehen,[690] und damit letztlich eine Grundlage, um Urheberrechtsverletzungen am Referenzwerk durch Erstellung des NFT wirksam begegnen zu können.

Nach alledem ist im Hinblick auf die Frage, welche Rechte im Hinblick auf das zugeordnete Objekt aus urheberrechtlicher Sicht mit der Veräußerung eines

685 Vgl. *Lampmann*, Non Fungible Tokens, 2021.
686 Vgl. *Lantwin*, NFTs, 2021.
687 Vgl. *Lantwin*, NFTs, 2021.
688 Vgl. *Lampmann*, Non Fungible Tokens, 2021; *Lantwin*, NFTs, 2021.
689 Vgl. *Lampmann*, Non Fungible Tokens, 2021.
690 So auch *Lampmann*, Non Fungible Tokens, 2021.

NFT auf den Erwerber übergehen, festzuhalten, dass strikt zwischen NFT – dem aus urheberrechtlicher Perspektive wie dargestellt keine Relevanz zukommt – und Referenzwerk zu trennen ist. Allein durch den Erwerb des NFT erlangt dessen Inhaber aus urheberrechtlicher Sicht noch keine Rechte am Referenzwerk. Insoweit bedarf es – ein urheberrechtlich geschütztes Werk unterstellt – vielmehr einer gesonderten Einräumung von Nutzungsrechten an letzterem. Diesbezüglich bieten sich dem Urheber die bereits gezeigten Möglichkeiten zur Einräumung von einfachen oder ausschließlichen Nutzungsrechten im Rahmen der in § 31 UrhG kodifizierten Regelungen.

Auch die Frage eines Erschöpfungseintritts ist demnach differenziert zu betrachten. Ersteht der Erwerber nur das NFT selbst, welches das Referenzwerk lediglich repräsentiert, während ihm keine urheberrechtlichen Nutzungsrechte an diesem Werk eingeräumt werden,[691] ist für die Annahme einer Erschöpfungswirkung kein Raum. Das NFT, das als bloße Repräsentanz des Referenzwerks lediglich über Metadaten auf das Referenzwerk verweist,[692] bietet insoweit keinen Anknüpfungspunkt für die Annahme eines der gesetzgeberischen interessenausgleichenden Intention unterfallenden Sachverhalts. Es wird kein Werkoriginal oder Vervielfältigungsstück des Werkes im Wege der Veräußerung in Verkehr gebracht.

Allerdings bietet sich als denkbarer Anknüpfungspunkt einer Erschöpfungswirkung das Referenzwerk und die möglicherweise im Rahmen des Erwerbs des NFT hieran erfolgende Nutzungsrechteeinräumung an. Sofern es diesbezüglich zu einer Gestaltung kommt, die bei rechtlicher Betrachtung schlussfolgern lässt, dass das Referenzwerk nach der zugrunde liegenden vertraglichen Vereinbarung endgültig und dauerhaft im alleinigen Herrschaftsbereich des Erwerbers verbleiben soll, wäre ein entsprechender Sachverhalt anzunehmen. Nachdem der Gesetzgeber den Katalog der Finanzinstrumente nach § 1 Abs. 11 KWG um das Instrument der Kryptowerte erweitert hat, lassen sich auch NFT hierunter subsumieren.[693] Abgesehen hiervon ist der Gebrauch von NFT allerdings bislang nur lückenhaft reguliert, sodass die Vertragsparteien in diesem Zusammenhang über eine vergleichsweise große Vertragsfreiheit verfügen.[694] Insbesondere existieren bislang keine einheitlichen Musterverträge für ihren Gebrauch.[695]

---

691 Vgl. beispielhaft etwa die bei *Giannopoulou/Quintais/Mezei/Bodó*, Non-Fungible Tokens II, 2021 wiedergegebenen Vertragsklauseln.

692 Eingehend zum Verweis mittels Metadaten *Lantwin*, NFTs, 2021.

693 Vgl. dazu *Kaulartz/Schmid*, CB 2021, S. 298, 301.

694 Vgl. *Schwarze*, Digitale Werke, 2021.

695 Vgl. *Schwarze*, Digitale Werke, 2021.

Dementsprechend ist angesichts der Vielzahl der Fallgestaltungen eine einheitliche Praxis – auch hinsichtlich der Einräumung von Nutzungsrechten am Referenzwerk – bisher nicht auszumachen.[696] Nach dem in dieser Darstellung vertretenen Ansatz ist in diesem Fall ein Erschöpfungseintritt auch dann nicht ausgeschlossen, wenn es sich bei dem Referenzwerk um ein unkörperliches handelt. Allerdings ergeben sich durch das NFT keine Abweichungen zu den auch ansonsten insoweit maßgeblichen rechtlichen Fragestellungen. Allenfalls ist anzumerken, dass das vom EuGH in seiner Tom Kabinet-Entscheidung vorgebrachte und zur Begründung der Nichtanwendbarkeit des Erschöpfungsgrundsatzes auf E-Books herangezogene Argument, ein gebrauchtes E-Book sei infolge der Nichtabnutzbarkeit digitaler Güter nicht von einem neuen E-Book unterscheiden, ein paralleler Zweitmarkt drohe die Interessen der Rechtsinhaber, für ihre Werke eine angemessene Vergütung zu erhalten, daher weitaus stärker zu beeinträchtigen als der Zweitmarkt für körperliche Gegenstände,[697] durch NFT zusätzlich entschärft wird. NFT ermöglichen sowohl die zweifelsfreie Identifikation der Echtheit des Referenzwerkes als auch die Einsichtnahme in seine Veräußerungshistorie und eine entsprechende Nachverfolgbarkeit.

(3) Zwischenergebnis

Angesichts ihrer spezifischen Funktionsweise lassen sich NFT nur dann sinnvoll einsetzen, wenn es sich bei dem Referenzwerk um ein Unikat handelt. Für den industriellen Massenbetrieb sind sie noch nicht geeignet. Die durch sie gewährten Vorteile werden im Übrigen in der Praxis in gewissem Umfang dadurch relativiert, dass es kein Schöpfungsmonopol für NFT gibt. Insoweit fehlt es aufgrund der Blockchain-Technologie schon an einem zentralen Intermediär. Da es keine einheitliche Blockchain gibt, sondern eine Vielzahl dezentraler Blockchains existiert, die untereinander nicht verknüpft sind, ist es zudem aus technischer Sicht möglich, für dasselbe Referenzwerk mehrere NFT zu generieren, obwohl dem Rechtsinhaber eine mittelbare rechtliche Handhabe gegeben ist, gegen die Erstellung eines NFT an einem urheberrechtlich geschützten Werk durch hierzu unberechtigte Personen vorzugehen. Inwieweit es im Zusammenhang mit dem Gebrauch von NFT zur Erschöpfung kommt, lässt sich nicht generalisierend beantworten, sondern hängt von der konkreten Vertragsgestaltung ab.

---

696 Vgl. allg. *Lantwin*, NFTs, 2021, vgl. auch *Giannopoulou/Quintais/Mezei/Bodó*, Non-Fungible Tokens II, 2021.

697 Vgl. EuGH, Urteil v. 19.12.2019, Az. C-263/18 (Tom Kabinet), MMR 2020, S. 167 ff. (Rn. 58).

Das NFT an sich kann diese nicht auslösen, ihm kommt insoweit lediglich eine Beweisfunktion zu.

V. Zusammenfassendes Zwischenergebnis

Der Erschöpfungsgrundsatz soll einen fairen Ausgleich schaffen zwischen dem wirtschaftlichen Verwertungsinteresse des Urhebers und dem allgemeinen Interesse an einer größtmöglichen Verkehrsfähigkeit, d.h. dem volkswirtschaftlichen Interesse an Werkzugang und Zirkulation des urheberrechtlich geschützten Gutes. Nach seiner ratio legis soll er im Sinne eines Kompromisses dazu beitragen, dem Urheber eine angemessene Vergütung für die Nutzung des Werkes sicherzustellen und hierdurch eine der vorrangigen Zielsetzungen des Urheberrechts zu erreichen (§ 11 S. 2 UrhG). Soweit etwa § 17 Abs. 2 UrhG für das Eingreifen der Erschöpfung voraussetzt, dass das Original oder Vervielfältigungsstücke mit Zustimmung des zur Verbreitung Berechtigten im Wege der Veräußerung in Verkehr gebracht worden sind, so impliziert dies jedenfalls die Möglichkeit der Realisierung einer angemessenen Vergütung, ohne zu verlangen, dass es sich bei dieser ausschließlich um das vertraglich festgelegte Entgelt für die Zurverfügungstellung des Werkes handeln muss. Auch Art. 4 Abs. 2 RL 2009/24/EG verlangt dies nicht, sondern trifft stattdessen die Feststellung, dass sich das Recht auf Verbreitung der jeweiligen Programmkopie mit dem Erstverkauf durch den Rechtsinhaber oder mit seiner Zustimmung erschöpft. Art. 4 Abs. 2 RL 2001/29/EG knüpft den Erschöpfungseintritt an den „Erstverkauf […] oder eine andere erstmalige Eigentumsübertragung". Soweit es um den Umfang der für den Erschöpfungseintritt erforderlichen Vergütung geht, stellt § 11 S. 2 UrhG auf deren Angemessenheit ab und ermöglicht durch die Verwendung dieses unbestimmten Rechtsbegriffs auch insoweit eine entwicklungsoffene Auslegung.

Dem EuGH obliegt die Aufgabe, grundlegenden Veränderungen der Lebenswirklichkeit im Rahmen der Rechts- und Gesetzesauslegung Rechnung zu tragen. Der Gesetzgeber hat einen sachgerechten Ausgleich der geschützten gegenläufigen Interessen unter Beachtung des Grundsatzes der Verhältnismäßigkeit bei der Nutzung seines Gestaltungsspielraums zur Ausgestaltung des Urheberrechts und dessen Anpassung an den digitalen Wandel zu bewirken. Nach alledem ist insgesamt eine Ausgestaltung des Erschöpfungsgrundsatzes sicherzustellen, die dessen Wirksamkeit auch im digitalen Zeitalter gewährleistet. Diese Ausgestaltung hat nicht zuletzt der digitalisierungsbedingten Verschiebung des

Kräfteverhältnisses[698] zwischen Anbietern und Nutzern Rechnung zu tragen, die insbesondere daraus resultiert, dass die Anbieterseite infolge des Einsatzes neuer technischer Möglichkeiten deutlich eher imstande ist, digitalisierungsbedingte Skalen- und Effizienzvorteile zu realisieren.

Vor diesem Hintergrund greift es nach alledem insgesamt zu kurz und wird der digitalisierungsbedingten Verschiebung des Kräfteverhältnisses nicht gerecht, wenn der EuGH in seiner Tom Kabinet-Entscheidung im Rahmen einer formaljuristischen Argumentation und damit aus rechtssystematischen Erwägungen zu dem Schluss kommt, der Erschöpfungsgrundsatz sei auf den Vertrieb von E-Books nicht anwendbar, weil diese nicht der RL 2009/24/EG, sondern der RL 2001/29/EG unterliegen, bezüglich welcher eine bewusste Entscheidung des Unionsgesetzgebers dahingehend festzustellen sei, dass eine Gleichstellung von körperlichen und nicht körperlichen Kopien urheberrechtlich geschützter Werke für die einschlägigen Bestimmungen der RL 2001/29/EG gerade nicht gewollt sei. Eine Argumentation, die sowohl angesichts des Alters der herangezogenen Richtlinie zur Bewertung eines technisch erst nach Erlass der Richtlinie möglich gewordenen Sachverhaltes als auch bei vertiefter inhaltlicher Beschäftigung mit der urheberrechtlich sachgerechten Bewertung der zugrunde liegenden Vorgänge nicht überzeugt. Es ist anerkannt, dass es auch etwa bei einer EU-Richtlinie allein aufgrund der seit ihrem erstmaligen Inkrafttreten eingetretener Änderungen gesellschaftlicher, technologischer und ökonomischer Art geboten sein kann, ihre Auslegung an die Änderung der Lebenswirklichkeit anzupassen beziehungsweise frühere Richtlinien nach dem Grundsatz lex posterior derogat legi priori mit Blick auf später ergangene Richtlinien eine veränderte Auslegung erfahren können.

Im Hinblick auf die im Rahmen der Tom Kabinet-Entscheidung vorgetragene inhaltliche Argumentation des EuGH greift es hinsichtlich des dem Erschöpfungsgrundsatz zugrunde liegenden Interessenausgleichs zu kurz, wenn der EuGH ohne weitere Differenzierung ausführt, angesichts der Nichtabnutzbarkeit digitaler Kopien drohe bei Zulassung der Erschöpfung ein Sekundärmarkt, der die legitimen Verwertungsinteressen des Urhebers unerträglich beeinträchtige. Hierbei bleibt nämlich unberücksichtigt, dass digitale Güter einer exogenen Abnutzung unterliegen. Auch ist angesichts der Unbestimmtheit der gesetzlich geforderten Vergütung wie dargelegt eine Gesamtbetrachtung vorzunehmen. Die Frage nach der angemessenen Vergütung i.S.d. § 11 S. 2 UrhG ist hierbei

---

698 Zur digitalisierungsbedingten Verschiebung des Kräfteverhältnisses vgl. bereits Darstellungspunkt § 4 II. 1.

nicht allein nach dem vertraglich festgelegten Entgelt zu beantworten, sondern vielmehr unter Einbeziehung aller im Zusammenhang mit dem Erstverkauf des digitalen Gutes realisierten oder bei lebensnaher Betrachtung realisierbaren finanziellen Vorteile.

In Anbetracht dieser Erwägungen und nicht zuletzt wegen der Besonderheiten des zugrunde liegenden Sachverhalts ist die Tom Kabinet-Entscheidung als eine Entscheidung hinsichtlich einer speziellen Konstellation des Vertriebs von E-Books zu werten, der nach alledem keine präjudizielle Bedeutung für den Vertrieb anderer digitaler und insbesondere hybrider Güter beigemessen werden kann. Auch angesichts des Widerspruchs, in dem seine Ausführungen der Tom Kabinet-Entscheidung nicht nur zur UsedSoft-Rechtsprechung, sondern auch zur weiteren Rechtsprechung des EuGH stehen, ist weiterhin als unklar zu bezeichnen und bleibt abzuwarten, welche Linie der EuGH hinsichtlich des Vertriebs anderer digitaler Güter einschlagen wird. Es bleibt zu hoffen, dass er seiner Rolle als „Motor" der Harmonisierung des europäischen Urheberrechts gerecht wird und den mit seiner UsedSoft-Rechtsprechung begonnenen Kurs einer sachgerechten Anwendung des urheberrechtlichen Erschöpfungsgrundsatzes unter den Bedingungen der Digitalisierung weiter verfolgen wird. Angesichts seiner kompetenziellen Befugnis sollte der EuGH den sachlichen Anwendungsbereich des Erschöpfungsgrundsatzes durch die Formulierung allgemeingültiger Grundsätze klarstellen, die unter Wahrung des Anliegens der Technologieoffenheit möglichst alle digitalen Güter unter den dargelegten Umständen erfassen. Dringend erforderlich ist, dass der EuGH den mit seiner Tom Kabinet-Entscheidung hinsichtlich E-Books bereits begangenen, nach alledem nur als Fehltritt zu bezeichnenden Schritt schnellstmöglich korrigiert. Dieser Fehltritt hat die Rechtsunsicherheit unter den am Vertrieb digitaler Güter Beteiligten erhöht und wirkt schon jetzt anachronistisch.

Eine etwaige Möglichkeit zu einer solchen Klarstellung könnte sich ihm auch etwa im Rahmen einer zukünftig zu erwartenden Befassung mit der RL 2019/770/EU bieten.[699] Die urheberrechtlichen Aspekte des digitalen Wandels werden von dieser Richtlinie zwar wie dargelegt bewusst nicht erörtert. Allerdings bietet sich dem EuGH angesichts der in Art. 8 Abs. 1 RL 2019/770/EU niedergelegten Anforderungen an die Vertragsgemäßheit aller digitalen Inhalte jedenfalls eine Gelegenheit zur Formulierung entsprechender Kriterien. Demnach müssen digitale Inhalte sich für die Zwecke eignen, für die digitale Inhalte oder digitale Dienstleistungen derselben Art in der Regel genutzt werden (Art. 8 Abs. 1 lit. a)

699 Vgl. dazu auch *Alber/Brandi-Dohrn*, ITRB 2021, S. 261, 266.

RL 2019/770/EU) sowie der Quantität, den Eigenschaften und den Leistungsmerkmalen entsprechen, die bei digitalen Inhalten oder digitalen Dienstleistungen derselben Art üblich sind und die der Verbraucher aufgrund der Art der digitalen Inhalte oder digitalen Dienstleistungen vernünftigerweise erwarten kann (Art. 8 Abs. 1 lit. b) RL 2019/770/EU). Wie im Rahmen dieser Darstellung gezeigt wurde, gehört es in dem Fall, dass die dauerhafte Überlassung eines digitalen Gutes, also die dauerhafte Einräumung eines wirtschaftlich-funktional identischen Äquivalents bei Realisierbarkeit einer angemessenen Vergütung erfolgt, zu den berechtigten Erwartungen des Erwerbers, das erworbene digitale Gut weiterveräußern zu dürfen. Angesichts des Regelungsbereiches der RL 2019/770/EU ist allerdings zuzugeben, dass allein hierdurch noch kein verbindlicher Eintritt der urheberrechtlichen Erschöpfungswirkung für digitale Güter seitens des EuGH statuiert wäre, was insoweit eine weitere Befassung des Gerichts im hier dargelegten Sinne erforderlich macht.

Ein entsprechender Appell ist ebenso an den europäischen und im Rahmen der Möglichkeiten an den nationalen Gesetzgeber gerichtet. Schon um zu vermeiden, dass sich Anbieter durch neue Geschäfts- und Vertriebsmodelle den Bindungen des Erschöpfungsgrundsatzes wieder entziehen, erscheint es insgesamt mit Blick auf die Kohärenz der Digitalrechtsordnung vorzugswürdig, eine möglichst technologieneutrale Regelung zu schaffen, die unmissverständliche Kriterien formuliert, die für alle urheberrechtlich geschützten digitalen Güter gelten. Worauf es nach alledem entscheidend ankommt, ist außer der Realisierbarkeit einer angemessenen Vergütung die Dauerhaftigkeit der Überlassung und die Einräumung eines wirtschaftlich-funktional identischen Äquivalents, das dem Erwerber die vertraglich zugesagte Nutzung des digitalen Gutes ermöglicht.[700] Das Kriterium der Körperlichkeit und Identität des veräußerten und erworbenen Werkexemplars verhaftet demgegenüber in der analogen Welt und wird in seinen Anwendungsergebnissen der digitalen Lebenswirklichkeit nicht gerecht. Ein undifferenziertes Abstellen auf letzteres unter den gewandelten Bedingungen der Digitalisierung nur eingeschränkt taugliche Kriterium sollte daher – auch aus Gründen möglichst gleicher Wettbewerbsbedingungen von Online- und Offline-Vertrieb und insbesondere entgegen der in der Tom Kabinet-Entscheidung des EuGH angedeuteten Argumentation – vermieden werden.

700 Zur Maßgeblichkeit der wirtschaftlich-funktionalen Äquivalenz vgl. bereits Darstellungspunkte § 3 III. 2. c) aa), § 4 V.

§ 5 Reform der Kodifikation des Erschöpfungsgrundsatzes

I. Regulierungsbedürfnis

Die de lege lata bestehende Umsetzung des Erschöpfungsgrundsatzes trägt unter Berücksichtigung der Rechtsprechung des EuGH nach alledem dessen Geltungsanspruch unter den Bedingungen der Digitalisierung nicht hinreichend Rechnung. Daher soll im Folgenden entsprechend der gewonnenen Erkenntnisse ein konkreter Vorschlag zur Anpassung des Erschöpfungsgrundsatzes an den digitalen Wandel unterbreitet, ausformuliert sowie kommentiert werden.

II. Regulierungsansatz

1. Europäisches Recht

In Anbetracht der dargelegten Erwägungen ist die Statuierung allgemeingültiger Grundsätze für die Anwendbarkeit des Erschöpfungsgrundsatzes hinsichtlich des Vertriebs aller digitalen Güter umso dringlicher, als dass der Aufbau eines digitalen Binnenmarkts in Europa wie dargelegt zu den zehn politischen Prioritäten der Europäischen Kommission zählt,[701] die bereits am 06.05.2015 ihre Mitteilung mit dem Titel „A Digital Single Market Strategy for Europe“[702] veröffentlicht hat.[703] Hierin erklärt sie die Notwendigkeit zur digitalisierungskonformen Modernisierung des europäischen Urheberrechts in drei vorrangigen Politikbereichen.[704]

Erstens geht es um einen besseren Zugang zu digitalen Waren und Dienstleistungen, wobei der Kommissionsvorschlag die Notwendigkeit betont, dass sich die digitale Welt zu einem ebenso fugenlosen wie homogenen Wirtschaftsraum entwickeln müsse.[705] Zweites Anliegen ist es, optimale Rahmenbedingungen

---

701 Zum übergeordneten Ziel der Vollendung eines digitalen Binnenmarkts vgl. bereits Darstellungspunkt 1. A. II.

702 Mitteilung der Kommission an das Europäische Parlament, den Rat, den Europäischen Wirtschafts- und Sozialausschuss und den Ausschuss der Regionen v. 06.05.2015, A Digital Single Market Strategy for Europe, COM(2015) 192 final.

703 Vgl. auch *Obergfell*, MMR 2016, S. 289, 289.

704 Mitteilung der Kommission an das Europäische Parlament, den Rat, den Europäischen Wirtschafts- und Sozialausschuss und den Ausschuss der Regionen v. 06.05.2015, A Digital Single Market Strategy for Europe, COM(2015) 192 final.

705 Mitteilung der Kommission an das Europäische Parlament, den Rat, den Europäischen Wirtschafts- und Sozialausschuss und den Ausschuss der Regionen v. 06.05.2015, A Digital Single Market Strategy for Europe, COM(2015) 192 final.

für digitale Netze und Dienstleistungen herzustellen, wobei insbesondere die europäischen Vorschriften der technologischen Entwicklung angepasst und den Ausbau der informationstechnischen Infrastruktur begleiten müssten.[706] Drittens verfolgt die Europäische Kommission das Ziel, die digitale Wirtschaft als „Wachstumsmotor" vollständig auszuschöpfen, und zwar insbesondere im Hinblick auf den industriellen Sektor und den europäischen Arbeitsmarkt.[707]

Innerhalb der genannten drei Säulen bestimmen konkrete Handlungsanweisungen politische Handlungsziele. So soll innerhalb der ersten Säule eine Modernisierung des Urheberrechts vorgenommen werden. Die Europäische Kommission betont insoweit insbesondere die Anpassung des Urheberrechts an aktuelle Gegebenheiten sowie die Schaffung eines ausgewogenen Verhältnisses zwischen den Interessen der Urheber und der Nutzer urheberrechtlich geschützter Werke, insbesondere um den Zugang zu kulturellen Gütern zu fördern, die kulturelle Vielfalt zu stärken und neue Möglichkeiten für Künstler und Urheber zu schaffen.[708] Als entscheidende Schritte zur Verwirklichung eines digitalisierungskonformen europäischen Urheberrechts werden insoweit die Anpassung von Ausnahmen an ein digitales und grenzüberschreitendes Umfeld, die Schaffung eines funktionsfähigen Markts für urheberrechtlich geschützte Werke, ein wirksames und zugleich ausgewogenes System zur Rechtsdurchsetzung und die Heranbildung eines langfristigen Konzeptes genannt.[709]

Die Europäische Kommission begründet ihre Mitteilung damit, dass ein angemessen gestaltetes Urheberrecht die schöpferische Tätigkeit sowie die Investitionen in schöpferische Inhalte stärke und zugleich die entscheidende Grundlage für die globale Wettbewerbsfähigkeit der europäischen Kreativwirtschaft

706 Mitteilung der Kommission an das Europäische Parlament, den Rat, den Europäischen Wirtschafts- und Sozialausschuss und den Ausschuss der Regionen v. 06.05.2015, A Digital Single Market Strategy for Europe, COM(2015) 192 final.

707 Mitteilung der Kommission an das Europäische Parlament, den Rat, den Europäischen Wirtschafts- und Sozialausschuss und den Ausschuss der Regionen v. 06.05.2015, A Digital Single Market Strategy for Europe, COM(2015) 192 final.

708 Mitteilung der Kommission an das Europäische Parlament, den Rat, den Europäischen Wirtschafts- und Sozialausschuss und den Ausschuss der Regionen v. 06.05.2015, A Digital Single Market Strategy for Europe, COM(2015) 192 final.

709 Mitteilung der Kommission an das Europäische Parlament, den Rat, den Europäischen Wirtschafts- und Sozialausschuss und den Ausschuss der Regionen v. 06.05.2015, A Digital Single Market Strategy for Europe, COM(2015) 192 final.

bilde.[710] Insbesondere solle hierbei die Kompetenzverteilung zwischen der europäischen und der mitgliedstaatlichen Ebene bedacht werden.[711] Die stetige Einhaltung insbesondere der gesetzlichen Vorschriften sei wesentliche Grundlage für die Förderung von Kreativität und Innovation sowie des Vertrauens der Marktteilnehmer. Langfristig sollen Lösungsmöglichkeiten gesucht werden, wie sich das vielfältige kulturelle, geistige und wissenschaftliche Schaffen in Europa möglichst ungehindert im gesamten Unionsgebiet verbreiten könne.[712]

2. *Nationales Recht der Bundesrepublik Deutschland*

Schon angesichts der Bindung des nationalen Gesetzgebers an die Vorgaben des Unionsrechts[713] erscheint vor dem Hintergrund der wie gezeigt bestehenden Inkonsistenz sowie der unklaren zukünftigen Linie der Rechtsprechung des EuGH die Statuierung einer Regelung zur Anpassung des Erschöpfungsgrundsatzes an den digitalen Wandel auf nationaler Ebene derzeit nicht empfehlenswert.

3. *Zwischenergebnis*

Vorzugswürdig und in Anbetracht der dargelegten Erwägungen sowie angesichts seiner Bindung an zentrale urheberrechtliche Wertungen und seiner Verpflichtung zum sachgerechten Ausgleich der geschützten gegenläufigen Interessen[714] dringend wünschenswert und erforderlich ist nach alledem ein Einschreiten des europäischen Gesetzgebers.

---

710 Mitteilung der Kommission an das Europäische Parlament, den Rat, den Europäischen Wirtschafts- und Sozialausschuss und den Ausschuss der Regionen v. 06.05.2015, A Digital Single Market Strategy for Europe, COM(2015) 192 final.

711 Mitteilung der Kommission an das Europäische Parlament, den Rat, den Europäischen Wirtschafts- und Sozialausschuss und den Ausschuss der Regionen v. 06.05.2015, A Digital Single Market Strategy for Europe, COM(2015) 192 final.

712 Mitteilung der Kommission an das Europäische Parlament, den Rat, den Europäischen Wirtschafts- und Sozialausschuss und den Ausschuss der Regionen v. 06.05.2015, A Digital Single Market Strategy for Europe, COM(2015) 192 final.

713 Zum Gebot der unionskonformen Auslegung der Vorschriften des EU-mitgliedstaatlichen Urheberrechts vgl. bereits Darstellungspunkt § 2 II. 1. c) bb).

714 Zur Rechtsfortentwicklungspflicht des Gesetzgebers vgl. bereits Darstellungspunkt § 4 III. 2.

III. Eigener Regelungsvorschlag zu einer dem digitalen Wandel Rechnung tragenden Ausgestaltung des Erschöpfungsgrundsatzes

1. Bestimmende Faktoren des Regelungsvorschlages

Auf die für die Rechtsfortbildung und somit für eine dem digitalen Wandel Rechnung tragenden Ausgestaltung des Erschöpfungsgrundsatzes maßgeblichen Kriterien wurde bereits umfassend eingegangen, sodass zur Vermeidung von Wiederholungen auf die obige Darstellung verwiesen wird.[715]

2. Konkretisierung des Regelungsvorschlages

a) Digitales Verbreitungsrecht

aa) Gesetzesformulierung

Um dem Anliegen einer Modernisierung des Urheberrechts unter den Bedingungen der Digitalisierung im Hinblick auf den Erschöpfungsgrundsatz Rechnung zu tragen, wird in Anknüpfung an die dargelegten Erwägungen nach alledem angeraten, eine digitale Erschöpfung – in Fortschreibung und Anpassung der RL 2001/29/EG sowie in Ergänzung der RL 2019/770/EU, die unter anderem zu den urheberrechtlichen Aspekten der Digitalisierung keine Stellung bezieht – im Rahmen einer Richtlinie zur Umsetzung durch die Mitgliedsstaaten auf europäischer Ebene zu statuieren. Den zentralen Ansatzpunkt sollte insoweit die Klarstellung bilden, dass sich das Verbreitungsrecht über Computerprogramme hinaus auch dann erschöpft, wenn ein digitales Gut wie ein Hörbuch, eine Audiodatei, eine Filmdatei, ein Computerspiel und entgegen der Erwägungen des EuGH im Rahmen der Tom Kabinet-Entscheidung auch ein E-Book erstmalig rechtmäßig in den Verkehr gebracht wird.

In einem ersten Schritt ist zu diesem Zweck ein digitales Verbreitungsrecht zu kodifizieren, und damit die Klarstellung und Anerkennung des Umstands, dass – wie es auch der EuGH im Sinne einer allgemeingültigen Erwägung im Rahmen der UsedSoft-Rechtsprechung für Computerprogramme anerkannt hat – nicht nur im Bereich der Computerprogramme, sondern unter den Bedingungen der Digitalisierung auch in Form sonstiger digitaler Güter die Verbreitung eines urheberrechtlich geschützten Werkes in unkörperlicher Form geschehen kann, gesetzlich niederzulegen. Auch lässt sich hiermit zugleich einer

715 Zu den für die Rechtsfortbildung maßgeblichen Kriterien vgl. bereits Darstellungspunkt § 4 III. 3.

denkbaren anderweitigen Rechtsprechung des EuGH im Sinne einer Ausweitung der in der Tom Kabinet-Entscheidung – anhand wie dargelegt tradierter Erwägungen zur RL 2001/29/EG – geführten Argumentation auf andere digitale Güter als E-Books entgegenwirken sowie der in der genannten Entscheidung begangene Fehltritt seitens des europäischen Gesetzgebers korrigieren. In Anlehnung an die Formulierung des Art. 4 Abs. 1 RL 2001/29/EG und damit in Erweiterung beziehungsweise Klarstellung des bisherigen Verbreitungsrechts könnte eine entsprechende Klausel wie folgt lauten:

Artikel 4

Verbreitungsrecht

(1) Die Mitgliedstaaten sehen vor, dass den Urhebern in Bezug auf das Original ihrer Werke oder auf Vervielfältigungsstücke davon in jeweils körperlicher oder nicht körperlicher Form das ausschließliche Recht zusteht, die Verbreitung an die Öffentlichkeit in beliebiger Form durch Verkauf oder auf sonstige Weise zu erlauben oder zu verbieten.

bb) Gesetzeskommentierung

Der vorgeschlagene Abs. 1 der Regelung des Verbreitungsrechts dient durch den Zusatz „in jeweils körperlicher oder nicht körperlicher Form" der Klarstellung, dass die Verbreitung des Originals urheberrechtlich geschützter Werke oder von deren Vervielfältigungsstücken angesichts der digitalisierungsbedingten Veränderungen auch außerhalb des Bereichs der Computerprogramme beziehungsweise des Regelungsbereichs der RL 2009/24/EG im Bereich sonstiger Werke auf unkörperlichem Wege geschehen kann. In Ergänzung der RL 2019/770/EU werden somit auch die urheberrechtlichen Aspekte digitaler Güter klarstellend einer angemessenen Regelung zugeführt. Um gleichzeitig zu unterstreichen, dass die analoge Welt nicht durch eine digitale Welt abgelöst wird, sondern auch weiterhin parallel existiert und die Verbreitung digitaler Güter gerade derjenigen aus der analogen Welt gleichsteht, wird die Verbreitung digitaler Güter nicht etwa isoliert, sondern im Zusammenhang mit und in Erweiterung des bestehenden Verbreitungsrechts kodifiziert. Die Regelung eines digitalen Verbreitungsrechts trägt der Erkenntnis Rechnung, dass das tradierte Abgrenzungskriterium der Körperlichkeit oder Unkörperlichkeit des überlassenen Werkexemplars unter den Bedingungen der Digitalisierung kein taugliches Differenzierungskriterium hinsichtlich der Zuordnung der Verwertungshandlung und den sich daran anknüpfenden Ausgleich der geschützten Interessen der beteiligten Parteien mehr bildet. Wie dargelegt sollte ein undifferenziertes Abstellen auf letzteres unter den gewandelten Bedingungen der Digitalisierung nur eingeschränkt taugliche Kriterium – auch aus Gründen möglichst gleicher

Wettbewerbsbedingungen von Online- und Offline-Vertrieb und insbesondere entgegen der in der Tom Kabinet-Entscheidung des EuGH angedeuteten Argumentation – vermieden werden. Das vorgeschlagene digitale Verbreitungsrecht eröffnet demgegenüber die Möglichkeit einer Anwendung des Erschöpfungsgrundsatzes auf digitale Güter.

b) *Erschöpfung des Verbreitungsrechts*

aa) *Gesetzesformulierung*

Artikel 4

(2) [1]Das Verbreitungsrecht erschöpft sich in der Gemeinschaft in Bezug auf das Original oder auf Vervielfältigungsstücke eines Werks nur, wenn der Erstverkauf dieses Originals oder Vervielfältigungsstücks in körperlicher oder nicht körperlicher Form in der Gemeinschaft durch den Rechtsinhaber oder mit dessen Zustimmung erfolgt; ausgenommen hiervon ist jedoch das Recht auf Kontrolle der Weitervermietung desselben. [2]Im Falle des Erstverkaufs eines nicht körperlichen Originals oder Vervielfältigungsstücks bezieht sich die Erschöpfung des Verbreitungsrechts auch auf deren Äquivalent, sofern es durch die Weiterverbreitung nicht zu einer Zunahme der absoluten Anzahl von Vervielfältigungsstücken kommt.

bb) *Gesetzeskommentierung*

Bei der nunmehr in Abs. 2 der Neuregelung erfolgenden klarstellenden Statuierung einer digitalen Erschöpfung wird der nach seinem Wortlaut zu eng an der analogen Welt ausgerichtete Begriff des „Gegenstands" des Art. 4 Abs. 2 RL 2001/29/EG im Sinne einer technologieneutralen Ausgestaltung des Urheberrechts durch die ausdrückliche Bezugnahme auf das Original oder Vervielfältigungsstück ersetzt, und vor allem durch den Zusatz „in körperlicher oder nicht körperlicher Form" ergänzt. Letzterer Zusatz wäre vor dem Hintergrund der Neuregelung des digitalen Verbreitungsrechts in Abs. 1 der eben dargelegten Regelung und damit bereits erfolgten Erweiterung des Verbreitungsrechts auf digitale Güter nicht zwingend erforderlich, ist aber im Sinne einer kohärenten Ausgestaltung der rechtlichen Regelung angebracht, erfüllt insoweit eine Klarstellungsfunktion hinsichtlich der Existenz der digitalen Erschöpfung und bildet den Ausgangspunkt für die folgende Statuierung deren zusätzlicher Spezifika.

Anknüpfend an den mithin in der digitalen Welt Gültigkeit beanspruchenden Erschöpfungsgrundsatz sollte insoweit in ebenso klarstellender Funktion zum Ausdruck kommen, worin der Anknüpfungspunkt der digitalen Erschöpfung denn besteht. Diesem Anliegen kommt der erste Teilsatz des Satzes 2 nach, über den im Sinne einer Bezugserweiterung auf ein Äquivalent das dargelegte

Kriterium des virtuellen Vervielfältigungsstücks[716] als Anknüpfungspunkt der Erschöpfungswirkung Eingang in die gesetzliche Regelung findet. Dieses Kriterium erlaubt anhand des Maßstabs der wirtschaftlich-funktionalen Äquivalenz[717] die bereits beschriebene sachgerechte Umsetzung der dem Erschöpfungsgrundsatz zugrunde liegenden Interessenabwägung unter den Umständen der Digitalisierung. Das Kriterium des virtuellen Vervielfältigungsstücks erweist sich insbesondere angesichts dessen ratio legis der Sicherung der Verkehrsfähigkeit urheberrechtlich geschützter Güter mit Blick auf digitale Werkexemplare als notwendig und zweckmäßig. Die im Zusammenspiel insoweit ebenfalls erforderliche Anpassung des Vervielfältigungsrechts erfolgt in einem späteren eigenen Artikel der vorgeschlagenen Regelung.

Die Wahl dieses Bezugspunkts der digitalen Erschöpfung bedingt wiederum den zweiten Teilsatz des Satzes 2, der durch die Voraussetzung der Nichtzunahme der absoluten Zahl der Vervielfältigungsstücke die Verpflichtung des Ersterwerbers in die gesetzliche Regelung aufnimmt, sein eigenes Äquivalent des digitalen Werkexemplars zum Zeitpunkt des Weiterverkaufs technisch unbrauchbar zu machen. Hierdurch wird eine von der Zielsetzung des Erschöpfungsgrundsatzes nicht getragene Beeinträchtigung der Interessen des Urhebers an der Realisierung einer angemessenen Vergütung verhindert.

Das Tatbestandsmerkmal des „Verkaufs" erlaubt – in diesen Kontext gesetzt – nunmehr eine gesicherte Übertragung der insoweit bereits im Bereich der Computerprogramme als sachgerecht herausgearbeiteten Ergebnisse auch auf den Bereich anderer digitaler Güter und trägt damit schließlich auch dem Anliegen einer kohärenten Digitalrechtsordnung Rechnung.

Das übergeordnete Ziel der Statuierung einer insgesamt kohärenten digitalen Erschöpfung ist damit erreicht, der im Rahmen dieser Darstellung herausgearbeiteten Erkenntnis folgend, dass angesichts des digitalen Wandels auch im Bereich sonstiger digitaler Güter ebenso wie im Bereich der Computerprogramme für die Auslösung des vom Erschöpfungsgrundsatz intendierten Interessenausgleichs im Sinne seiner ratio legis beziehungsweise die zeitgemäße Umsetzung der hinter dem urheberrechtlichen Erschöpfungsgrundsatz stehenden Erwägungen weniger die Übergabe eines körperlichen Gegenstandes maßgeblich ist, sondern vielmehr die dauerhafte Überlassung des Werkes. Umgesetzt

716 Zum Kriterium des virtuellen Vervielfältigungsstücks vgl. bereits Darstellungspunkt § 3 III. 1. b) bb).

717 Zur Maßgeblichkeit der wirtschaftlich-funktionalen Äquivalenz vgl. bereits Darstellungspunkte § 3 III. 2. c) aa), § 4 V.

wurde insoweit das Abstellen auf die Einräumung eines wirtschaftlich-funktional identischen Äquivalents, das dem Erwerber die vertraglich zugesagte Nutzung des digitalen Gutes ermöglicht,[718] was sich gedanklich auch als Abgrenzung einer – nicht notwendig körperlichen – Ware gegenüber einer bloßen Dienstleistung fassen lässt. Hierdurch wird für den digitalen Bereich die wie dargelegt für eine sachgerechte rechtliche Erfassung der tatsächlichen Vorgänge notwendige Abkehr von dem in diesem Bereich nicht tauglichen tradierten Abgrenzungskriterium der Körperlichkeit oder Unkörperlichkeit des betreffenden urheberrechtlich geschützten Werkexemplars vollzogen. Eine kategorische Zuordnung der Verwertungshandlung anhand letzteren Kriteriums führt unter den Bedingungen der Digitalisierung nicht zu sachgerechten Ergebnissen und bewirkt damit keinen angemessenen Ausgleich der insoweit zu schützenden und abzuwägenden Interessen der Allgemeinheit an Werkzugang und Zirkulation und denen des Urhebers an möglichst umfassender wirtschaftlicher Verwertung des geschaffenen Werkes.

c) Ausnahmen von den zustimmungsbedürftigen Handlungen

aa) Gesetzesformulierung

Artikel 5

Ausnahmen von den zustimmungsbedürftigen Handlungen

In Ermangelung spezifischer vertraglicher Bestimmungen bedarf die dauerhafte oder vorübergehende Vervielfältigung, ganz oder teilweise, des überlassenen nicht körperlichen Originals oder Vervielfältigungsstücks mit jedem Mittel und in jeder Form nicht der Zustimmung des Rechtsinhabers, wenn sie für eine bestimmungsgemäße Benutzung durch den rechtmäßigen Erwerber notwendig ist.

bb) Gesetzeskommentierung

Mit der so statuierten Regelung wird nach dem Vorbild des Computerprogramme betreffenden Art. 5 Abs. 1 RL 2009/24/EG – der durch § 69d Abs. 1 UrhG im nationalen deutschen Urheberrecht umgesetzt wurde – ein Äquivalent für den Bereich sonstiger digitaler Güter geschaffen, der Erkenntnis folgend, dass ebenso wie im Bereich der Computerprogramme auch hinsichtlich sonstiger digitaler Güter – die ebenfalls die Besonderheit aufweisen, dass deren bloßer Werkkonsum die Vornahme von Vervielfältigungshandlungen seitens des Nutzers mit sich

718 Zur Maßgeblichkeit der wirtschaftlich-funktionalen Äquivalenz vgl. bereits Darstellungspunkte § 3 III. 2. c) aa), § 4 V.

bringt – eine entsprechende Absicherung der Erschöpfungswirkung hinsichtlich dieser Vervielfältigungshandlungen zu gewährleisten ist.[719] Auch insoweit wird hierdurch im Sinne einer konsistenten Digitalrechtsordnung eine Übertragung der im Bereich der Computerprogramme erarbeiteten Grundsätze auf sonstige digitale Güter ermöglicht beziehungsweise klargestellt.

719 Vgl. Darstellungspunkt § 5 II. 2. b) bb).

4. Schlussteil

§ 6 Thesenförmige Zusammenfassung

1. Das Urheberrecht als Erscheinungsform des Immaterialgüterrechts ist einer kontinuierlichen Ausgestaltung und Anpassung an vorgefundene wirtschaftliche und technologische Rahmenbedingungen wie dem digitalen Wandel zugänglich und hierauf auch angewiesen.
2. Das Urheberrecht wird nicht schrankenlos gewährleistet. Nach seiner ratio legis soll der Erschöpfungsgrundsatz im Sinne eines Kompromisses einen sachgerechten Ausgleich schaffen zwischen dem wirtschaftlichen Verwertungsinteresse des Urhebers und dem allgemeinen Interesse an einer größtmöglichen Verkehrsfähigkeit, d.h. dem volkswirtschaftlichen Interesse an Werkzugang und Zirkulation des urheberrechtlich geschützten Gutes. Dies gilt auch unter den Bedingungen der Digitalisierung, sodass es seiner Anpassung an dessen Rahmenbedingungen bedarf.
3. In Anbetracht der kompetenziellen Befugnis des EuGH, als „Motor" des europäischen Integrationsprozesses auch rechtsfortbildend zu wirken, obliegt ihm auch die Aufgabe, grundlegenden Veränderungen der Lebenswirklichkeit, die sich seit dem Inkrafttreten einer gesetzlichen Regelung ergeben haben, im Rahmen der Rechts- und Gesetzesauslegung Rechnung zu tragen. Dies muss insbesondere dann gelten, wenn der europäische Gesetzgeber es übersehen hat, eine Regelung zu statuieren, die der digitalen Lebenswirklichkeit angemessen Rechnung trägt. Demnach liegt es auch beim EuGH, im Rahmen der Rechts- und Gesetzesauslegung ein entsprechendes Korrektiv zu schaffen.
4. Die mit der UsedSoft-Entscheidung im Bereich der Computerprogramme vorgenommene Gleichstellung unterschiedlicher Vertriebswege (Inverkehrbringen eines materiellen Datenträgers gegenüber Download aus dem Internet), die zu einer Erschöpfung des Verbreitungsrechts führen sollen, hat die angesichts des digitalen Wandels auftretende Diffusion der Grenzen zwischen körperlichen und unkörperlichen Verwertungshandlungen im Rahmen der rechtlichen Erfassung anerkannt und die insoweit für den digitalen Bereich für eine sachgerechte rechtliche Erfassung der tatsächlichen Vorgänge notwendige Abkehr von dem in diesem Bereich nicht tauglichen tradierten Abgrenzungskriterium der Körperlichkeit

oder Unkörperlichkeit des betreffenden urheberrechtlich geschützten Werkexemplars insoweit vollzogen.

5. Nach Betrachtung der Validität der dogmatischen Begründungsansätze des urheberrechtlichen Erschöpfungsgrundsatzes im digitalen Umfeld lässt sich feststellen, dass der durch die UsedSoft-Rechtsprechung konkretisierte Erschöpfungsgrundsatz dessen zentrale – und auch unter den Bedingungen der Digitalisierung ihren Geltungsanspruch bewahrende – Anliegen, nämlich die Vermittlung von Anreizen im Sinne der Belohnungstheorie und den Erhalt der Verkehrsfähigkeit des urheberrechtlich geschützten Werkes, insbesondere gemessen an seiner ökonomischen Zielrichtung, sachgerecht bedient.
6. Auch hinsichtlich sonstiger digitaler Güter gilt aber, dass eine kategorische Zuordnung der Verwertungshandlung und damit des Erschöpfungseintritts anhand des tradierten Abgrenzungskriteriums der Körperlichkeit oder Unkörperlichkeit des betreffenden urheberrechtlich geschützten Werkexemplars unter den Bedingungen der Digitalisierung keine sachgerechten Ergebnisse hervorbringt und damit keinen angemessenen Ausgleich der insoweit zu schützenden und abzuwägenden Interessen der Allgemeinheit an Werkzugang und Zirkulation und denen des Urhebers an möglichst umfassender wirtschaftlicher Verwertung des geschaffenen Werkes bewirkt.
7. Angesichts des digitalen Wandels gilt vielmehr auch im Bereich sonstiger digitaler Güter ebenso wie im Bereich der Computerprogramme für die Auslösung des vom Erschöpfungsgrundsatz intendierten Interessenausgleichs im Sinne seiner ratio legis beziehungsweise die zeitgemäße Umsetzung der hinter dem urheberrechtlichen Erschöpfungsgrundsatz stehenden Erwägungen, dass weniger die Übergabe eines körperlichen Gegenstandes maßgeblich ist, sondern vielmehr die dauerhafte Überlassung des Werkes, also die Einräumung eines wirtschaftlich-funktional identischen Äquivalents, das dem Erwerber die vertraglich zugesagte Nutzung des digitalen Gutes ermöglicht,[720] was sich gedanklich auch als Abgrenzung einer – nicht notwendig körperlichen – Ware gegenüber einer bloßen Dienstleistung fassen lässt.

---

720 Zur Maßgeblichkeit der wirtschaftlich-funktionalen Äquivalenz vgl. bereits Darstellungspunkte § 3 III. 2. c) aa), § 4 V.

8. Es greift demnach zu kurz, wenn der EuGH in seiner Tom Kabinet-Entscheidung im Rahmen einer formaljuristischen Argumentation und damit aus rechtssystematischen Erwägungen zu dem Schluss kommt, der Erschöpfungsgrundsatz sei auf den Vertrieb von E-Books nicht anwendbar, weil diese nicht der RL 2009/24/EG, sondern der RL 2001/29/EG unterliegen, bezüglich welcher eine bewusste Entscheidung des Unionsgesetzgebers dahingehend festzustellen sei, dass eine Gleichstellung von körperlichen und nicht körperlichen Kopien urheberrechtlich geschützter Werke für die einschlägigen Bestimmungen der RL 2001/29/EG gerade nicht gewollt sei. Eine Argumentation, die sowohl angesichts des Alters der herangezogenen Richtlinie zur Bewertung eines technisch erst nach Erlass der Richtlinie möglich gewordenen Sachverhaltes als auch bei vertiefter inhaltlicher Beschäftigung mit der urheberrechtlich sachgerechten Bewertung der zugrunde liegenden Vorgänge nicht überzeugt. Sie stellt vielmehr einen Rückfall in die sich einer digitalisierungskonformen Anpassung des Erschöpfungsgrundsatzes verschließenden tradierten Denkkategorien der analogen Welt unter Verkennung des insoweit durch die UsedSoft Entscheidung bereits vollzogenen Fortschritts dar.
9. Im Hinblick auf die im Rahmen der Tom Kabinet-Entscheidung vorgetragene inhaltliche Argumentation des EuGH greift es hinsichtlich des dem Erschöpfungsgrundsatz zugrunde liegenden Interessenausgleichs zu kurz, wenn der EuGH ohne weitere Differenzierung ausführt, angesichts der Nichtabnutzbarkeit digitaler Kopien drohe bei Zulassung der Erschöpfung ein Sekundärmarkt, der die legitimen Verwertungsinteressen des Urhebers unerträglich beeinträchtige. Dies gilt insbesondere auch weil hierbei unberücksichtigt bleibt, dass digitale Güter einer exogenen Abnutzung unterliegen.
10. In Anbetracht dieser Erwägungen, angesichts des Widerspruchs, in dem seine Ausführungen der Tom Kabinet-Entscheidung nicht nur zur UsedSoft-Rechtsprechung, sondern auch zur weiteren Rechtsprechung des EuGH stehen und nicht zuletzt wegen der Besonderheiten des zugrunde liegenden Sachverhalts ist die Tom Kabinet-Entscheidung als eine Entscheidung hinsichtlich einer speziellen Konstellation des Vertriebs von E-Books zu werten, der nach alledem keine präjudizielle Bedeutung für den Vertrieb anderer digitaler und insbesondere hybrider Güter beigemessen werden darf. Sie erzeugt vielmehr unnötige Rechtsunsicherheiten, die nicht zuletzt der allgemeinen Akzeptanz des Urheberrechts als Regulierungsmodell schaden.

11. Dennoch kommt es nach der Rechtsprechung des EuGH nach Ergehen der Tom Kabinet-Entscheidung und angesichts der in der UsedSoft-Rechtsprechung formulierten Grundsätze nunmehr – jedenfalls in Bezug auf E-Books – faktisch zu einer Zweiteilung der Erschöpfungsanwendung in der digitalen Welt. Im Bereich der Software behalten die vom EuGH in seiner UsedSoft-Entscheidung formulierten Erwägungen und Grundsätze auch nach dem Ergehen der Tom Kabinet-Entscheidung de lege lata ihre Gültigkeit.
12. Der EuGH ist damit dem ihm obliegenden Rechtsfortbildungsauftrag insgesamt nicht hinreichend nachgekommen. Das Ziel, zur Rechtssicherheit im Markt der digitalen Güter und seiner Funktionsfähigkeit beizutragen, wurde verfehlt. Angesichts seiner Rolle als „Motor" der Harmonisierung des europäischen Urheberrechts hätte es ihm oblegen, den mit seiner UsedSoft-Rechtsprechung begonnenen Kurs einer sachgerechten Anwendung des urheberrechtlichen Erschöpfungsgrundsatzes unter den Bedingungen der Digitalisierung weiter zu verfolgen, indem er den sachlichen Anwendungsbereich des Erschöpfungsgrundsatzes durch die Formulierung allgemeingültiger Grundsätze klarstellt, die unter Wahrung des Anliegens der Technologieoffenheit möglichst alle digitalen Güter unter den dargelegten Umständen erfassen. Dringend erforderlich ist, dass der EuGH den mit seiner Tom Kabinet-Entscheidung hinsichtlich E-Books auf der Grundlage einer anachronistisch wirkenden Argumentation begangenen, nach alledem nur als Fehltritt zu bezeichnenden Schritt schnellstmöglich korrigiert.
13. Angesichts der Aufgabe des Gesetzgebers zum sachgerechten Ausgleich der geschützten gegenläufigen Interessen unter Beachtung des Grundsatzes der Verhältnismäßigkeit bei der Nutzung seines Gestaltungsspielraums zur Ausgestaltung des Urheberrechts und dessen Anpassung an den digitalen Wandel, obliegt es auch ihm, eine Ausgestaltung des Erschöpfungsgrundsatzes sicherzustellen, die dessen Wirksamkeit auch im digitalen Zeitalter gewährleistet.
14. Der in These 12. ausgerufene Appell ist daher ebenso an den europäischen Gesetzgeber gerichtet. Mit Blick auf die Kohärenz der Digitalrechtsordnung obliegt es ihm, eine möglichst technologieneutrale Regelung zu schaffen, die unmissverständliche Kriterien formuliert, die für alle urheberrechtlich geschützten digitalen Güter zu einer konsistenten rechtlichen Bewertung führen. Für einen diesbezüglichen Vorschlag wird auf These 7. verwiesen. Das Kriterium der Körperlichkeit und Identität des veräußerten und erworbenen Werkexemplars verhaftet demgegenüber in der analogen Welt

und wird in seinen Anwendungsergebnissen der digitalen Lebenswirklichkeit nicht gerecht. Ein undifferenziertes Abstellen auf letzteres unter den gewandelten Bedingungen der Digitalisierung nur eingeschränkt taugliche Kriterium sollte daher – auch aus Gründen möglichst gleicher Wettbewerbsbedingungen von Online- und Offline-Vertrieb und insbesondere entgegen der in der Tom Kabinet-Entscheidung des EuGH angedeuteten Argumentation – vermieden werden.

15. Der im Rahmen der vorliegenden Darstellung dargelegte, an den europäischen Gesetzgeber gerichtete Regelungsvorschlag trägt in diesem Sinne dem Anliegen einer Modernisierung des Urheberrechts unter den Bedingungen der Digitalisierung im Hinblick auf den Erschöpfungsgrundsatz Rechnung und erlaubt durch Statuierung einer digitalen Erschöpfung unter Einbindung der im Rahnen der vorliegenden Darstellung erarbeiteten Kriterien eine sachgerechte Umsetzung der dem Erschöpfungsgrundsatz zugrunde liegenden Interessenabwägung im digitalen Umfeld.
16. Die Statuierung einer insgesamt kohärenten und konsistenten Digitalrechtsordnung im Sinne allgemeingültiger Grundsätze für die Anwendbarkeit des Erschöpfungsgrundsatzes hinsichtlich des Vertriebs aller digitalen Güter ist damit vorgenommen und so das übergeordnete Ziel des Aufbaus eines digitalen Binnenmarkts in Europa, das wie dargelegt zu den zehn politischen Prioritäten der Europäischen Kommission zählt, bedient.[721]

721 Zum übergeordneten Ziel der Vollendung eines digitalen Binnenmarkts vgl. bereits Darstellungspunkt 1. A. II.

Literaturverzeichnis

Ahlberg, Hartwig/ Götting, Horst-Peter (Hrsg.): Möhring/Nicolini – Urheberrecht, Kommentar, 4. Auflage, München 2018 (zitiert: *Bearbeiter*, in: Möhring/Nicolini, Urheberrecht, 2018).

Alber, Michael/ Brandi-Dohrn, Anselm: Auswirkungen der Digitale-Inhalte-Richtlinie auf die Erschöpfung des urheberrechtlichen Verbreitungsrechts bei unkörperlichen digitalen Inhalten, ITRB 2021, S. 261–267.

Auer-Reinsdorff, Astrid/ Conrad, Isabell (Hrsg.): Handbuch IT- und Datenschutzrecht, 3. Auflage, München 2019 (zitiert: *Bearbeiter*, in: Auer-Reinsdorff/Conrad, IT- und Datenschutzrecht, 2019).

Auer-Reinsdorff, Astrid/ Brandenburg, Andrea: Urheberrecht und Multimedia – Eine praxisorientierte Einführung –, Berlin 2003 (zitiert: *Auer-Reinsdorff/ Brandenburg*, Multimedia, 2003).

Auer-Reinsdorff, Astrid: Der digitale Binnenmarkt als Beschleuniger des IT-Rechts, MMR 2016, S. 217–218.

Auer-Reinsdorff, Astrid: Informationstechnologierecht – neue Ideen für neue Medien?, MMR 2009, S. 365–366.

Aust, Stefan/ Richter, Claus/ Ziemann, Matthias: Wettlauf um die Welt – Die Globalisierung und wir –, München 2007 (zitiert: *Aust/Richter/Ziemann*, Globalisierung, 2007).

Barth, Christoph/ Budde, Stefanie: Die Implementierung des SIEC-Tests im GWB und ihre Folgen für die nationale Fusionskontrolle – Teil I, BB 2011, S. 1859–1866.

Becher, Johannes: Der Sekundärmarkt für Software – Eine ökonomische Analyse des urheberrechtlichen Erschöpfungsprinzips –, Wiesbaden 2015 (zitiert: *Becher*, Software, 2015).

Becker, Maximilian: Zur Dogmatik des Erschöpfungsgrundsatzes im digitalen Urheberrecht, UFITA 2015, S. 687–708.

Benjamin, Walter: Das Kunstwerk im Zeitalter seiner technischen Reproduzierbarkeit (Dritte Fassung), Schriften, Band 1, hrsg. von Theodor W. Adorno und Gretel Adorno unter Mitwirkung von Friedrich Podszus, S. 366–405, Frankfurt 1955 (zitiert: *Benjamin*, Das Kunstwerk, 1955, S. 366).

Berger, Christian: Verkehrsfähigkeit „Digitaler Güter“ – Zur Dogmatik der Verkehrsfähigkeit von Rechten –, ZGE 2016, S. 170–194.

Berger, Christian/ Wündisch, Sebastian (Hrsg.): Urhebervertragsrecht – Handbuch –, 2. Auflage, Baden-Baden 2015 (zitiert: *Bearbeiter*, in: Berger/Wündisch, Urhebervertragsrecht, 2015).

Bergmann, Alfred: Zur Reichweite des Erschöpfungsprinzips bei der Online-Übermittlung urheberrechtlich geschützter Werke, Festschrift für Willi Erdmann zum 65. Geburtstag, hrsg. von Hans-Jürgen Ahrens/ Joachim Bornkamm/ Wolfgang Gloy/ Joachim Starck/ Joachim von Ungern-Sternberg, S. 17–28, Köln 2002 (zitiert: *Bergmann*, in: FS Erdmann, 2002, S. 17).

Bieker, Felix/ Hansen, Marit/Friedewald, Michael: Die grundrechtskonforme Ausgestaltung der Datenschutz-Folgenabschätzung nach der neuen europäischen Datenschutz-Grundverordnung, RDV 2016, S. 188–197.

Bohne, Michael/ Elmers, Christine: Die Digitalisierung von Wissen in der Informationsgesellschaft und ihre rechtliche Regulierung, WRP 2009, S. 586–599.

Bräutigam, Peter/ Rücker, Daniel (Hrsg.): E-Commerce – Rechtshandbuch –, München 2017 (zitiert: *Bearbeiter*, in: Bräutigam/Rücker, E-Commerce, 2017).

Bräutigam, Peter: Anmerkung zu OLG München, Urteil v. 03.07.2008 – 6 U 2759/07, CR 2008, S. 551–553.

Brüggemann, Sebastian: Urheberrechtlicher Schutz von Computer- und Videospielen – Ein gordischer Knoten bzw. eine Aufgabe für den Gesetzgeber –, CR 2015, S. 697–703.

Bucher, Stefan: Sachqualität und Veräußerung von Dateien – Der Online-Handel mit E-Books, Musik- und Filmdateien –, Berlin 2018 (zitiert: *Bucher*, Sachqualität, 2018).

Bullinger, Winfried/ Czychowski, Christian: Digitale Inhalte: Werk und/oder Software? – Ein Gedankenspiel am Beispiel von Computerspielen, GRUR 2011, S. 19–26.

Bullinger, Winfried/ Von Rauch, Benedicta: Rechtsfragen zum Secondhand-Markt für E-Books, NJW 2020, S. 816–819.

Büscher, Mareile/ Müller, Judith: Urheberrechtliche Fragestellungen des Audio-Video-Streamings, GRUR 2009, S. 558–560.

Büscher, Wolfgang/ Dittmer, Stefan/ Schiwy, Peter (Hrsg.): Gewerblicher Rechtsschutz, Urheberrecht, Medienrecht – Kommentar –, 3. Auflage, Köln 2015 (zitiert: *Bearbeiter*, in: Büscher/Dittmer/Schiwy, Urheberrecht, 2015).

Castendyk, Oliver: Das Fell des Bären wird verteilt, wenn er erlegt ist… – Neue Entwicklungen bei weiteren Beteiligungen gemäß § 32a UrhG im Filmbereich –, ZUM 2016, S. 314–322.

Conrad, Albrecht/ Nolte, Georg: Schrankenbestimmungen im Anwendungsbereich des UrhDaG – Zu viele Rollen der Diensteanbieter beim urheberrechtlichen Interessenausgleich? –, ZUM 2021, S. 111–124.

Degen, Thomas A./ Deister, Jochen: Computer- und Internetrecht – Vertragsgestaltung, E-Commerce und Datenschutz –, Stuttgart 2009 (zitiert: *Degen/ Deister*, Computer- und Internetrecht, 2009).

Determann, Lothar: Digital Exhaustion: New Law from the Old World, Berkeley Technology Law Journal 2018, Volume 33, Number 1, S. 177–223.

Determann, Lothar/ Specht, Louisa: Online-Erschöpfung in Europa und den USA, GRUR Int 2018, S. 731–736.

Dreier, Thomas: Creative Commons, Science Commons – Ein Paradigmenwechsel im Urheberrecht? –, Festschrift für Gerhard Schricker zum 70. Geburtstag: Perspektiven des Geistigen Eigentums und Wettbewerbsrechts, hrsg. von Ansgar Ohly/ Theo Bodewig/ Thomas Dreier/ Horst-Peter Götting/ Maximilian Haedicke/ Michael Lehmann, S. 283–298, München 2005 (zitiert: *Dreier*, in: FS Schricker, 2005, S. 283).

Dreier, Thomas/ Schulze, Gernot (Hrsg.): Urheberrechtsgesetz, Kommentar, 6. Auflage, München 2018 (zitiert: *Bearbeiter*, in: Dreier/Schulze, UrhG, 2018).

Dreier, Thomas/ Schulze, Gernot (Hrsg.): Urheberrechtsgesetz, Kommentar, 3. Auflage, München 2008 (zitiert: *Bearbeiter*, in: Dreier/Schulze, UrhG, 2008).

Drescher, Daniel: Blockchain Grundlagen – Eine Einführung in die elementaren Konzepte in 25 Schritten –, Frechen 2017 (zitiert: *Drescher*, Blockchain, 2017).

Druschel, Johannes/ Engert, Philipp: Vertragsrecht und Urheberrecht im Konflikt? – Eine Bestandsaufnahme, ZUM 2018, S. 97–102.

Druschel, Johannes/ Oehmichen, Mike: Digitaler Wandel 3.0? – Anregungen aus Verbrauchersicht Teil I – Aktueller Stand der Rechtsordnung für digitale Güter auf nationaler und europarechtlicher Ebene –, CR 2015, S. 173–180.

Druschel, Johannes/ Oehmichen, Mike: Digitaler Wandel 3.0? Anregungen aus Verbrauchersicht – Teil II – Vertragstypologie, Gewährleistung und AGB –, CR 2015, S. 233–239.

Durantaye, Katharina de la/ Kuschel, Linda: Der Erschöpfungsgrundsatz – Josef Kohler, UsedSoft, and Beyond, ZGE 2016, S. 195–217.

Ensthaler, Jürgen/ Weidert, Stefan (Hrsg.): Handbuch Urheberrecht und Internet, 3. Auflage, Frankfurt am Main 2017 (zitiert: *Bearbeiter*, in: Ensthaler/ Weidert, Urheberrecht und Internet, 2017).

Kaulartz, Markus/ Braegelmann, Tom (Hrsg.): Rechtshandbuch Artificial Intelligence und Machine Learning, München 2020 (zitiert: *Bearbeiter*, in: Kaulartz/Braegelmann, Artificial Intelligence, 2020).

Ewert, Thomas: Anmerkung zu EuGH, Urteil v. 19.12.2019 – C-263/18, EuZW 2020, S. 384–385.

Faust, Florian: Digitale Wirtschaft – Analoges Recht: Braucht das BGB ein Update? – Gutachten A zum 71. Deutschen Juristentag, Verhandlungen des 71. Deutschen Juristentages Essen 2016, Band I, München 2016 (zitiert: *Faust*, in: Verhandlungen des 71. Deutschen Juristentages, 2016).

Fischer, Oliver: Perspektiven für ein Europäisches Urheberrecht, Baden-Baden 2014 (zitiert: *Fischer*, Europäisches Urheberrecht, 2014).

Fitzner, Julia: Von Digital-Rights-Management zu Content Identification – Neue Ansätze zum Schutz urheberrechtlich geschützter Multimediawerke im Internet –, Baden-Baden 2011 (zitiert: *Fitzner*, Digital-Rights-Management, 2011).

Flechsig, Norbert P.: Anmerkung zu LG München I, Urteil v. 02.06.2016 – 7 O 17694/08 – Zur weiteren angemessenen Beteiligung von Kameramännern als Miturheber, ZUM 2016, S. 786–787.

Flechsig, Norbert P.: Urheberrecht in der Wissensgesellschaft, ZRP 2004, S. 249–253.

Franck, Lorenz: Das System der Betroffenenrechte nach der Datenschutz-Grundverordnung (DS-GVO), RDV 2016, S. 111–119.

Ganea, Peter: Ökonomische Aspekte der urheberrechtlichen Erschöpfung, GRUR Int 2005, S. 102–107.

Ganzhorn, Marco: Ist ein E-Book ein Buch? – Das Verhältnis von Büchern und E-Books unter besonderer Berücksichtigung der UsedSoft-Rechtsprechung, CR 2014, S. 492–497.

Ganzhorn, Marco: Die Wirksamkeit von Weitergabeverboten in Allgemeinen Geschäftsbedingungen für E-Books – Zur Verkehrsfähigkeit von E-Books und Audiodateien auf Grundlage des Hinweisbeschlusses des OLG Hamburg v. 04.12.2014 – 10 U 5/11, CR 2015, S. 525–528.

Ganzhorn, Marco: Rechtliche Betrachtung des Vertriebs und der Weitergabe digitaler Güter, Frankfurt am Main 2015 (zitiert: *Ganzhorn*, Weitergabe digitaler Güter, 2015).

Geiger, Christophe: Der urheberrechtliche Interessenausgleich in der Informationsgesellschaft – Zur Rechtsnatur der Beschränkungen des Urheberrechts –, GRUR Int 2004, S. 815–821.

Giannopoulou, Alexandra/ Quintais, João Pedro/ Mezei, Peter/ Bodó, Balázs: The Rise of Non-Fungible Tokens (NFTs) and the Role of Copyright Law – Part I; veröffentlicht unter http://copyrightblog.kluweriplaw.com/2021/04/14/the-rise-of-non-fungible-tokens-nfts-and-the-role-of-copyright-law-part-i/; zuletzt abgerufen am 28.12.2021 (zitiert: *Giannopoulou/Quintais/Mezei/Bodó*, Non-Fungible Tokens I, 2021).

Giannopoulou, Alexandra/ Quintais, João Pedro/ Mezei, Peter/ Bodó, Balázs: The Rise of Non-Fungible Tokens (NFTs) and the Role of Copyright Law – Part II;

veröffentlicht unter http://copyrightblog.kluweriplaw.com/2021/04/14/the-rise-of-non-fungible-tokens-nfts-and-the-role-of-copyright-law-part-ii/; zuletzt abgerufen am 28.12.2021 (zitiert: *Giannopoulou/Quintais/Mezei/Bodó*, Non-Fungible Tokens II, 2021).

Gounalakis, Georgios: Rechtshandbuch Electronic Business – Rechtsgrundlagen, Branchenspezifische Geschäftsfelder, Auslandsmärkte –, München 2003 (zitiert: *Bearbeiter*, in: Gounalakis, Electronic Business, 2003).

Graef, Ralph Oliver: Recht der E-Books und des Electronic Publishing, München 2016 (zitiert: *Graef*, E-Books, 2016).

Graf von Westphalen, Friedrich/ Wendehorst, Christiane: Hergabe personenbezogener Daten für digitale Inhalte – Gegenleistung, bereitzustellendes Material oder Zwangsbeitrag zum Datenbinnenmarkt?, BB 2016, S. 2179–2187.

Grünberger, Michael: Die Entwicklung des Urheberrechts im Jahr 2020, ZUM 2021, S. 257–288.

Grützmacher, Malte: Was E-Bücher und Computerprogramme gemein haben? – Eine Besprechung der EuGH-Entscheidung „Tom Kabinet", Urteil v. 19.12.2019 - C-263/18, CR 2020, 158 –, CR 2020, S. 154–158.

Grützmacher, Malte: Anmerkung zu LG Hamburg, Urteil v. 03.05.2016 – 408 O 46/16, CR 2016, S. 785–785.

Grützmacher, Malte: Dateneigentum – Ein Flickenteppich – Wem gehören die Daten bei Industrie 4.0, Internet der Dinge und Connected Cars? –, CR 2016, S. 485–495.

Grützmacher, Malte: „Software aus der Datendose" – Outsourcing, Cloud, SaaS & Co. – Zur Einordnung von „Fernnutzungsrechten" in das System der urheberrechtlichen Nutzungs- und Verwertungsrechte –, CR 2015, S. 779–787.

Grützmacher, Malte: Die juristische Beurteilung von DRM-Maßnahmen und Sperren im Rahmen verschiedener Lizenzmodelle – Teil 1, ITRB 2015, S. 120–123.

Grützmacher, Malte: Die juristische Beurteilung von DRM-Maßnahmen und Sperren im Rahmen verschiedener Lizenzmodelle – Teil 2, ITRB 2015, S. 141–146.

Grützmacher, Malte: Lizenzgestaltung für neue Nutzungsformen im Lichte von § 69d UrhG – Die dogmatischen Grundlagen –, CR 2011, S. 485–491.

Grützmacher, Malte: Software-Urheberrecht und Virtualisierung, ITRB 2011, S. 193–195.

Grützmacher, Malte: Gebrauchtsoftwarehandel mit erzwungener Zustimmung – eine gangbare Alternative? – Zugleich Anmerkung zur Entscheidung des LG Mannheim, Urteil v. 22.12.2009 – 2 O 37/09, zur Zustimmungspflicht des Softwareherstellers bei Lizenzübertragung –, CR 2010, S. 141–147.

Grützmacher, Malte: Gebrauchtsoftware und Übertragbarkeit von Lizenzen – Zu den Rechtsfragen auch jenseits der Erschöpfungslehre –, CR 2007, S. 549–556.

Haberstumpf, Helmut: Der Handel mit gebrauchter Software im harmonisierten Urheberrecht – Warum der Ansatz des EuGH einen falschen Weg zeigt –, CR 2012, S. 561–572.

Haines, Alexander/ Scholz, Matthias: Anmerkung zu LG München I, Urteil v. 19.01.2006 – 7 O 23237/05, CR 2006, S. 161–163.

Hantschel, Ines: Softwarekauf und -weiterverkauf – Zur Vertragsnatur und Erschöpfungswirkung körperlicher und unkörperlicher Übertragungsformen von Software –, Berlin 2011 (zitiert: *Hantschel*, Softwarekauf, 2011).

Hansen, Gerd: Zugang zu wissenschaftlicher Information – alternative urheberrechtliche Ansätze, GRUR Int 2005, S. 378–388.

Hansen, Hauke: Anmerkung zu OLG Hamm, Urteil v. 15.05.2014 – 22 U 60/13, GRUR 2014, S. 862–863.

Hartmann, Thomas: Weiterverkauf und „Verleih" online vertriebener Inhalte – Zugleich Anmerkung zu EuGH, Urteil v. 3. Juli 2012, Rs. C-128/11 – UsedSoft/ Oracle –, GRUR Int 2012, S. 980–989.

Härting, Niko: Internetrecht, 6. Auflage, Köln 2017 (zitiert: *Härting*, Internetrecht, 2017).

Härting, Niko: Kommunikationsfreiheit im Netz, K&R 2012, S. 264–267.

Hasselblatt, Gordian N. (Hrsg.): Münchener Anwalts Handbuch Gewerblicher Rechtsschutz, 5. Auflage, München 2017 (zitiert: *Bearbeiter*, in: Hasselblatt, Rechtsschutz, 2017).

Hauck, Ronny/ Hofmann, Franz/ Zech, Herbert: Verkehrsfähigkeit digitaler Güter, ZGE 2016, S. 141–148.

Hayungs, Carsten: Regulierung von Online-Plattformen: Das Gutachten für den 73. Deutschen Juristentag 2020/2022 aus verbraucherpolitischer Sicht, VuR 2020, S. 403–411.

Heckmann, Dirk/ Paschke, Anne (Hrsg.): Juris PraxisKommentar Internetrecht, 7. Auflage, Saabrücken 2021 (zitiert: *Bearbeiter*, in: Heckmann/Paschke, jurisPK-Internetrecht, 2021).

Heidrich, Joerg/ Wegener, Christoph: Sichere Datenwolken – Cloud Computing und Datenschutz –, MMR 2010, S. 803–807.

Heydn, Truiken J./ Schmidl, Michael: Der Handel mit gebrauchter Software und der Erschöpfungsgrundsatz, K&R 2006, S. 74–79.

Hilgert, Felix: Keys und Accounts beim Computerspielvertrieb – Probleme der Erschöpfung beim Vertrieb hybrider Werke –, CR 2014, S. 354–360.

Hilty, Reto M.: Die Rechtsnatur des Softwarevertrages, CR 2012, S. 625–637.

Hoeren, Thomas/ Sieber, Ulrich/ Holznagel, Bernd (Hrsg.): Handbuch Multimedia-Recht – Rechtsfragen des elektronischen Geschäftsverkehrs –, Stand: Oktober 2020 (54. Ergänzungslieferung), München (zitiert: *Bearbeiter*, in: Hoeren/Sieber/Holznagel, Multimedia-Recht, 2020).

Hoeren, Thomas/ Jakopp, Sebastian: Der Erschöpfungsgrundsatz im digitalen Umfeld – Notwendigkeit eines binnenmarktkonformen Verständnisses –, MMR 2014, S. 646–649.

Hoeren, Thomas/ Försterling, Matthias: Onlinevertrieb „gebrauchter" Software – Hintergründe und Konsequenzen der EuGH-Entscheidung „UsedSoft" –, MMR 2012, S. 642–647.

Hoeren, Thomas: Der Erschöpfungsgrundsatz bei Software – Körperliche Übertragung und Folgeprobleme –, GRUR 2010, S. 665–673.

Hoeren, Thomas: Die Online-Erschöpfung im Softwarebereich – Fallgruppen und Beweislast –, MMR 2010, S. 447–450.

Hoeren, Thomas: Der urheberrechtliche Erschöpfungsgrundsatz bei der Online-Übertragung von Computerprogrammen, CR 2006, S. 573–578.

Hoeren, Thomas: Urheberrecht 2000 – Thesen für eine Reform des Urheberrechts, MMR 2000, S. 3–7.

Hoeren, Thomas: Der Softwareüberlassungsvertrag als Sachkauf – Ansätze zu einer neuen Vertragstypologie im Bereich der Standardsoftware –, CR 1988, S. 908–917.

Hoeren, Thomas: Softwareüberlassung als Sachkauf – Ausgewählte Rechtsprobleme des Erwerbs von Standardsoftware, München 1989 (zitiert: *Hoeren*, Softwareüberlassung, 1989).

Hofmann, Franz: Update für das Urheberrecht – Einführung in das Gesetz zur Anpassung des Urheberrechts an die Erfordernisse des digitalen Binnenmarktes –, GRUR 2021, S. 895–903.

Höffner, Eckhard: Geschichte und Wesen des Urheberrechts, Band 2, München 2010 (zitiert: *Höffner*, Wesen des Urheberrechts, 2010).

Huppertz, Peter: Handel mit Second Hand-Software – Analyse der wesentlichen Erscheinungsformen aus urheber- und schuldrechtlicher Perspektive –, CR 2006, S. 145–151.

Jani, Ole: Kein digitaler Flohmarkt – Der Erschöpfungsgrundsatz gilt nicht beim Online-Vertrieb urheberrechtlich geschützter Werke – Zugleich Kommentar zu EuGH, Urteil v. 19.12.2019 – C-263/18 –, K&R 2020, S. 101–103.

Jani, Ole: Es gibt keinen Flohmarkt für gebrauchte E-Books – Kommentar zu OLG Stuttgart, Urteil v. 03.11.2011 – 2 U 49/11 –, K&R 2012, S. 297–299.

Jarass, Hans D./ Kment, Martin: Grundgesetz für die Bundesrepublik Deutschland, Kommentar, begründet und bis zur 15. Auflage bearbeitet von Hans D. Jarass und Bodo Pieroth, 16. Auflage, München 2020 (zitiert: *Bearbeiter*, in: Jarass/Pieroth, Grundgesetz, 2020).

Joos, Ulrich: Die Erschöpfungslehre im Urheberrecht: Eine Untersuchung zu Rechtsinhalt und Aufspaltbarkeit des Urheberechts mit vergleichenden Hinweisen auf Warenzeichenrecht, Patentrecht und Sortenschutz, München 1991 (zitiert: *Joos*, Erschöpfungslehre, 1991).

Just, Nico/ Spahr, Ingo Alexander/ Peter, Thomas: Grenzenlos Online? – Geoblocking im Binnenmarkt – Eine kartellrechtliche Betrachtung –, KSzW 2015, S. 307–315.

Katko, Peter/Maier, Tobias: Computerspiele – Die Filmwerke des 21. Jahrhunderts?, MMR 2009, S. 306–311.

Kaulartz, Markus/ Schmid, Alexander: Rechtliche Aspekte sogenannter Non-Fungible Tokens (NFTs), CB 2021, S. 298–302.

Kaulartz, Markus/ Schmid, Alexander: Rechtliche Herausforderungen sog. Non-Fungible Token (NFTs); veröffentlicht unter https://www.cmshs-bloggt.de/tmc/rechtliche-herausforderungen-sog-non-fungible-token-nfts/ ; zuletzt abgerufen am 28.12.2021 (zitiert: *Kaulartz/Schmid*, Non-Fungible Token, 2021).

Kaulartz, Markus: Die Blockchain-Technologie – Hintergründe zur Distributed Ledger Technology und zu Blockchains –, CR 2016, S. 474–480.

Kerber, Wolfgang: Digital Markets, Data and Privacy: Competition Law, Consumer Law and Data Protection, GRUR Int 2016, S. 639–647.

Kerber, Wolfgang: Exhaustion of Digital Goods: An Economic Perspective, ZGE 2016, S. 149–169.

Knaier, Ralf/ Wolff, Lothar: Die Blockchain-Technologie als Entwicklungsoption für das Handelsregister? BB 2018, S. 2253–2260.

Koch, Frank A.: Grundlagen des Urheberrechtsschutz im Internet und in Online-Diensten, GRUR 1997, S. 417–430.

Koehler, Philipp: Der Erschöpfungsgrundsatz des Urheberrechts im Online-Bereich, München 2000 (zitiert: *Koehler*, Erschöpfungsgrundsatz, 2000).

Kohler, Josef: Urheberrecht an Schriftwerken und Verlagsrecht, Stuttgart 1907 (zitiert: *Kohler*, Urheberrecht, 1907).

Köhler, Richard/ Küpper, Hans-Ulrich/ Pfingsten, Andreas: Handwörterbuch der Betriebswirtschaft, 6. Auflage, Stuttgart 2007 (zitiert: *Bearbeiter*, in: Köhler/Küpper/Pfingsten, Betriebswirtschaft, 2007).

Kreutzer, Till: Computerspiele im System des deutschen Urheberrechts – Eine Untersuchung des geltenden Rechts für Sicherungskopien und Schutz technischer Maßnahmen bei Computerspielen –, CR 2007, S. 1–7.

Kubach, Laura: Musik aus zweiter Hand – ein neuer digitaler Trödelmarkt? – Zur Zulässigkeit eines Weiterverkaufs digitaler Musik nach dem EuGH-Urteil „UsedSoft" –, CR 2013, S. 279–289.

Kubach, Laura/ Schuster, Fabian: Anmerkung zu OLG Hamm, Urteil v. 15.05.2014 - 22 U 60/13, CR 2014, S. 504–506.

Kubach, Laura/ Hunzinger, Sven: Wer hat das Recht an der Rechtekette? – Gebrauchte Softwarelizenzen in der Praxis (Teil 1) –, CR 2016, S. 14–19.

Kubach, Laura/ Hunzinger, Sven: Wer hat das Recht an der Rechtekette und welche Rechte hat der Käufer von Gebrauchtsoftware? – Gebrauchte Softwarelizenzen in der Praxis (Teil 2) –, CR 2016, S. 213–218.

Kuschel, Linda: Der Erwerb digitaler Werkexemplare zur privaten Nutzung, Tübingen 2019 (zitiert: *Kuschel*, Erwerb digitaler Werkexemplare, 2019).

Kuschel, Linda/ Rostam, Darius: Urheberrechtliche Aspekte der Richtlinie 2019/770 – Eine Analyse der Bereiche: EULA, Second Hand Market, Overblocking und Nutzung nach Vertragsbeendigung –, CR 2020, S. 393–400.

Lampmann, Arno: NFT – Non Fungible Tokens – Tweets, Memes und Katzenbilder auf Christie's? NFT als neuer Trend in der Kryptowelt –, veröffentlicht unter https://www.lhr-law.de/thema/nfts-non-fungible-tokens/; zuletzt abgerufen am 28.12.2021 (zitiert: *Lampmann*, Non Fungible Tokens, 2021).

Lantwin, Tobias: Jenseits des Hypes: NFTs, Digitale Kunst und Urheberrecht, veröffentlicht unter https://www.dusip.de/2021/06/16/jenseits-des-hypes-nfts-digitale-kunst-und-urheberrecht/; zuletzt abgerufen am 28.12.2021 (zitiert: *Lantwin*, NFTs, 2021).

Larenz, Karl: Methodenlehre der Rechtswissenschaft, 6. Auflage, Berlin 1991 (zitiert: *Larenz*, Methodenlehre, 1991).

Laudon, Kenneth C./ Laudon, Jane P./ Schoder, Detlef: Wirtschaftsinformatik – Eine Einführung –, 2. Auflage, München 2010 (zitiert: *Laudon/Laudon/Schoder*, Wirtschaftsinformatik, 2010).

Lehmann, Michael/ Meents, Jan Geert (Hrsg.): Handbuch des Fachanwalts für Informationstechnologierecht, 2. Auflage, Köln 2011 (zitiert: *Bearbeiter*, in: Lehmann/Meents, Informationstechnologierecht, 2011).

Leistner, Matthias: Urheberrecht in der digitalen Welt, JZ 2014, S. 846–857.

Loewenheim, Ulrich/ Leistner, Matthias/ Ohly, Ansgar (Hrsg.): Urheberrecht, Kommentar, 6. Auflage des von Gerhard Schricker bis zur 3. Auflage herausgegebenen Werkes, München 2020 (zitiert: *Bearbeiter*, in: Schricker/Loewenheim, Urheberrecht, 2020).

Loewenheim, Ulrich (Hrsg.): Urheberrecht, Kommentar, 4. Auflage des von Gerhard Schricker bis zur 3. Auflage herausgegebenen Werkes, München 2010 (zitiert: *Bearbeiter*, in: Schricker/Loewenheim, Urheberrecht, 2010).

Lutz, Holger: Softwarelizenzen und die Natur der Sache – Eine vertragstypologische Einordnung von Softwareüberlassungsverträgen unter besonderer Berücksichtigung von Erschöpfungsgrundsatz und bestimmungsgemäßer Benutzung –, München 2009 (zitiert: *Lutz*, Softwarelizenzen, 2009).

Maaß, Danielle: Verbreitung digitaler Inhalte unter Zugrundelegung des Erschöpfungsgrundsatzes am Beispiel von E-Books, Hamburg 2019 (zitiert: *Maaß*, E-Books, 2019).

Malevanny, Nikita: Die UsedSoft-Kontroverse: Auslegung und Auswirkungen des EuGH-Urteils, CR 2013, S. 422–427.

Marly, Jochen: Praxishandbuch Softwarerecht – Rechtsschutz und Vertragsgestaltung –, 7. Auflage, München 2018 (zitiert: *Marly*, Softwarerecht, 2018).

Marly, Jochen: Der Handel mit Gebrauchtsoftware – Das Urteil fällt und alle Fragen offen – zugleich eine Anmerkung zu BGH, Urteil v. 17.07.2013 – I ZR 129/08 – UsedSoft II –, CR 2014, S. 145–150.

Marly, Jochen: Der Handel mit so genannter „Gebrauchtsoftware“, EuZW 2012, S. 654–657.

Martiny, Miriam: Geoblocking – eine wirksame technische Schutzmaßnahme? – Voraussetzungen des § 95a UrhG und die Konsequenzen für Nutzer und Rechteinhaber –, MMR 2016, S. 579–584.

Matzner, Martin: Digitale Erschöpfung: Nicht bei E-Books, aber bei Computerspielen?, IPRB 2020, S. 96–100.

Meinicke, Dirk: Big Data und Data-Mining: Automatisierte Strafverfolgung als neue Wunderwaffe der Verbrechensbekämpfung?, K&R 2015, S. 377–384.

Metzner, Michael: Die Auswirkungen der Urheberrechtsnovelle 2003 auf Online-Übermittlung und -zugriff im Urheberrecht, Baden-Baden 2010 (zitiert: *Metzner*, Urheberrechtsnovelle, 2010).

Metzger, Axel/ Pravemann, Timm: Der Entwurf des UrhDaG als Umsetzung von Art. 17 DSM-RL – Ein gesetzgebungstechnischer Drahtseilakt, ZUM 2021, S. 288–299.

Mischau, Lena: Market Power Assessment in Digital Markets – A German Perspective, GRUR Int 2020, S. 233–248.

Moritz, Hans-Werner: Eingeschränkte Zulässigkeit der Weiterveräußerung gebrauchter Software – Zugleich Kommentar zu EuGH, Urteil v. 03.07.2012 – C-128/11 – Oracle/Usedsoft –, K&R 2012, S. 456–459.

Moritz, Hans-Werner: Keine Erschöpfung des Verbreitungsrechts beim Download von Hörbüchern, jurisPR-ITR 19/2014 Anm. 2.

Müller-Hengstenberg, Claus D./ Kirn, Stefan: Vertragscharakter des Application Service Providing-Vertrags, NJW 2007, S. 2370–2373.

Nagel, Bernhard: Wirtschaftsrecht der Europäischen Union, 4. Auflage, Baden-Baden 2003 (zitiert: *Nagel*, Wirtschaftsrecht, 2003).

Neuber, Michael: Online-Erschöpfung doch nur für Software?, WRP 2014, S. 1274–1279.

Nordemann, Axel/ Nordemann, Jan Bernd/ Czychowski, Christian (Hrsg.): Urheberrecht, Kommentar, begründet von Friedrich Karl Fromm und Wilhelm Nordemann, 12. Auflage, Stuttgart 2018 (zitiert: *Bearbeiter*, in: Fromm/Nordemann, Urheberrecht, 2018).

Nordemann, Wilhelm/ Nordemann, Axel/ Nordemann, Jan Bernd (Hrsg.): Urheberrecht, Kommentar, begründet von Friedrich Karl Fromm und Wilhelm Nordemann, 10. Auflage, Stuttgart 2008 (zitiert: *Bearbeiter*, in: Fromm/Nordemann, Urheberrecht, 2008).

Nordemann, Jan Bernd: Neues zur Providerhaftung im Urheberrecht, GRUR 2021, S. 18–23.

Nordemann, Jan Bernd: Der Unterschied zwischen Einräumung und Übertragung von Nutzungsrechten im Urheberrecht – auch ein Beitrag zur Begriffswahl „Übertragungszweckgedanke", Festschrift für Joachim Bornkamm zum 65. Geburtstag, hrsg. von Wolfgang Büscher/ Willi Erdmann/ Maximilian Haedicke/ Helmut Köhler/ Michael Loschelder, S. 907–916, München 2014 (zitiert: *Nordemann*, in: FS Bornkamm, 2014).

Obergfell, Eva Inés: Ein neues digitales Urheberrecht für Europa, MMR 2016, S. 289–290.

Oechsler, Jürgen: Skript zum Urheberrecht, Mainz 2020, veröffentlicht unter https://oechsler.jura.uni-mainz.de/files/2020/04/Skript_ Urheberrecht2020.pdf; zuletzt abgerufen am 28.12.2021 (zitiert: *Oechsler*, Urheberrecht, 2020).

Ohly, Ansgar: Anmerkung zu EuGH, Urteil v. 19.12.2019 – C-263/18, GRUR 2020, S. 184–186.

Ohly, Ansgar: Urheberrecht in der digitalen Welt – Brauchen wir neue Regelungen zum Urheberrecht und dessen Durchsetzung? – Gutachten F zum 70. Deutschen Juristentag, Verhandlungen des 70. Deutschen Juristentages Hannover 2014, Band I, München 2014 (zitiert: *Ohly*, in: Verhandlungen des 70. Deutschen Juristentages, 2014).

Oswald, Esther: Erschöpfung durch Online-Vertrieb urheberrechtlich geschützter Werke, Hamburg 2005 (zitiert: *Oswald*, Erschöpfung, 2005).

Palandt, Otto (Begr.): Bürgerliches Gesetzbuch, 80. Auflage, München 2021 (zitiert: *Bearbeiter*, in: Palandt, BGB, 2021).

Peifer, Karl-Nikolaus: Wissenschaftsmarkt und Urheberrecht: Schranken, Vertragsrecht, Wettbewerbsrecht, GRUR 2009, S. 22–28.

Peifer, Karl-Nikolaus: Vertrieb und Verleih von E-Books – Grenzen der Erschöpfungslehre –, AfP 2013, S. 89–93.

Peifer, Karl-Nikolaus: Urheberrechtliche Erschöpfung auch bei Software-Volumenlizenzen („UsedSoft III"), jurisPR-WettbR 8/2015 Anm. 1.

Peintinger, Stefan: Widerrufsrechte beim Erwerb digitaler Inhalte – Praxisvorschläge am Beispiel des Softwarekaufs unter Berücksichtigung von SaaS-Verträgen –, MMR 2016, S. 3–8.

Peter, Christof: Urheberrechtliche Erschöpfung bei digitalen Gütern – Aktuelle Fragen zum Sekundärmarkt digitaler Güter –, ZUM 2019, S. 490–501.

Pohle, Jan: Datenschutz durch Technikgestaltung in der Vertragspraxis, K&R 2021, S. 374–381.

Pohle, Jan/ Ammann, Thorsten: Software as a Service – auch rechtlich eine Evolution? K&R 2009, S. 625–631.

Rauer, Nils/ Ettig, Diana: Die Strategie für einen digitalen Binnenmarkt – Erste Schritte für eine Modernisierung des Urheberrechts, K&R 2016, S. 79–83.

Redeker, Helmut: IT-Recht, 7. Auflage, München 2020 (zitiert: *Redeker*, IT-Recht, 2020).

Redeker, Helmut: Das Konzept der digitalen Erschöpfung – Urheberrecht für die digitale Welt – Was eigentlich übertragen wird und weitergegeben werden darf –, CR 2014, S. 73–78.

Redeker, Helmut: Erschöpfungsgrundsatz erlaubt auch Aufspaltung einer Volumenlizenz, CR-online.de Blog v. 08.01.2013; veröffentlicht unter http://www.cr-online.de/blog/2013/01/08/erschopfungsgrundsatz-erlaubt-auch-aufspaltung-einer-volumenlizenz/; zuletzt abgerufen am 28.12.2021 (zitiert: *Redeker*, CR-online.de Blog v. 08.01.2013).

Roder, Verena: Die Methodik des EuGH im Urheberrecht – Die autonome Auslegung des Gerichtshofs der Europäischen Union im Spannungsverhältnis zum nationalen Recht –, Tübingen 2016 (zitiert: *Roder*, EuGH im Urheberrecht, 2016).

Roth, Hans-Peter: Eine unendliche Geschichte: Der Handel mit gebrauchter Software – Auswirkungen und Konsequenzen der Rechtsprechung im UsedSoft-Streit –, WRP 2015, S. 1303–1311.

Rousseau, Jean-Jacques: Du contract social; ou, Principes du droit politique, Amsterdam 1762, abrufbar unter: https://doi.org/10.3931/e-rara-7948 (zitiert: *Rousseau*, Contract social, 1762).

Sattler, Andreas: Neues EU-Vertragsrecht für digitale Güter – Die Richtlinie (EU) 2019/770 als Herausforderung für das Schuld-, Urheber- und Datenschutzrecht –, CR 2020, S. 145–154.

Sattler, Andreas: Urheber- und datenschutzrechtliche Konflikte im neuen Vertragsrecht für digitale Produkte, NJW 2020, S. 3623–3629.

Säcker, Franz Jürgen/ Meier-Beck, Peter/ Bien, Florian/ Montag, Frank (Hrsg.): Münchener Kommentar zum Wettbewerbsrecht (vormals: Münchener Kommentar Europäisches und Deutsches Wettbewerbsrecht), Band 1, 3. Auflage, München 2020 (zitiert: *Bearbeiter*, in: MüKo/Wettbewerbsrecht I, 2020).

Schack, Haimo: Urheber- und Urhebervertragsrecht, 9. Auflage, Tübingen 2019 (zitiert: *Schack*, Urheberrecht, 2019).

Schiwy, Peter/ Schütz, Walter/ Dörr, Dieter (Hrsg.): Medienrecht – Lexikon für Praxis und Wissenschaft –, 5. Auflage, Köln 2010 (zitiert: *Bearbeiter*, in: Schiwy/Schütz/Dörr, Medienrecht, 2010).

Schneider, Jochen: Perspektiven der Software-Lizenz – nach EuGH zu E-Books – Ende der Online-Erschöpfung?, WRP 2021, S. 293–302.

Schneider, Jochen: Perspektiven der Software-Lizenz – nach EuGH zu E-Books – Ende der Online-Erschöpfung?, Festschrift für Jürgen Taeger, S. 691–710, Frankfurt am Main 2020 (zitiert: *Schneider*, in: FS Taeger, 2020, S. 691).

Schneider, Jochen: Spätfolgen der UsedSoft-Entscheidung des EuGH – Wie sieht die Softwarelizenz 2020 aus? Vorschläge zur Überlassung von Standardsoftware –, ITRB 2014, S. 120–123.

Schneider, Jochen/ Spindler, Gerald: Der Erschöpfungsgrundsatz bei „gebrauchter" Software im Praxistext – Der Umgang mit dem unabdingbaren Kern als Leitbild für Softwareüberlassungs-AGB und andere praxisrelevante Aspekte aus BGH, Urteil v. 17.07.2013 – I ZR 129/08 – UsedSoft II, CR 2014, 168 ff. –, CR 2014, S. 213–223.

Schneider, Jochen/ Spindler, Gerald: Der Kampf um die gebrauchte Software – Revolution im Urheberrecht? – Das Urteil des EuGH vom 03.07.2012 – Rs C-128/11 – „UsedSoft" Gebrauchtsoftware –, CR 2012, S. 489–498.

Schulze, Reiner/ Janssen, André/ Kadelbach, Stefan (Hrsg.): Europarecht – Handbuch für die deutsche Rechtspraxis –, 4. Auflage, Baden-Baden 2020 (zitiert: *Bearbeiter*, in: Schulze/Janssen/Kadelbach, Europarecht, 2020).

Schuster, Fabian/ Grützmacher, Malte (Hrsg.): IT-Recht, Kommentar, Köln 2020 (zitiert: *Bearbeiter*, in: Schuster/Grützmacher, IT-Recht, 2020).

Schuster, Fabian/ Reichl, Wolfgang: Cloud Computing & SaaS: Was sind die wirklich neuen Fragen?, CR 2010, S. 38–43.

Schwarze, Patrick: Digitale Werke in der Blockchain speichern: Hype um Non-Fungible Tokens; veröffentlicht unter https://www.oppenhoff.eu/de/news-detail/digitale-werke-in-der-blockchain-speichern-hype-um-non-fungible-tokens; zuletzt abgerufen am 28.12.2021 (zitiert: *Schwarze*, Digitale Werke, 2021).

Seipenbusch, Jens: Piraten jenseits der Pirate Bay – Immaterialgüterrechte im Informationszeitalter, MMR 2009, S. 293–294.

Senftleben, Martin: Die Fortschreibung des urheberrechtlichen Erschöpfungsgrundsatzes im digitalen Umfeld – Die UsedSoft-Entscheidung des EuGH: Sündenfall oder Befreiungsschlag? –, NJW 2012, S. 2924–2927.

Siebert, Wolfgang/ Baur, Jürgen F./ Soergel, Hans Theodor (Hrsg.): Bürgerliches Gesetzbuch mit Einführungsgesetz und Nebengesetzen, Band 1, Allgemeiner Teil 1, §§ 1–103 BGB, 13. Auflage, Stuttgart/Berlin/Köln 2000 (zitiert: *Bearbeiter*, in: Siebert/Baur/Soergel, BGB I, 2000).

Smith, Adam: An Inquiry Into the Nature and Causes of the Wealth of Nations, Volume 1, London 1776, abrufbar unter: https://books.google.de/books?id=C5dNAAAAcAAJ&pg=PP7; zuletzt abgerufen am 28.12.2021 (zitiert: *Smith*, Wealth of Nations, 1776).

Söbbing, Thomas: Algorithmen und urheberrechtlicher Schutz, CR 2020, S. 223–228.

Specht, Louisa: Beschränkung der Verkehrsfähigkeit digitaler Güter durch technische Schutzmaßnahmen, ZGE 2016, S. 289–303.

Spindler, Gerald/ Schuster, Fabian (Hrsg.): Recht der elektronischen Medien, Kommentar, 4. Auflage, München 2019 (zitiert: *Bearbeiter*, in Spindler/Schuster, Recht der elektronischen Medien, 2019).

Spindler, Gerald/ Schuster, Fabian (Hrsg.): Recht der elektronischen Medien, Kommentar, 2. Auflage, München 2011 (zitiert: *Bearbeiter*, in Spindler/Schuster, Recht der elektronischen Medien, 2011).

Spindler, Gerald: Verträge über digitale Inhalte – Anwendungsbereich und Ansätze – Vorschlag der EU-Kommission zu einer Richtlinie über Verträge zur Bereitstellung digitaler Inhalte –, MMR 2016, S. 147–153.

Spindler, Gerald: Verträge über digitale Inhalte – Haftung, Gewährleistung und Portabilität – Vorschlag der EU-Kommission zu einer Richtlinie über Verträge zur Bereitstellung digitaler Inhalte –, MMR 2016, S. 219–224.

Spindler, Gerald: Urheberrecht und Wissens- und Informationsgesellschaft – zwei unversöhnliche Welten? –, Festschrift für Gerhard Käfer, hrsg. von Helmut Rüßmann, S. 341–356, Saarbrücken 2009 (zitiert: *Spindler*, in: FS Käfer, 2009, S. 341).

Stern, Klaus/ Sachs, Michael/ Dietlein, Johannes (Hrsg.): Das Staatsrecht der Bundesrepublik Deutschland, Band IV/1, Die einzelnen Grundrechte – Der Schutz und die freiheitliche Entfaltung des Individuums –, München 2006 (zitiert: *Bearbeiter*, in: Stern/Sachs/Dietlein, Staatsrecht IV/1, 2006).

Stieper, Malte: Anmerkung zu EuGH, Urteil v. 03.07.2012 – C-128/11 – Used-Soft, ZUM 2012, S. 668–670.

Sucker, Reinhard: Der digitale Werkgenuss im Urheberrecht, Tübingen 2014 (zitiert: *Sucker*, Der digitale Werkgenuss, 2014).

Terhaag, Michael/ Telle, Sebastian: Immaterielle Erschöpfung – Gibt es den virtuellen Flohmarkt für gebrauchte Multimediadateien? – Zur Frage, ob Unternehmen die Weitergabe angebotener Downloads rechtlich einschränken können –, K&R 2013, S. 549–553.

Tietje, Christian (Hrsg.): Internationales Wirtschaftsrecht, 2. Auflage, Berlin 2015 (zitiert: *Bearbeiter*, in: Tietje, Internationales Wirtschaftsrecht, 2015).

Von Ungern-Sternberg, Joachim: Die Rechtsprechung des EuGH und des BGH zum Urheberrecht und zu den verwandten Schutzrechten im Jahr 2020, GRUR 2021, S. 1–18.

Von Trotha, Hans: „Digitale Unikate" dank NFT, Deutschlandfunk Kultur, Beitrag vom 20.05.2021, veröffentlicht unter https://www.deutschlandfunkkultur.de/aus-den-feuilletons-digitale-unikate-dank-nft-100.html; zuletzt abgerufen am 28.12.2021 (zitiert: *Von Trotha*, Digitale Unikate, 2021).

Wagner, Kristina: Streaming aus der Sicht des Endnutzers – noch Graubereich oder bereits tiefschwarz?, GRUR 2016, S. 874–882.

Walker, Reinhard: Veränderungen der juristischen Kommunikation durch elektronische Medien, Festschrift für Gerhard Käfer, hrsg. von Helmut Rüßmann, S. 435–456, Saarbrücken 2009 (zitiert: *Walker*, in: FS Käfer, 2009, S. 435).

Walter, Michel M. (Hrsg.): Europäisches Urheberrecht, Kommentar – Insbesondere Software-, Vermiet- und Verleih-, Satelliten- und Kabel-, Schutzdauer-, Datenbank-, Folgerecht-, Informationsgesellschaft-Richtlinie, Produktpiraterie-Verordnung –, Wien 2001 (zitiert: *Bearbeiter*, in: Walter, Europäisches Urheberrecht, 2001).

Walter, Michel M./ Von Lewinski, Silke (Hrsg.): European Copyright Law, A Commentary, Oxford/New York 2010 (zitiert: *Bearbeiter*, in: Walter/Von Lewinski, European Copyright Law, 2010).

Walter, Michel M.: Anmerkung zu EuGH, Urteil v. 19.12.2019 – C-263/18, MR-Int 2020, S. 19–22.

Wandtke, Artur-Axel (Hrsg.): Medienrecht, Praxishandbuch, Band 1: Europäisches Medienrecht und Durchsetzung des geistigen Eigentums, 3. Auflage, Berlin/Boston 2014 (zitiert: *Bearbeiter*, in: Wandtke, Medienrecht I, 2014).

Wandtke, Artur-Axel/ Ohst, Claudia (Hrsg.): Medienrecht, Praxishandbuch, Band 2: Schutz von Medienprodukten, 3. Auflage, Berlin/Boston 2014 (zitiert: *Bearbeiter*, in: Wandtke, Medienrecht II, 2014).

Wandtke, Artur-Axel/ Bullinger, Winfried (Hrsg.): Praxiskommentar Urheberrecht, 5. Auflage, München 2019 (zitiert: *Bearbeiter*, in: Wandtke/Bullinger, Urheberrecht, 2019).

Wandtke, Artur-Axel/ Bullinger, Winfried (Hrsg.): Praxiskommentar zum Urheberrecht, 3. Auflage, München 2009 (zitiert: *Bearbeiter*, in: Wandtke/Bullinger, Urheberrecht, 2009).

Weichert, Thilo: Cloud Computing und Datenschutz, DuD 2010, S. 679–687.

Zscherpe, Kerstin: Urheberrechtsschutz digitalisierter Werke im Internet, MMR 1998, S. 404–411.

www.ingramcontent.com/pod-product-compliance
Ingram Content Group UK Ltd.
Pitfield, Milton Keynes, MK11 3LW, UK
UKHW021935290926
8980IPUK00016B/1636

9 783631 903599